beck sche reihe

W0392404

bsr

Gleichgültig, ob Sie auf einer Betriebsversammlung oder im Elternbeirat, bei einer Vereinssitzung oder zum 80. Geburtstag des Großonkels eine Rede halten dürfen, wollen oder müssen – ja, selbst wenn Sie in eine Talkshow eingeladen werden, ist es zweckmäßig zu wissen, wie man diese Aufgabe ohne Schwierigkeiten löst. Und wissen Sie was? Es macht Spaß, es sich von Göran Hägg beibringen zu lassen!

Er verrät Ihnen die kleinen, aber wirkungsmächtigen Tricks der großen Redner aus mehr als 2500 Jahren Rhetorikgeschichte. Wenn Sie dieses unterhaltsame Büchlein gelesen haben, wissen Sie, wie Sie eine Rede aufbauen, wie Sie Ihre Argumente gliedern müssen und wie Sie die Hörer auf Ihre Seite bekommen. Doch ebenso, wie Sie an zahllosen, humorvoll ausgewählten Beispielen lernen, wie Sie erfolgreich reden, lernen Sie auch die «beliebtesten Fehler» zu meiden, die jeden Redner schlecht aussehen lassen.

Schließlich werden Sie sehen, daß die Tips, die Sie hier erhalten, nicht nur dann funktionieren, wenn Sie vor großem Publikum sprechen, sondern auch in Alltagssituationen wie dem Gespräch am Arbeitsplatz oder mit Familienmitgliedern.

*Göran Hägg*, Jahrgang 1947, lehrt Literaturwissenschaften an der Universität Stockholm. Er ist Romanautor, Literaturkritiker und hat zahllose Vorträge über praktische Rhetorik gehalten. Die Originalausgabe seines hier vorgestellten Buches wurde in Schweden unter dem Titel *Praktisk Retorik* ein Bestseller.

Göran Hägg

# Die Kunst, überzeugend zu reden

44 kleine Lektionen in praktischer Rhetorik

*Aus dem Schwedischen ins Deutsche übertragen von Susanne Dahmann*

Verlag C. H. Beck

Dieses Buch erschien im Original 1998 auf Schwedisch unter dem Titel *Praktisk Retorik* in dem Verlag Wahlström & Widstrand.


2., durchgesehene Auflage. 2003


Gesamtherstellung: Druckerei C. H. Beck, Nördlingen
Umschlagentwurf: +malsy, Bremen
Printed in Germany
ISBN 3 406 49444 7

*www.beck.de*

# Inhalt

## Vorwort zur deutschen Ausgabe

Es gibt ausgezeichnete gelehrte Bücher, deren Autoren Reden analysieren, die nach den Regeln der klassischen Rhetorik aufgebaut sind, und dabei herausfinden, daß diese nach den Regeln der klassischen Rhetorik aufgebaut sind. Es gibt ferner neue Handbücher über die Kunst, öffentlich zu reden, die mehr oder weniger durchdachten Rat erteilen, wie man anläßlich eines Essens ein paar Worte spricht und wie man einen Diavortrag hält – das ist nicht ganz das, was ich mit dem vorliegenden Buch erreichen möchte.

Als mein schwedischer Verleger mit der Idee zu mir kam, dieses Buch zu schreiben, war der Gedanke, um den es ihm ging der, daß man lernen kann, die Tricks der klassischen Rhetorik – und spätere Erkenntnisse – grundsätzlich auch in heutigen Redesituationen zur Geltung zu bringen und erfolgreich anzuwenden. Allerdings ist auch bereits viel gewonnen, wenn man sie immerhin als Hörer einer Rede erkennen lernt und ihre Wirkungsabsicht durchschauen kann. So wurde dieses Buch für Leute geschrieben, die vielleicht nicht gerade Cicero und Quintilian im Original gelesen haben, sich aber dennoch einen Vorteil verschaffen möchten, indem sie deren zeitlose rhetorische Kunstgriffe im gesellschaftlichen Leben, bei Konferenzen oder im Fernsehstudio kennen, wiedererkennen und selbst anwenden wollen.

Da sich seit mehr als 2000 Jahren die Wirkungsmacht der Rhetorik unabhängig von Ländergrenzen zeigt, bin ich zuversichtlich, daß auch meine deutschen Leserinnen und Leser Vergnügen und Gewinn aus der Lektüre dieses Büchleins ziehen werden.

Saltsjö Duvnäs, Januar 2003

# 1. Was ist Rhetorik?

Lange Zeit klang das Wort Rhetorik ein wenig mißtönend in unseren Ohren. Doch inzwischen hat man den Eindruck, als könnten wir von Rhetorik gar nicht genug bekommen. Der alte Ausdruck für «Redegewandtheit» behält jedoch seinen etwas dissonanten Klang, zeichneten sich doch die meisten alten Redner nicht unbedingt durch einen gefälligen Stil aus. Oftmals waren ihre Vorträge sogar einfach schlecht.

Die Mediengesellschaft und der Boom der Talkshows und andere Formen mündlicher Kommunikation im Fernsehen haben das Interesse an Rhetorik wieder geweckt. Dieser Trend stammt wie alle vergleichbaren aus der angelsächsischen Welt.

Was ist Rhetorik?

Rhetorik ist die Lehre von der Redekunst. Es ist eine in der Antike erfundene Wissenschaft, über die Art und Weise andere Menschen mit Worten beeinflussen zu können. Da die Massenkommunikation damals mündlich geschah, hat sie vor allem mit dem gesprochenen Wort zu tun. Manchmal allerdings spricht man auch von der Rhetorik der Literatur, eines Bildes oder schlichtweg von der Rhetorik der Werbung, des Films oder der Medien.

Das bedeutet, daß die Rhetorik in enger Beziehung zu Literaturwissenschaft und Erzähltechnik steht. Doch sie grenzt ebenso an die Theorie der Werbung und die praktische Arbeit mit den Massenmedien.

Dennoch gibt es einen entscheidenden Unterschied zwischen der Rhetorik und den meisten anderen humanistischen Wissenschaften, die Literatur, Kunst und Medien als Objekt ihrer Studien erkoren haben. Rhetorik ist eine praktische Wissenschaft, sie hat mit Technik zu tun und zielt auf ihre Anwendung. In dieser Hinsicht ist sie mehr mit den Naturwissenschaften als mit den traditionellen Geisteswissenschaften verwandt. Ihr Thema ist nicht in erster Linie, warum jemand sagt, was er sagt. Und noch weniger fragt sie danach, ob es passend ist, daß einer dieses oder jenes sagt. Rhetorik lehrt vielmehr, daß, wenn man etwas sagt, die Leute das dann auch tun werden.

Somit reicht Rhetorik auch in die Psychologie hinein. Doch im Unterschied zu den meisten modernen Theorien von Freud bis zur Gegenwart verspricht Rhetorik eine unmittelbare Wirkung, wenn man sie anzuwenden versteht. Sie sagt nicht etwa, daß jemand so oder so ist, weil die Mutter sich einem nackt gezeigt hat, als man klein war, oder weil der Vater sich nie beim Fußballtraining zeigte. Sie sagt ganz einfach: Wenden Sie diese Regeln an, dann werden die anderen auf Sie hören!

Rhetorik schert sich nicht um guten Geschmack, Wahrheit oder schöne Vorbilder. Wenn man mit schlechter Sprache und schlechten Argumenten etwas erreichen kann, dann sind das aus Sicht der Rhetorik eine gute Sprache und gute Argumente.

Wie alle wirklichen Wissenschaften ist die Rhetorik damit letzlich unmoralisch. Oder besser gesagt amoralisch. Sie gleicht in dieser Hinsicht der Atomphysik oder der Gentechnik. Sie ist einfach nur da, und es liegt an uns, sie unter moralischen Gesichtspunkten anzuwenden.

Ein Rhetorikbuch ist wie Macchiavellis *Der Fürst*. Oder Clausewitzens *Vom Kriege* oder *Das Prinzessinnen-Kochbuch* – sie können für alles eingesetzt werden, ganz gleich, ob man edle oder kriminelle Ziele verfolgt.

Natürlich grenzt Rhetorik auch an Pädagogik, also an die Kunst, Dinge auf einschlägige Weise zu vermitteln. Oder wenigstens grenzt sie an das, was Pädagogik sein könnte, wenn sie sich wirklich damit beschäftigte, Dinge gut zu vermitteln, und nicht mit schwammigen Theorien zu der Frage, warum Kinder alles andere machen sollten außer lernen. Früher war die Rhetorik denn auch eines der wichtigsten Fächer in der Schule.

Es erscheint immer noch natürlich, den ältesten, antiken Erfahrungen den größten Raum zu geben. Auf diesem Feld sind Griechen und Römer nämlich viel weiter gekommen als auf anderen Gebieten. Und auf keinem Feld hat unsere eigene Zeit so wenig Neues zu bieten, abgesehen vielleicht von den neuen Medien. Der Mensch bleibt sich treu.

Daß sich alles erst einmal um das gesprochene Wort dreht, ist vielleicht auf lange Sicht gar nicht so unpraktisch. Medien kommen und gehen – Handschrift, gedruckter Text, Video, Computer, Radio, Fernsehen. Doch hinter allem steht immer erst einmal das gesprochene Wort. Und außerdem hat ja die Entwicklung der Medien in den vergangenen Jahren das gesprochene Wort als Mittel der Einflußnahme zu neuen Ehren gebracht.

Dieses Buch ist ein kleines Handbuch für Neugierige. Wir lernen die Grundbegriffe der klassischen Rhetorik kennen, aber auch ihre modernen Anwendungsmöglichkeiten und hören von Erfahrungen, die unlängst im Medienbereich gemacht werden konnten. Hinzu kommen Beobachtungen, die ich selbst gemacht habe. So hoffe ich, daß das Buch Leserinnen und Lesern helfen kann, oft sehr plumpe Tricks zu durchschauen und zum Beispiel zu verstehen, warum der Redner A so mitreißend ist, während B trotz seiner vernünftigen Gedanken einfach nichts erreicht. Oder warum der eine Politiker sich sprachlich alles mögliche erlauben kann, während man dem anderen sofort auf die Schliche kommt.

Natürlich ist es auch erwünscht, die hier vorgestellten Erfahrungen einmal im gesellschaftlichen Leben, am Arbeitsplatz oder in einer Konferenz zu erproben. Als Lehrer, Politikerin, Werbefachfrau oder Fernsehmacher – so weit das Gewissen reicht.

## 2. Von den alten Griechen zu den neuen Medien

Die systematische Erforschung der Möglichkeiten der Rhetorik nahm ihren Anfang im alten Griechenland. In den Stadtstaaten und vor allem in Athen war es erforderlich, daß man vor der Volksversammlung, vor dem Gericht oder bei irgendeinem Feiertag vor einer Versammlung seiner Mitbürger für die eigene Sache sprechen konnte. Diese drei Anlässe für eine Rede bilden somit auch den Ausgangspunkt für die drei Arten der Redekunst, die man in der Antike voneinander unterschied: die politische Rede, die juristische Rede und die Feiertagsrede.

Manche Redner aus Athen sind besonders bekannt, und die Texte zu ihren Reden sind bis heute erhalten geblieben. Lysias (ca. 445–380 v. Chr.) konnte als Einwanderer nicht selbst vor einem athenischen Gericht auftreten, und agierte deshalb als Ghostwriter für seine Mitbürger, die in verschiedenen Prozessen Kläger oder Angeklagte waren. Lysias' Kunde mußte seine Rede auswendig lernen. Vielleicht sind deshalb die Manuskripte erhalten geblieben, so daß man sie durch die Jahrhunderte immer und immer wieder abschreiben konnte. Doch lag das natürlich auch daran, daß Lysias so geschickt und überzeugend war. So konnten seine Texte in der Ausbildung von Rednern benutzt werden. Überdies beherrschte Lysias die Kunst, sich der Situation anzupassen. Es klingt bei ihm wirklich so, als würde der einfache Mann selbst reden – und recht haben. Auch aus anderen Gründen sind seine Reden eine unterhaltsame Lektüre, denn die Streitigkeiten beispielsweise über den Stumpf eines Olivenbaumes, über das Krankengeld eines Invaliden und ähnliches erlauben uns, einen Blick unmittelbar in den damaligen Alltag zu werfen. Der Stil des Lysias war klar und kurzangebunden, eben «attisch», im Gegensatz zu dem «asianischen», mit Bildern überlasteten Stil, der vor allem bei Festtagsreden Anwendung fand.

Den größten Ruf unter den attischen Rednern besitzt jedoch Demosthenes (ca. 380–322 v. Chr.), der vor allem als politischer Redner bekannt wurde. Besonders berühmt sind seine furiosen *Philippischen Reden* gegen den König Philipp von Makedonien, den späteren Bezwinger der Griechen. Die meisten kennen wahrscheinlich die Anekdote, wie Demosthenes seine Stimme trainierte, indem er mit Kieselsteinen im Mund zu reden übte und dabei am Meeresstrand das Rauschen der Wellen zu übertönen suchte.

Doch Lysias und Demosthenes waren vor allem Praktiker. Die Theorie über die Redekunst selbst soll von Sizilien aus nach Athen gekommen sein, nämlich mit dem sophistischen Wanderphilosophen Gorgias (gest. 374 v. Chr.). Seine geschickte Wortverdreherei hat dem Wort sophistisch seinen heutigen schlechten Beigeschmack eingetragen. Heute steht *sophistisch* dafür, daß man einem das Wort im Munde verdreht, und nicht mehr wie ursprünglich für «Weisheit». Inzwischen sind gerade Gorgias von späteren Rhetorikern viele wichtige und kluge Bemerkungen über die Kunst des Überzeugens zugeschrieben worden. Sein eigener Stil war überlastet, also «asianisch». Der Schüler des Gorgias, Isokrates (gest. 338 v. Chr.), setzte seine Richtung fort. Auch er unterwies in der Kunst der Überzeugung und legte in schriftlichen Modellreden seine Methoden nieder.

Das älteste erhaltene und unter Experten am meisten gelobte Rhetorikbuch ist das des Philosophen Aristoteles (384–322 v. Chr.) mit dem Titel «Rhetorik». Doch Aristoteles ist in erster Linie Philosoph. Ihm geht es mehr um das Untersuchen als um das Vermitteln. Komplizierte Definitionen und abstrakte Beschreibungen nehmen den größten Raum seines Werkes ein, während die praktischen Ratschläge hingegen meist recht kurz gefaßt sind. Genau wie bei modernen Handbüchern über die Kunst, ein kleines Unternehmen zu gründen oder mit dem anderen Geschlecht umzugehen, wird man manchmal das Gefühl nicht los, daß es völlig sinnlos ist, wenn man einem das, was das Buch erklären will, erst erklären muß.

Weitaus praktischer ist dagegen «Über die Rhetorik für Alexander» – eine anonyme Schrift, die ungefähr aus dem Jahre 300 v. Chr. stammt. Sie wurde aufgrund einer offenkundig gefälschten Einleitung lange für ein Lehrbuch gehalten, das Aristoteles für seinen Schüler Alexander den Großen verfaßt haben sollte. Hier findet man deutlichere Ratschläge, wie man dem Publikum schmeichelt, den Demütigen spielt und seine Karten geschickt ausspielt.

Eine noch höhere Entwicklung erreichte die Kunst des Überzeugens in Rom. Die Namen zahlreicher herausragender Redner in der Spätzeit der Römischen Republik sind uns bekannt, darunter Appius Claudius, Cato der Ältere, die Gracchen und viele mehr. Leider besitzen wir nur einige wenige Zitate aus ihren Reden oder nur von späteren Historikern verfälschte Reden. Doch schon jene Reden, welche die römischen Geschichtsschreiber ihren Helden in den Mund legten, vermitteln einen Eindruck von dem hohen Niveau und der ausgefeilten Technik, die damals üblich war.

Aus der späteren Zeit sind uns dann auch authentische Reden überliefert.

Der große Meister der römischen Redekunst, der wahrscheinlich auch in späteren Zeiten nie übertroffen wurde, war Marcus Tullius Cicero (106–43 v. Chr.).

Cicero war ein glänzender Stilist und ein genialer Redner. Politisch gesehen war er allerdings eine zwielichtige Figur, eine Art Richard Nixon seiner Zeit. Aus dem Volke stammend, wurde er zum Werkzeug der Reichen und Mächtigen. Seine großartig geschriebenen Briefe ermöglichen es uns, das Leben der römischen Machtelite in den Jahren 68 bis 43 v. Chr. gleichsam «von innen» zu verfolgen. Nach seinem Erfolg als Verteidiger in einer Reihe berühmter Strafprozesse begann er, von seinen mächtigen Freunden finanziert, eine politische Karriere. Nachdem er in gewissen Kreisen auf Beachtung der höchsten Werte des Staates gepocht hatte, wurde er im Jahre 43 von ruchlosen Politikern ermordet, die nicht einmal jenes Fünkchen Idealismus besaßen, das Cicero immerhin trotz allem noch hegte. Die berühmtesten seiner mehr als fünfzig überlieferten Reden sind:

- Die Klage gegen den kriminellen Provinzverwalter von Sizilien, Gouverneur Verres, im Jahre 70 v. Chr.
- Die vier Reden gegen den Revolutionär Catilina im Senat und bei der Volksversammlung, 63 v. Chr.
- Die Verteidigungsrede für den offenkundig schuldigen Marcus Caelius Rufus, dessen Freispruch vom Mordversuch an seiner Geliebten Clodia – besser bekannt als die «Lesbia» in den Gedichten des Catullus – Cicero erwirkte.
- Die Verteidigungsrede für den ebenso schuldigen Titus Annius Milo, der Clodias Bruder, den Volkstribunen Publius Clodius Pulcher, ermordet hatte.
- Die vierzehn Philippischen Reden (in Anlehnung an jene *Philippika* des Demosthenes benannt), gegen Cäsars Helfershelfer Marcus Antonius. Jener war in den Wirren nach dem Mord an Cäsar 44 v. Chr. zum Gegenspieler Ciceros geworden, der den Tod des Diktators begrüßt hatte; es brach ein Bürgerkrieg aus, in dessen Verlauf schließlich der siegreiche Antonius Cicero den Kopf abschlagen ließ.

Cicero schrieb ferner eine Reihe von theoretischen Büchern zur Rhetorik und zur Geschichte, so das Jugendwerk *De inventione*, das umfangreiche *De oratore* (diese Schrift wird gern verkürzt unter dem Titel *Orator* geführt) und *Brutus*, eine historische Übersicht über bekannte römische Redner.

Die Bedeutung der Rhetorik im Alltag tritt jedoch in der kleinen anonymen Schrift *Rhetorica ad Herennium*, die ungefähr zur selben Zeit entstand wie die Schriften des Cicero, besonders hervor. Das ist bis heute das übersichtlichste und verständlichste Handbuch der antiken Rhetorik. Tatsächlich nahm man lange Zeit an, auch diese Schrift stamme von Cicero, und selbst wenn inzwischen bewiesen zu sein scheint, daß das nicht zutrifft, so ist diese Zuschreibung doch sehr verständlich. Man kommt hier in der Tat der Praxis und den Tricks des Cicero näher als in seinen eigenen theoretischen Schriften, die ja ein Ideal in Sachen Moral und Tiefsinnigkeit bieten sollten, das sich freilich kein wirklich erfolgreicher Redner, und am allerwenigsten Cicero selbst, leisten konnte. *Rhetorica ad Herennium* ist hingegen grob und geradeheraus und enthält viele interessante authentische Beispiele.

Die vollständigste antike Darstellung, die im Laufe der Jahrhunderte zur Norm für alle Studenten der Rhetorik in Europa wurde, ist die zwölfbändige *Institutio oratoria* des Juristen Marcus Fabius Quintilianus (ca. 35–95 n. Chr.). Eine anständige Portion Moralismus im Schlußkapitel soll zum Überleben des Riesenwerkes beigetragen haben. Doch seine Ratschläge sind gut, wenn die Darstellung auch streckenweise ein wenig umständlich ist. Quintilian wurde in Spanien geboren und studierte in Rom, ehe er in seinem Heimatland eine Laufbahn als Anwalt begann. Seine Erfolge machten es ihm möglich, sich erneut in die Hauptstadt zu begeben und dort seine Tätigkeit als Anwalt fortzusetzen. Gleichzeitig wurde er nach einiger Zeit vom Kaiser als eine Art Professor für Redekunst honoriert.

Die ausführlichsten und interessantesten antiken Darstellungen gelten Gerichtsverfahren. Auch die meisten der überlieferten authentischen Reden behandeln juristische Themen. Das ist nicht weiter verwunderlich, denn Athen und Rom hatten Gerichte, deren Jury oft größer war als kleinere Volksversammlungen, und die es dennoch zu überzeugen galt.

Überdies war die Gefahr, daß ein Bürger sich vor einem Gericht verteidigen mußte, größer als die Wahrscheinlichkeit, Politiker zu werden und bei einer Wahlversammlung oder einer Gesetzeseinführung reden zu müssen. Zudem stellt natürlich die juristische Rede vor einer Jury, vor allem, wenn man die Wahrheit gegen sich hat, besonders große Anforderungen an das Überzeugungsvermögen, den Ideenreichtum und das psychologische Einfühlungsvermögen des Redners. Diese Fähigkeiten können dann in unterschiedlichem Maße auch auf andere, weniger problematische Felder übertragen werden.

Und schließlich gab es die juristischen Reden vor den Gerichten auch noch zur Zeit des römischen Kaiserreiches, wo die politischen Reden verschwunden waren und die einzige wichtige Festtagsrede dem Lob des Kaisers selbst galt, den man schwerlich erst von der Vortrefflichkeit des Zieles einer solchen Rede überzeugen mußte.

Im frühen Mittelalter verschwanden dann zwar die juristischen Reden nach klassischem Vorbild, doch die Rhetorik wurde weiterhin studiert, vor allem anhand des Werkes von Quintilian. Sie wurde als Vorbild für Briefeschreiben und Predigen, für Poesie und Argumentation verwendet. Gemeinsam mit Grammatik und Dialektik fand die Rhetorik Eingang in das «trivium», die drei niedersten der «sieben freien Künste». Das Trivium wurde in der vorbereitenden Schule gelehrt, und so leitet sich daher auch das Wort «trivial» für «einfach» und «banal» ab. Und dann gab es natürlich noch die vier höheren Künste, das «quadrivium», die in der höheren Schule gelehrt wurden – Geometrie, Arithmetik, Astronomie und erstaunlicherweise Musik. Die Rhetorik gehörte also zu den grundlegenden Künsten.

Der Unterricht verlief ziemlich mechanisch. Die raffinierten Muster für den Aufbau einer Rede, die die Antike geschaffen hatte, um den Hörer diskret zu beeinflussen, wurden zu Normen versteift, die befolgt werden mußten, ohne daß man sich noch fragte, warum, und so war bisweilen der Preis für dieses treue Festhalten an der Tradition furchtbares Leiden bei Leser und Hörer, also das genaue Gegenteil dessen, wofür diese Muster eigentlich einmal geschaffen worden waren. Rhetorischer Stil zeugte von der Bildung des Redners. Allein daraus folgte seine Geltung und nicht, weil er möglicherweise bestimmte Effekte hervorrief. Dennoch konnte man diese Art der «Redegewandtheit» noch bei älteren Festtagsreden oder manchen kirchlichen Predigten wiederfinden, die noch in meiner Kindheit Kirchenbesuche und Schulabschlußfeiern zu so erbarmungslos peinigenden Vorstellungen machten.

Kein Wunder also, daß die Rhetorik in Europa einen so schlechten Ruf erworben hat.

In England und dann auch in den USA hat das juristische System hingegen die Kunst der Rede als Mittel der Überzeugung lebendig gehalten. Schon bald wandte man sich dort im Gerichtswesen wieder den antiken Vorbildern zu. Ciceros Methoden wirkten auf eine aus britischen Bauern bestehende Jury oder eine Versammlung von Lords ebenso gut, wie sie einst auf römische Proletarier oder Senatoren gewirkt hatten. Das parlamentarische System mit seinen Wahlversammlungen und den Unterhausdebatten nahm dann die Erfahrungen aus dem Gerichtswesen auf.

Das englische 19. Jahrhundert war das Goldenen Zeitalter der politischen Rhetorik. Die großen Premierminister Disraeli oder Gladstone machten als Redner Karriere.

Und auch in Amerika wurden viele Kongressdebatten berühmt. Einer der geschicktesten Redner seiner Zeit war Abraham Lincoln. Bei ihm ist die Verbindung zwischen juristischer und politischer Rhetorik besonders gut zu erkennen. Die Sporen, die er sich als Anwalt in der Prärie verdient hatte, setzte er später in seinem politischen Kampf für die Demokratie und gegen die Sklaverei ein. Seine Redekunst ist volkstümlich und lebt von Redensarten, Bibelzitaten, trockenem Humor und drastischen Vergleichen. Bei seiner Ausbildung zum Anwalt hatte Lincoln zudem die Methoden der klassischen Rhetorik aufgesogen, und lernte, seine Ausführungen schlagkräftig anzulegen. Das kann man beispielweise gut in seiner berühmten Rede über «Ein gespaltenes Haus» von 1858 erkennen, in der er anläßlich einer Wahlkampagne in Illinois die Frage der Abschaffung der Sklaverei auf den Punkt brachte, aber auch in der bekanntesten amerikanischen Rede überhaupt, der «Gettysburg-Adress» auf dem großen Schlachtfeld des Bürgerkriegs nahe bei Gettysburg im Jahre 1863.

Debattierclubs in Schulen und Universitäten, Übungskurse für Plädoyers in der juristischen Ausbildung und das Studium neuerer wie älterer Vorbilder hat in den angelsächsischen Ländern die Kunst der Rede auf eine Weise lebendig und aktuell gehalten, die ohne Vergleich in unserem eigenen Land ist.

In Südeuropa war das Studium klassischer Vorbilder zumindest seit der Renaissance ein zentrales Thema in der Schule, und mit der Einführung der Demokratie erblühten auch wieder die französische und die italienische Rhetorik. Revolutionen haben schon immer glänzende Redner hervorgebracht, doch die Gegenrevolutionen genauso. Nicht anders verhält es sich mit den modernen Massenarmeen, die die Französische Revolution schuf, die dann aber zur schärfsten Waffe der Reaktion wurden.

Auch muß man zugeben, daß sowohl Theorie als auch Praxis der Redekunst von Hitler und Goebbels zu neuen blutigen Höhen geführt wurden. Doch diese beiden wurden ihrerseits mit einer ebenso schlagkräftigen Gegenrhetorik Winston Churchills, geschult in der englischen Tradition, attackiert. Churchills Reden aus den Jahren 1940–41, als die Öffentlichkeit zu Hause wirklich dazu überredet werden mußte, den scheinbar verlorenen Kampf gegen Hitler fortzusetzen, sind neben den Reden von Cicero und Lincoln die wohl am geschicktesten angelegten rhetorischen Texte, die uns überliefert sind. Überhaupt wurde der Zweite Weltkrieg in höherem Grad mit der Rhetorik als Waffe geführt als die antiken Kriege. Die entscheidende neue Voraussetzung dafür war das Radio, das dem gesprochenen Wort seine Wirkungskraft zurückgab, und zugleich ein Massenpublikum schuf, von dem sich weder Demosthenes noch Cicero je hätten träumen lassen.

Mit dem Aufkommen des Fernsehens wurde dann in den 50er Jahren diese Tendenz weiter verstärkt. Richard Nixon, «Tricky Dick», gewann seine Stellung mit Fernsehauftritten wie jenem mit der berühmten Rede über den kleinen Hund Checkers, verlor dann aber ein klassisches Fernsehduell und damit die Präsidentenwahl 1960 gegen den noch größeren Rhetoriker John F. Kennedy. Es wurde freilich behauptet, es seien nicht seine Worte, sondern seine wenig telegenen Bartstoppeln gewesen, die den Ausschlag gaben. So können Dinge, die im Radio oder auf Massenversammlungen nicht zu sehen sind, im Fernsehen eine «rhetorische Rolle» spielen.

Nixon jedoch trat wieder an und wurde 1968, von geschickten Werbeleuten beraten, Präsident. Doch er verschwand erneut, als keine noch so guten rhetorischen Tricks mehr die Situation ausbügeln halfen, in die ihn seine Verschlagenheit gebracht hatte. Die Watergate-Affäre erledigte ihn ebenso vollständig, wie die Intrigen nach Cäsars Tod Cicero erledigt hatten – wenn auch nicht so brutal.

Glücklicherweise kann man nicht alles verkaufen, nicht einmal mit der vollendetsten Rhetorik. Dennoch muß man es als ein Zeichen der Zeit ansehen, daß der zweitklassige Schauspieler Ronald Reagan, *the great communicator*, dank seiner Gabe, das neue, intimere – weil ins heimische Wohnzimmer wirkende – Medium zu nutzen, so erfolgreich wurde.

Nach einer markanten Talfahrt der politische Rhetorik unter Präsident Bush wurde der Platz im Weißen Haus 1993 erneut von einem Vollblutrhetoriker eingenommen. Ja, um genau zu sein, von zwei Genies auf diesem Gebiet. Das Paar Bill und Hillary Clinton steht für die Besten in ihrem jeweiligen Part der amerikanischen Tradition – der politischen beziehungsweise der juristischen Rhetorik. Es war mir während der Arbeit an der ersten Auflage dieses Buches ein großes Vergnügen, die geniale Kampagne des Paares gegen die Vorwürfe aus der Lewinsky-Affäre zu verfolgen. Das war nicht weniger interessant als die Art, wie Bill später die fast unmögliche Aufgabe zu meistern versuchte, das nach amerikanischer Meinung völlig unverzeihliche Sexspiel mit Miss Lewinsky zu verteidigen. Und das, obwohl das Verfahren gleichzeitig eine unbehagliche Ähnlichkeit mit einem anderen großen Ereignis in der angelsächsischen Rhetorikgeschichte, nämlich den Prozessen gegen

Oscar Wilde 1895, aufweist. Was sonst niemand als verbrecherisch ansehen würde, führte auch dort zu Lügen, zu einer tragischen Hetzjagd und brachte im Angesicht all' dessen große Redekunst hervor.

Im Vergleich zu Reagan zielte Clintons Stil wieder mehr auf klassische verbale Kommunikation, während es bei dem *great communicator* ungeheuer stark darauf ankam, wie er sich im Bild ausnahm.

Selbst Großbritannien wird zur Zeit wieder von einem geschickten Rhetoriker regiert. Und Tony Blair ist wahrscheinlich ein noch besserer Fernsehpolitiker als Clinton. Er arbeitet mit dem Gesichtsausdruck in der Nahaufnahme auf eine Weise, die vor dem TV-Zeitalter undenkbar gewesen wäre. Ein Mensch, dessen hauptsächliche Botschaft «alles ist neu, neu, neu» lautet, muß wohl ein hochglanzpoliertes, Vertrauen einflößendes Lächeln und eine entspannte Körpersprache zur Schau tragen.

Infolge der globalen Medienexplosion ist das Interesse an klassischer Rhetorik und ihren modernen Ablegern stets weiter gewachsen. Wir können ganz sicher sein, daß eine Reihe der Werbemitteilungen, politischen Äußerungen und sogar einfachen Nachrichtentexten, die im Laufe eines Tages über uns hereinbrechen, bewußt nach rhetorischen Mustern gefertigt sind.

Zum Beispiel nämlich dieses Kapitel und dieses Buch hier.

## 3. Jetzt geht's los *(Exordium)*

Die meisten ungeübten Redner machen sich vor allem darüber Sorgen, wie sie anfangen sollen. Muß es etwas Aufsehenerregendes sein? Was ist, wenn ich ins Stocken gerate?

Das ist unnötig.

Der Anfang ist in Wirklichkeit der am wenigsten wichtige Teil einer mündlichen Ausführung. In dieser Hinsicht unterscheidet sich eine Rede vor echtem Publikum von den meisten vergleichbaren Genres, so zum Beispiel der Werbesequenz, der Fernsehdebatte, dem Roman, der Gedichtsammlung und der Folge einer Seifenoper. Dabei geht es vor allem darum, das Interesse des Publikums sogleich einzufangen und die Leute dazu zu bringen, zu bleiben und weiter zuzuhören oder zu lesen. Und im Fernsehen muß man die Zuschauer daran hindern, auf den nächsten Kanal zu zappen. Einen Vortrag oder eine Podiumsdiskussion einfach zu verlassen hingegen ist viel schwerer.

Natürlich gibt es auch in der mündlichen Kommunikation, bei der man sich gegenübersteht, Ausnahmefälle: Sie stehen im Lichthof eines großen Kaufhauses und sollen die Leute überreden, Ihr Buch zu kaufen und sich signieren zu lassen. Sie sind Politiker und sollen die Leute dazu bringen, Ihnen auf einem Marktplatz zuzuhören. Oder Sie müssen die anderen Abgeordneten davon abhalten, den Saal zu verlassen und statt dessen Ihren Ausführungen über die Punktbesteuerung in der Landwirtschaft zu lauschen. Aber das sind Ausnahmefälle, und jedem, der das einmal versucht hat, wird außerdem klar sein, daß in diesen Fällen schon die Wahl der Kommunikationsform von Anfang an ein Fehler war.

Bei den meisten mündlichen Vorträgen haben wir das Publikum bereits auf dem Platz. Die Leute sitzen da und können nicht weg. Und nun geben sie uns wenigstens zwölf Minuten lang eine Chance, in dieser Zeit haben wir ihr ungeteiltes Interesse.

Bei einem Roman sind die einleitenden Zeilen und das erste Kapitel entscheidend. Ich erinnere mich an viele großartige Romananfänge: «Endlich stand der Priester auf der Kanzel!», «Noch ehe er drei Stunden in Brighton war, hatte Hale begriffen, daß sie versuchten, ihn zu ermorden.» Und vieles mehr in dieser Art. An den jeweiligen Schluß dieser Bücher erinnere ich mich hingegen nicht – und nicht einmal mehr genau, wie es den

Helden erging. Und doch gehören diese Romane zu meinen Lieblingsbüchern. Mit einer Rede verhält es sich genau entgegengesetzt. Hier ist der Schluß das Wichtigste, denn er soll die Zuhörer dazu bringen, rauszugehen und das zu tun, was wir von ihnen wollen: unseren Klienten freizusprechen, unser Buch zu kaufen, für unsere Partei zu stimmen, die Bedeutung höherer Zuschüsse für die Rhetorikforschung zu erkennen oder ganz einfach zu denken, daß wir ein furchtbar netter Kerl sind.

Deshalb verwendet der routinierte Redner die Einleitung für andere Dinge.

Zunächst wollen wir vor allem Sympathie für unsere Sache und unsere Person wecken. Diese sind im rhetorischen Sinne identisch. Sollten wir wirklich etwas zu sagen haben, das heißt, sollten wir davon ausgehen können, daß das Publikum keineswegs nur spontan unsere Ansicht teilen wird, dann ist die Person in der Einleitung sogar noch wichtiger als die Sache. Das Publikum muß mir vertrauen und mich mögen, selbst wenn es die Sache, von der ich es zu überzeugen versuche, nicht mag. Mit meinem Anliegen sollte ich also noch ein wenig warten. Ja, es ist sogar ein Vorteil, wenn man das kann, vor allem, wenn die Botschaft selbst schwer zu schlucken ist.

In der antiken Theorie wird die Einleitung *Exordium* genannt. Ihre Aufgabe ist, wie gesagt, vor allem, das Wohlwollen der Zuhörer zu gewinnen, *Captatio benevolentiae*. Manchmal benutzt man zwei Methoden, um das zu erreichen, die direkte Methode, *Principio*, und die indirekte, *Insinuatio*.

Eine direkte Eröffnung wendet man an, wenn man eine starke Ausgangsposition hat. Das bedeutet, daß man quasi offen darüber redet, welches Thema man zu traktieren gedenkt. Dann kann man ganz offen auf seine eigene Kompetenz in dem Umfeld hinweisen, man kann das Unvermögen der Gegner ankreiden, eine solche Sache in den Griff zu bekommen, und man sollte vor allem die besonderen Fähigkeiten und Eigenschaften des Publikums loben, im Gegensatz zu unserem Gegner dieses wichtige Thema zu erfassen.

Wenn es erforderlich ist, sollte man sich natürlich, ganz unabhängig von der Wahl der Eröffnungsmethode, kurz vorstellen. Auch die Fachkompetenz, die man einbringen will, muß gezeigt werden. Doch in beiden Fällen muß man geziemende Zurückhaltung zeigen.

Je besser ausgebildet, je bekannter, reicher oder schöner man ist, desto bescheidener sollte man auftreten.

Diese Zurückhaltung, *Humiliatio*, auf die wir später noch einmal zurückkommen, ist ein wesentliches Detail aus dem Waffenarsenal jedes geschickten Redners. Die Schwierigkeit ist hierbei natürlich, seine eigene ungeheure Kompetenz anzudeuten, sich dieser aber gleichzeitig scheinbar überhaupt nicht bewußt zu sein. Wird dieses Manöver falsch aufgefaßt, nämlich als Betrug, dann ist das eine Katastrophe.

Ein schwedischer Bildungsminister erweckte vor ein paar Jahrzehnten einmal peinliches Aufsehen, als er bei einem Schulbesuch ganz volksnah und völlig ernst gemeint zu den Schülern sagte: «Hallo, ich heiße Sven und komme von der Regierung!» Das waren gute Tage für die Karikaturisten. Hätte er statt dessen so getan, als ob er, der schon etwas älter war, die avancierten Dinge, die die moderne Jugend lernte, nicht verstünde, dann hätte das sowohl Sympathie als auch Wohlwollen geweckt. Wenn dann entgegen aller Wahrscheinlichkeit jemand nicht gewußt hätte, daß er von der Regierung kam, dann hätte er im schlimmsten Fall den zuständigen Lehrer überreden können, darauf hinzuweisen. (Siehe auch den Abschnitt über «Ethos und Autorität»).

Die eigene Vorstellung muß unter allen Umständen kurz ausfallen. Vergessen Sie nicht, daß ihr eigentliches Ziel nicht das ist, sich selbst vorzustellen, sondern die Zuhörer demgegenüber wohlwollend zu stimmen, was Sie zu sagen haben. Wenn Sie richtig berühmt sind, dann weiß das Publikum das bereits. Und wenn Sie darauf erst hinweisen müssen, dann sind Sie nicht berühmt, sondern nur auf dem besten Wege, sich ziemlich lächerlich zu machen. Haben Sie etwas Besonderes getan, dann wird man es bereits wissen, wenn es wirklich besonders war. Wenn Sie zehn Jahre in Ruanda gelebt, oder dieselbe Schule wie Jan Guillou besucht haben, oder wenn Sie ein großes Forschungsprojekt über Keuchhusten leiten, dann ist das wahrscheinlich etwas, worüber Sie zu erzählen gekommen sind. Und das wird dann im Vortrag selbst erwähnt werden, oder aber es hat gar nichts mit der Sache zu tun. Wenn Sie hingegen in derselben Institution, wo der Vortrag stattfindet, zur Schule gegangen sind und dort etwas Lustiges erlebt haben oder einen alten Bekannten im Publikum entdeckt haben, dann ist das natürlich etwas, was ganz klar Sympathien schafft. Es ist nie verkehrt, die eigene Mutter zu grüßen, wenn das Ereignis im Fernsehen übertragen wird. Es sei denn, Ihre Mutter ist bekannter als Sie. Dann ist es eine Katastrophe.

Die direkte Eröffnung kann, wie gesagt, auch gleichsam einen Angriff auf den Gegner bringen, aber dieser muß in einem solchen Fall bereits unterlegen sein, denn sonst sinken Sie noch weiter in der Achtung des Publikums und verwandeln sich in einen lächerlichen Meckerer, einen neidischen Underdog oder einen gemeinen Nachtreter. Aus irgendeinem Grunde akzeptieren wir einen Tyrannen am Rednerpult – aber niemals einen Neider. Das mag man bedauern, aber es ist nun mal so. Außerdem sollte der Gegner dem Publikum ein klein wenig überlegen sein, so daß man auf dessen Minderwertigkeitskomplex rechnen kann. In diesem Fall ist es leider verdammt effektiv, sich bereits an dieser Stelle eine grobe Äußerung über den Konkurrenten abzuringen. Bei einem Distrikts-Gerichtsverfahren in den USA kann die eine Seite, wenn sie sich in einer starken Ausgangsposition befindet, über die andere Seite sagen: «Die können den Prozeß nicht allein bewältigen, sondern sind darauf angewiesen, sich eine Reihe von seltsamen Experten aus New York zu holen!» Der Ministerpräsident kann sagen, daß der Oppositionsführer ein «falsch programmiertes Gehirn» habe – jedoch nicht umgekehrt. Der Rektor kann vor den Schülern einen Lehrer erniedrigen – doch nicht umgekehrt.

Dem Publikum mit Lob über seine Urteilskraft oder Fähigkeiten in Bezug auf das Thema zu schmeicheln ist also nie verkehrt.

Eigentümlicherweise sind wir als Gruppe viel eher bereit, uns Honig ums Maul schmieren zu lassen, denn als Individuen. Es liegt doch ein Körnchen Wahrheit in Arne Ankas kluger Zusammenfassung von der unguten Philosophie des Rassismus: «Ich kann nichts, ich tue nichts, ich komme nicht weiter, aber meine Rasse ist die beste der Welt.» Schmeicheleien, denen wir mißtrauisch begegnen oder die wir zurückweisen würden, wenn sie unsere Wohnung oder uns selbst betreffen, akzeptieren wir nur zu gern, wenn es dabei um unsere Heimatstadt oder unser Volk geht. Geschickte Redner und Verkäufer setzen das ständig ein, damit wir ihrem Urteil vertrauen und ihre Person wertschätzen. Versuchen Sie es mit: «Es ist schön, mal wieder in Castrop-Rauxel zu sein!» Oder: «Ich habe gehört, daß die Studenten hier in Eichstätt den Ruf haben, besonders clever zu sein.» Oder: «Ich kann mir vorstellen, daß gerade Berufsberater sich leichter in dieses Problem hineinversetzen können als andere.»

Doch warnen uns die modernen amerikanischen Handbücher davor, in diesem Punkt zu übertreiben. Ich glaube allerdings, daß in unserem knauserigen Land diese Gefahr relativ gering ist. Aber natürlich müssen reine Übertreibungen vermieden werden.

Die subtilere Methode wird von antiken Rhetorikern zumeist empfohlen, wenn man unterlegen ist, sie kann jedoch in den meisten Fällen mit Gewinn angewendet werden. Hier deutet man mit keinem Wort an, worauf man eigentlich hinaus will. So beginnt man, in der Einleitung über etwas völlig anderes zu reden, als die feindselig gesonnenen Zuhörer gedacht haben.

Man kann damit beginnen, den Gegner oder den Angeklagten zu loben, um sich dann später nach und nach seinen Schwächen zuzuwenden. Dann weiß das Publikum, daß man in keiner Weise darauf aus ist, etwas Böses über ihn zu sagen. Man kann seine eigenen Schwächen zugeben, denn dann werden sich später, wenn man zu den eigentlichen Anklagepunkten kommt, alle daran erinnern, daß man nicht zu den Leuten gehört, die einen Fehler verschweigen würden. Man kann aber auch das unerfreuliche Thema beiseite lassen und statt dessen über etwas Erfreuliches reden. Haustiere sind immer gut. Manchmal sind sie aber so wirkungsmächtig, daß man sich ihren rhetorischen Einsatz lieber für spätere, richtig schwierige Passagen aufsparen sollte. Und traurige Stimmung durchbricht man am besten mit einer lustigen Geschichte.

Eine Anekdote über etwas Komisches, das einem auf dem Weg zu dem Ereignis passiert ist, ist immer gut. Die Frage, ob es jemanden im Raum gibt, der erklären kann, wie man den Hosenbügler im Hotelzimmer dazu bringt zu funktionieren, und dergleichen demonstriert auf entwaffnende Art Menschlichkeit.

Bei kulturellen Ereignissen zum Beispiel, auf denen vor Ihnen eine weltbekannte Autorität gesprochen hat, weckt es ungeheure Sympathien, wenn man, obwohl man selbst Professor dieser Fakultät ist, um Verzeihung bittet, weil man nichts verstanden hat. Und dann kann man einen Witz über sein eigenes jämmerliches Niveau anschließen. Danach aber sollten Sie recht tiefsinnige Argumente gegen ihn anführen, und Sie werden verstanden werden.

Cicero rechnet in seiner Verteidigungsrede für Caelius Rufus damit, daß das Gericht von den vielen schlimmen Dingen, die man zwei Tage lang anhören mußte, sehr ermüdet sein wird, und er leitet deshalb seine Rede damit ein, daß er darüber spricht, wie die kostbare Zeit der Jury auf diese Weise von einem ineffektiven Rechtswesen vergeudet wurde:

*«Stellt euch vor, ihr Richter, es wäre gerade jemand hier, der unsere Gesetzes- und Gerichtspraxis nicht kennt. Er würde sicher verwundert fragen, was dieser Fall für ein Schrecknis sei.*

*Denn während sämtliche Gerichtsverfahren an den Tagen der Feste und der Spiele ruhen, wird allein dieser Prozeß durchgeführt. Und dieser Jemand würde nicht daran zweifeln, daß man den Angeklagten eines ungeheuren Verbrechens beschuldigte: Falls es ungeahndet bliebe, wären die Grundfesten des Staates bedroht.»*

Achten Sie auf den subtilen Übergang im zweiten Satz, der in gewisser Weise als selbstverständlich erklärt, daß das Verbrechen eine Kleinigkeit sei. In Wirklichkeit ging es jedoch um Giftmord. Aber die Jury war das ganze häßliche Gerede über Mord leid. Außerdem liegt eine interessant Doppeldeutigkeit in «unsere Gesetzes- und Gerichtspraxis» (oder wortwörtlich: «unsere Gesetze und unsere Bräuche», *legum iudiciorum consuetudinisque nostrae*). Cicero deutet hier an, daß das ganze Rechtswesen und damit auch die Anklage gegen Caelius korrupt war, ohne daß er dies direkt behaupten mußte. In der Antike findet man eine wohl ausgefeilte Theorie für solche Doppeldeutigkeiten. Wir werden später auf einige besondere Beispiele dafür zu sprechen kommen.

Cicero erreichte sein Ziel. Eben diese Einleitung wurde zu Recht berühmt und machte Schule. In Ländern mit Geschworenenverfahren wird sie sicher immer noch studiert. So benutzte 1995 der Verteidiger von O.J. Simpson denselben Trick in seinem Schlußplädoyer.

Um mit dem anonymen Autor der *Rhetorica ad Herennium* zu sprechen:

*«Wenn die Zuhörer müde geworden sind, während sie dem vorherigen Redner zuhörten, sollte man mit etwas beginnen, das sie zum Lachen bringt – einer Geschichte, einer Fabel, einer Karikatur, Ironie, Zweideutigkeit, einer Andeutung, Geplänkel, etwas Naivem, einer Übertreibung, einem Witz, einer Neuigkeit, einer historischen Anekdote, einem Gedichtsvers, einer Ermahnung oder einem unerwartet freundlichen Wort!»*

Wenn jedoch ein Gegner oder Vorredner sich auf der Bühne als ein unglaublicher Witzbold erwiesen hat, dann ist es nie verkehrt, die Tonlage zu wechseln und sich etwas moralisierend zu fragen, ob es nicht an der Zeit wäre, «mal etwas Ernst zu zeigen». Um mit dem Sophisten Gorgias zu sprechen: «Wir bekämpfen den Ernst unseres Gegners mit Witz und seinen Witz, indem wir ernst reden.» Ulkigerweise gewinnt man in beiden Situationen die Sympathien. Wenn man als Redner Nummer zwei spricht, dann gilt es also die zuvor suggerierte Stimmung zu durchbrechen, wie die auch immer gewesen sein mag. Fährt man in der Tonart des Vorgängers fort, dann ist man verloren.

## 4. «Ich bin kein besonders guter Redner»

Als Anfänger macht man sich für gewöhnlich keine Gedanken über rhetorische Finessen. Man hat ganz einfach Angst, plötzlich den Faden zu verlieren. Vor allem zu Anfang. Nicht richtig in die Gänge zu kommen. Außerdem ist es in solch einer Lage nur allzu offensichtlich, daß das Publikum diese Vorbehalte gegenüber dem eigenen Auftreten teilt.

Das aber sind unnötige Sorgen.

In Wirklichkeit kann man mit nichts mehr die Sympathie bei seinen Zuhörern wecken als damit, daß man ein wenig unsicher wirkt. Wenn man dann noch den Eindruck vermitteln kann, daß man möglicherweise den Faden verlieren oder zumindest im Verlauf des Vortrags anfangen könnte zu schwimmen, dann hat man eine Spannung geschaffen, die das Interesse eine ganze Weile am Leben erhält, und zwar genau so lange, bis das Publikum angefangen hat, sich für das eigentliche Anliegen des Vortrags zu interessieren.

«Als ich Sie zuerst sah, dachte ich nur ‹Hilfe, der weiß nicht, wo er ist, und hat sich überhaupt nicht vorbereitet!›», sagte mir einmal ein dankbarer Veranstalter nach einem meiner eher gelungenen Auftritte. Eine etwas scharfsinnigere Dame aus dem Publikum gratulierte mir hingegen zu der raffinierten Methode, das Interesse der Leute einzufangen.

Zu Beginn nicht allzu professionell zu wirken, das ist ganz genau, was die klassischen Rhetoriker mit *Humiliatio*, Schüchternheit, meinten. Somit ist das einzige, was an der abgenutzten Wendung «Ich bin kein besonders guter Redner» schlecht ist, daß sie so abgenutzt ist. Die Grundidee hingegen ist vollkommen in Ordnung.

Und das seit der Antike:

*«Diese Gerichtsverhandlung bringt mich in große Verlegenheit, wenn ich daran denke, daß, wenn ich hier nicht gut spreche, nicht nur ich, sondern auch mein Vater als armselig dastehen wird, und daß ich alles, was ich besitze, verlieren werde. Es ist also erforderlich, daß ich, wenngleich ich keineswegs zum geschickten Redner geboren bin, meinem Vater zur Rettung eile, und mir selbst, so gut ich kann.»*

Es ist der eifrige Lysias, der dies 387 v. Chr. seinen Klienten in der Rede «Für das Vermögen des Aristophanes, gegen die Staatskasse» sagen läßt. Doch er scheint dieses *Exordium* wohl aus einer noch älteren Rede entliehen zu haben. In Erbstreitigkeiten ist eben alles erlaubt.

«Ich bin eine einfache Seele», «Verzeihen Sie einem jungen Menschen». Das ist der Eindruck, den wir erwecken wollen, selbst, wenn wir zufällig der herausragendste Experte des Landes in der Sache sind. Oder gerade dann. Das kann in Worten geschehen, aber es gibt, wie gesagt, auch viele andere Arten.

In seinen Manuskriptzetteln herumzublättern macht den Eindruck, als sei man völlig verloren, und ist deshalb für den Anfang nicht verkehrt. Ein Stück Kreide, einen Stift oder einen Zeigestock fallen zu lassen, weckt Sympathie und Mitgefühl beim Publikum.

So zu tun, als könne man mit Mikrofonen und Lautsprechern nicht umgehen, ist auch sehr gut, solange man wirklich nur so tut. In Ermangelung von technischen Hilfsmitteln kann, wer mit einer recht starken Stimme ausgestattet ist, laut fragen, ob man ihn hört. Das wirkt sowohl sympathisch als auch selbstironisch.

(Außerdem erfüllt es eine praktische Funktion. Wenn die Gesichter der Zuhörer trotz einer sympathischen Einleitung und einer spannenden Fortsetzung immer nur länger und länger und die Blicke immer leerer werden, dann sollten Sie nachprüfen, ob es nicht auch daran liegen könnte, daß sie wirklich vergessen haben, den Knopf am Mikrofon zu drücken. Das Publikum in Schweden ist wahrscheinlich das geduldigste und feinfühligste der ganzen Welt, wenn es darum geht, über solche Kleinigkeiten hinwegzusehen. Erst nach zehn Minuten wird eine kleine verschüchterte Dame in der ersten Reihe Ihnen Zeichen in dieser Sache machen.)

Da ich das hier schreibe, komme ich eben von einem kunsthistorischen Vortrag, der damit eingeleitet wurde, daß der Vortragende sein Maskottchen hervorholte, eine gräßliche amerikanische Plastikfigur, die den «Schrei» von Edvard Munch darstellte, und sie aufs Katheder setzte. Dann wies er auch noch darauf hin, daß er, wie sehr wir ihn auch anflehen würden, sie hinterher nicht verkaufen würde, sondern nur sein eigenes Buch. Der Vortrag handelte von etwas völlig anderem und kam sehr gut an. Sein Buch ging weg wie warme Semmeln.

Es ist auch kein Fehler, gegen alle Regeln zu verstoßen, die man in diesem «Wie präsentiere ich mich selbst»-Kurs im Büro mit Blick in den Spiegel gelernt hat. Man muß keineswegs aufblicken und dem Publikum ins Gesicht sehen und all das. Zumindest nicht zu Anfang. So lange man nicht abliest, denn das ist und bleibt absolut verboten, ist es auch durchaus möglich, daß man nach dem Gefummel mit dem Mikrofon und dem Manuskript eine Weile dasteht und in seine Papiere schaut. Und nachdem man ein wenig verwirrt über das Publikum geblickt hat, sieht man nochmals nachdenklich nach unten und fängt dann langsam und etwas stockend an, seine einleitenden Gesichtspunkte, Späßchen, Entschuldigungen oder was immer man als *Exordium* aufzubieten hat auszubreiten.

Ich hasse Vergleiche, doch es ist eine Tatsache, daß Hitler seine kriegerischsten, wirksamsten Propagandareden auf eben diese schwerfällige, etwas ungeschickte Weise begann. Steinhart eingeübt, natürlich. Aber trotzdem.

Das hier ist sicher einer der Punkte, in denen ich im direkten Gegensatz zu den vielen amerikanischen oder amerikanisierten Handbüchern stehe, die es auf dem Markt gibt. Es wimmelt nur so von Ratschlägen, wie man einsteigt und den Eindruck beinharter Selbstsicherheit vermittelt. Doch sowohl die klassische Rhetorik als auch die Alltagserfahrung favorisieren stattdessen eine vorsichtige oder ganz einfach etwas zögerliche Eröffnung.

Ich bin sogar sicher, daß eine gewisse Art der einstudierten Natürlichkeit und der übertrieben selbstsicheren Gelassenheit in der Körpersprache absolut vernichtend auf die Glaubwürdigkeit wirkt.

Gleichwohl wird man möglicherweise aus der amerikanischen Glaube-an-dich-selbst-Literatur von den allgemeinen Ratschlägen, wie man seine innere Selbstsicherheit steigern kann, profitieren. Dale Carnegies sehr weit verbreitetes Handbuch aus der Zwischenkriegszeit schlägt vor, daß wir uns vorstellen sollen, jeder einzelne im Publikum sei uns Geld schuldig, und wir seien gekommen, um das Geliehene einzufordern. Vielleicht funktioniert das für manche Leute. Ich selbst wäre in einer solchen Lage eher besonders nervös.

Da ist vielleicht doch der altbekannte Unterhosentrick wirkungsvoller, den ich zuletzt in einem feministischen Handbuch über die Kunst, das Patriarchat zu überlisten, gesehen habe. Man stellt sich vor, daß das ganze Publikum in peinlich häßlicher Unterwäsche dasitzt, während man selbst gepflegt angezogen ist. Das hilft auch bei Bewerbungsgesprächen oder vergleichbar unangenehmen Gesprächen unter vier Augen.

Doch am besten ist sicherlich die wichtige Einsicht, daß selbst der beste Redner Lampenfieber hat, zusammen mit der noch wichtigeren Einsicht, daß es überhaupt nicht schlimm ist, sich zu Beginn ein wenig unsicher zu zeigen, ganz im Gegenteil. Vielleicht macht einen das so ruhig, daß man anfangen muß, die Unsicherheit zu spielen, um noch die notwendige Sympathie wecken zu können.

Ich glaube übrigens, daß die übertrieben vor Selbstsicherheit starrende amerikanische Einstellung selbst in den USA fehl am Platze ist. Bedenken Sie Bill Clintons Methode, sogar seine erinnerungswürdigsten Ausführungen schüchtern und vorsichtig zu beginnen und sich dann zu immer größerer Begeisterung und Eloquenz zu steigern!

Im vorigen Kapitel haben wir die geniale Einleitung von Selma Lagerlöfs Roman «Gösta Berling» zitiert, zugleich aber festgestellt, daß diese Art von Einleitung nicht für mündliche Vorträge geeignet ist: «Endlich stand der Priester auf der Kanzel».

Auf der anderen Seite ist gerade die dort beschriebene Redesituation besonders erfolgversprechend. Alle warten darauf, daß der versoffene Pfarrer sich daneben benimmt, man hat nicht einmal damit gerechnet, daß er überhaupt erscheint. Jetzt steht er da. Man rutscht unruhig auf dem Stuhl herum. Die Aufmerksamkeit ist gespannt wie ein Flitzebogen. Und auch hier: Eine stockend abgelesene Einleitung steigert noch diesen Eindruck, ehe die Inspiration von Gösta Berling Besitz ergreift. «Seine Stimme wurde stark und mächtig.» Von der wachsenden Aufmerksamkeit berauscht reißt er die Versammlung mit sich, und als er endet, ist kein Auge trocken geblieben.

Im Gegensatz dazu sind einleitende Knalleffekte wie sie in Romananfängen durchaus stehen können, in der Kunst der Rede alles andere als angebracht. Die Leute wachen bei einem Fluch oder einem Trompetensolo vielleicht auf, doch es ist fast unmöglich, dieses Tempo dann weiter durchzuhalten, und die Gefahr, gegen Ende hin Ermüdung und Enttäuschung zu erzeugen, wird immer größer.

Ebenso falsch ist es, die Einleitung zu nutzen, um zusammenzufassen, was man sagen wird. Das wird in modernen Handbüchern oft empfohlen, und manchmal auch von herumreisenden Beratern in Sachen Redekunst. Zu allem Überfluß werden die einzelnen Abschnitte des eigenen Vortrags dann auch noch auf einem unscharfen Overheadbild dargestellt. Warum sollte man sich dann die Mühe machen, den Rest noch anzuhören? Warum wird dann der Vortrag nicht einfach in Kopie ausgeteilt? Ein Plan, mündlich oder schriftlich, über einen bevorstehenden Vortrag, eine Lesung oder eine Werbeaktion ist der wirksamste Interessentöter, den man sich vorstellen kann.

Wenn einem nichts Besseres einfällt, womit man anfangen könnte, und wenn man bereits die Sympathie des Publikums gewonnen hat, indem man ausreichend schüchtern oder ungeschickt aufgetreten ist, sollte man sich vielmehr direkt dem nächsten Hauptteil des Vortrags zuwenden, dem, was man in der Antike *Narratio* nannte.

Da dies aber ein geschriebener Text ist und kein mündlicher Vortrag, gönnen wir uns am besten vorher um der Klarheit willen einen Überblick über das Gesamte, die grundlegenden Elemente, in die die Rhetorik seit der Antike eine effektive Rede einzuteilen pflegt.

## 5. Der Aufbau der Rede

Die Kunst, sein Thema zu ordnen, wurde in der antiken Rhetorik *Dispositio* genannt. Die Begriffe variieren hier ein wenig, ebenso die Details, doch im Großen und Ganzen ist man sich einig, wie eine Rede aufgebaut sein sollte. Manche meinen, daß das gewöhnliche Muster, das wir zunächst studiert haben, nur für juristische Reden vor einer Jury gilt, andere sagen, daß es auch für politische Reden oder Festtagsreden taugt. Ich persönlich bin überzeugt, daß es sich sogar für Werbung, akademische Vorlesungen und Debatten in den Medien ausgezeichnet eignet.

In gewissem Maß ist es sogar für Briefe und schriftliche Propaganda brauchbar.

1. Wir haben schon über die Einleitung gesprochen, *Exordium*, die von Aristoteles und Quintilian auch *Prooemium* genannt wurde, und mit der man das Wohlwollen der Zuhörer für die Sache und für seine Person zu gewinnen sucht.
2. Der nächste Teil wird *Narratio* genannt, die «Erzählung». Im englischen wird dieser Begriff oft mit «statement of facts», «Vorstellung der Sache», übersetzt. Im Idealfall geht es hier um eine chronologische Erzählung darüber, was bisher geschehen ist, wie das Problem aufgetaucht ist, was die Hauptperson des Festes in ihrem früheren Leben gemacht hat, was das Produkt erst notwendig gemacht hat, wie wir auf unsere geniale Theorie gekommen sind. Oder irgendetwas in dieser Art.
3. Der nächste Punkt wird von Quintilian *Probatio* genannt, der Beweis, und enthält Vorschlag, These oder Ansicht des Redners samt Beweisen und Argumenten für die eigene Ansicht. Andere teilen diesen Abschnitt noch auf in *Propositio*, die These oder den Vorschlag, und *Confirmatio*, die bekräftigenden Argumente für die These. Doch in der Praxis können die These und die sie unterstützenden Argumente fast nie voneinander getrennt werden.
4. Der nächste Punkt ist die *Refutatio*, also der Gegenbeweis, in dem man möglichen Gegenargumente oder bereits bekannte Argumente des Gegners behandelt. «Einige möchten vielleicht sagen, daß ..., aber ...». Cicero wirft in seiner theoretischen Rhetorik *Confirmatio* und *Refutatio* zu einer Ab-

teilung unter dem Begriff *Argumentatio* zusammen, doch schon in seinen eigenen Reden paßt die Einteilung, wie sie andere lateinische Redner vornehmen, besser.

5. Am Ende kommt die *Peroratio*, der mahnende Abschluß des Redners.

Diese Schema ist, wie es scheint, dem formalisierenden Aufbau von Bewegung in Politik und Gesellschaftsleben nicht unähnlich.

Hingegen ist es völlig anders geartet als der Aufbau des klassischen Dramas oder des modernen Romans mit Exposition, Steigerung, Höhepunkt, Auflösung und Katastrophe. Und noch weniger Ähnlichkeit weist es mit der Form der reingezüchteten Nachrichtenartikel auf, wo das Wichtigste zuerst kommt, um dann wieder und wieder mit immer mehr peripheren Details ausgeführt zu werden. Ebenso unterscheidet es sich vom üblichen Schema des Schulaufsatzes mit Einleitung, Abhandlung 1, Abhandlung 2 und so weiter und dann Schluß, wie es viele Ältere noch in der Schule lernen mußten.

Manche neuen Handbücher für Redner und einige Schulbücher empfehlen eine, wie man meint, effektiv und witzig formulierte Methode für einen mündlichen Vortrag: «1. Rede von dem, was du sagen willst. 2. Sage es. 3. Rede, wovon du geredet hast.» Das ist jedoch vollkommen verrückt. Mit dieser Methode kann man sicher gehen, seine Gegner, die zu überzeugen man angetreten ist, abzustoßen und seine Anhänger auf längere Sicht zu langweilen.

Das antike Modell für die *Dispositio* funktioniert hingegen bis heute.

Wer Zugang zu amerikanischem Court-TV hat, wird sehen, daß die Grundidee dieses Schemas immer noch für die Plädoyers der Anwälte benutzt wird, wenn sie die Jury beeinflussen wollen. Doch wie gesagt kann man es auch auf vielen anderen Gebieten anwenden. In pädagogischer Reinform ist es wahrscheinlich im Werbefilm zu finden. Sicher wird sich jeder an die Windelreklame von vor ein paar Jahren erinnern, in der der kleine Johannes schlechte Laune bekam:

1. *Exordium.* Wir lernen Johannes' Mutter kennen, die in einer Kinderklinik arbeitet und Kinder «wiegt und misst und dafür sorgt, daß es ihnen gut geht». In der schwedischen Version spricht sie auch noch denjenigen der schwedischen Dialekte, der am meisten Zuverlässigkeit signalisiert. Bis hierher noch kein Wort über Windeln.
2. *Narratio.* Sie benutzt immer einer bestimmte Windelsorte, nur einmal haben sie eine andere Windel ausprobiert. Da wollten sie zur Großmutter fahren, eine Reise, die normalerweise «gaaanz lustig» ist, aber diesmal kriegte Johannes schlechte Laune, weil die Windel leckte. (Ich habe die italienische Version gesehen, wo man nicht nach Dalarna in Schweden, sondern zu «la nonna» auf Sizilien fuhr. Mein Italienisch ist nicht gut genug, als daß ich hätte feststellen können, ob die Dame Sizilianisch redete, doch wir können das annehmen, zumal dieser Dialekt, der Mafia zum Trotz, immer noch als ländlich einfach und Vertrauen einflößend gilt.)
3. *Probatio.* Ab jetzt wird sie also nur noch die Marke des Werbeträgers anwenden (*Propositio*). Die leckt nie. Und Johannes ist auf dem Bild so glücklich (*Confirmatio*).
4. *Refutatio.* Ein Bild von der Windel der empfohlenen Marke. Die ist trocken, nicht die kleinste Spur von Nässe. (Daß so viele Werbebabys einen blau gefärbten Urin haben, hat seine Ursache in einem anderen klassischen rhetorischen Prinzip, *Decorum*, auf das wir später eingehen werden.)
5. *Peroratio.* Bilder von der Verpackung der richtigen Windel, der Produktname klar erkennbar, damit wir – sowie die Läden aufmachen – hingehen und sie kaufen, oder zumindest, wenn wir sie sehen, im Unterbewußtsein spüren, daß mit eben dieser Windel etwas Angenehmes verbunden ist.

## 6. Folgendes ist passiert ... *(Narratio)*

Die Erzählung, *Narratio*, ist also der zweite Teil der Rede. Wenn möglich, sollte das wirklich eine Erzählung sein, eine strikt chronologisch gehaltene Auflistung dessen, was bis hierher passiert ist. Oder was auch immer vorher passiert ist und dazu geführt hat, daß wir uns an diesem Punkt befinden.

Die *Narratio* muß nicht dramatisch aufgebaut sein. Für die Dramatik werden wir zu einem späteren Zeitpunkt selbst einstehen müssen. Es ist jedoch kein Fehler, wenn die Erzählung mitreißend oder ganz einfach spannend ist. Darüber hinaus ist es natürlich wichtig, hier bereits die Sache so darzustellen, wie wir es gern hätten.

Wenn Sie die subtile Eröffnung gewählt und Ihr Anliegen bis hierher verborgen haben, dann sollte Ihre *Narratio* am besten ebenso subtil sein und das Publikum dazu bringen, unterbewußt die Schlüsse zu ziehen, die Sie wünschen. Doch es ist wichtig, dabei nicht allzu raffiniert vorzugehen, denn das Publikum darf nicht den Eindruck bekommen, Sie seien falsch oder überheblich, indem Sie meinten, man käme Ihnen nicht auf die Schliche. Hier gilt das Sprichwort «Man merkt die Absicht, und man ist verstimmt». Es gibt kaum etwas, das für den Redner katastrophaler ist.

Wenn die Situation glasklar, und das Publikum bereits wohlwollend ist, dann kann man direkt zur *Narratio* übergehen.

Abraham Lincolns berühmte Rede über die Gefallenen auf dem Schlachtfeld in Gettysburg von 1863 beginnt beispielsweise sogleich mit dem historischen Hintergrund:

*«Fourscore and seven years ago our fathers brought forth upon this continent a new nation, conceived in liberty and dedicated to the proposition that all men are created equal. Now we are engaged in a great civil war, testing whether that nation – or any nation, so conceived and so dedicated – can long endure.»*

Frei übersetzt heißt das: *«Vor siebenundachtzig Jahren schufen unsere Vorväter auf diesem Kontinent eine neue Nation, in Freiheit geboren und dem Grundsatz verpflichtet, daß alle Menschen gleich geschaffen sind. Jetzt sind wir in einem großen Bürgerkrieg begriffen, der zeigen wird, ob diese Nation – oder irgendeine Nation, die so geschaffen und so verpflichtet ist – lang bestehen kann.»*

Ebenso macht Cicero es in seiner zweiten Rede gegen Catilina, in der er vor allem der Volksversammlung den Eindruck notwendiger Eile in der angeblichen Krise vermitteln will, um ein Mandat für die an sich ungesetzlichen Maßnahmen gegen die Revolutionäre zu erhalten. Auch Hitler beginnt, vor allem nach der Machtergreifung, seine Reden oft mir einer Art historischem Exposé.

Diese Art der Rede, in der die *Narratio* direkt folgt, wird vor allem von Machthabern und Vertretern der Obrigkeit angewandt. Das ist zwar glänzende Propaganda, doch ist sie nur für sehr spezielle, dramatische Situationen geeignet, auf die der Redner gleichsam reagiert. In den meisten anderen Fällen muß man das Publikum vorbereiten und seine Sympathien mit einer Einleitung wecken.

Als die schwedische Ministerin Mona Sahlin angegriffen wurde, weil sie auf eine Kreditkarte ihrer Behörde kleinere private Einkäufe, unter anderem eine Stange Toblerone, getätigt hatte, trat sie vor die Presse und das Fernsehpublikum und begann direkt mit «Jetzt sollen Sie mal meine Geschichte hören ...». Das war ein offenkundiger Fehler. Ein wenig Reue und Zerknirschtheit, *Humiliatio*, in einem echten *Exordium* vor der *Narratio*, wäre in dieser Situation viel besser gewesen. Wer die Niederschrift ihrer Rede gelesen hat, der konnte zwar sehen, daß die Werbeabteilung der Parteizentrale und deren Rhetorikberater die Finger im Spiel hatten. Aber man konnte auch sehen, daß diese Rhetorikberater ziemliche Amateure waren.

Sahlins *Narratio* war überdies konfus, voller Selbstmitleid und durchsetzt mit Ausbrüchen gegen die Presse. Die geschickt gespielte Volksnähe, die ihr zum Ministerposten verholfen hatte, kam jetzt offenbar in Konflikt mit der wirtschaftlichen Sorglosigkeit, die sie bagatellisieren wollte. Kein «einfacher», hart arbeitender Mensch würde sich so wenig darum kümmern, was die Dinge kosten.

Sie hätte in ihrer Erzählung klar, kurz und konzentriert sein müssen, um dann ihre moralische Intergrität zu beteuern und mit Beispielen zu belegen (*Probatio*). Erst dann hätte sie zu den Vorwürfen der Presse Stellung nehmen sollen (*Refutatio*), um hernach Gefühlsausbrüchen Raum zu geben und auf Windeln und Toblerone zu sprechen zu kommen (*Peroratio*). Das hätte sie vielleicht retten können. Vielleicht. Aber es gibt, wie gesagt, auch Fälle, in denen nicht einmal die geschickteste Rhetorik hilft.

Unsere Erzählung sollte also klar, konzentriert und kurz sein. Oft ist das nur eine Frage des Verzichts auf bestimmte Dinge. Echte Gefühlsausbrüche sparen wir uns für den Schluß auf. Jetzt muß das Publikum allein von Ihrer Erzählung mitgerissen werden, Sie selbst aber müssen die Kontrolle über sich und ihre Rede behalten. Wenn Sie es auf Tragik abgesehen haben, dann wird sie dadurch noch gesteigert werden, und dasselbe gilt für die Glaubwürdigkeit.

Außerdem verzichten wir in diesem Stadium auf alle Dinge, die der Behauptung, die Sie gleich vorstellen werden, entgegen stehen. Das klingt vielleicht einfach, ist aber recht schwer. Natürlich müssen wir auf die Argumente und erschwerenden Fakten der Gegenseite eingehen. Aber das machen wir erst später, in der *Refutatio*, in der wir diese Argumente im Licht der netten glaubwürdigen Szenerie, die wir bis dahin etabliert haben, ganz leicht werden auseinandernehmen können.

In manchen Fällen kann es sogar erforderlich sein, auch Fakten, die zu unserem Vorteil sind, zunächst beiseite zu lassen. Schon Quintilian weist darauf hin, daß es nicht genügt, im

Besitz der Wahrheit zu sein, sondern es müsse auch eine glaubwürdige Wahrheit sein. Manche Dinge wirken unglaubwürdig, genauso, wie manche Unwahrheiten glaubwürdig wirken.

Man kann manchmal beobachten, daß amerikanische Staatsanwälte Ereignisse, die gegen den Angeklagten sprechen, nicht zum Gegenstand machen, weil diese schwer zu beweisen scheinen. Es beeinträchtigt die Glaubwürdigkeit dessen, was man wirklich beweisen kann, wenn etwas anderes im Vortrag, selbst wenn es belanglos und nebensächlich ist, unbewiesen bleibt. Dies kann zu Sympathien für den Angeklagten führen, wenn die Jury glaubt, er sei in einer Sache zu Unrecht beschuldigt worden, ganz gleich, wie gering diese Sache gewesen sein mochte. Das kann so weit gehen, daß die Hauptanklage manchmal aus dem Blickfeld gerät.

O.J. Simpsons komische Flucht mit falschem Bart und Abschiedsbrief wurde von Seiten der Staatsanwaltschaft als irrelevant und verwirrend angesehen. Alle, und damit auch die Mitglieder der Jury, hatten den Zuschauerzahlen zufolge die Sache sowieso schon im Fernsehen gesehen. Warum sollte man also der Verteidigung die Chance geben, die Sache als Angst vor einem Übergriff der Polizei oder etwas ähnlichem herunterzuspielen? Man kümmerte sich auch nicht um die beweisbare Tatsache, daß O.J. am Abend des Mordes eine Geliebte angerufen und erklärt hatte, daß er die Ehefrau bald los sein würde. Die Verteidigung würde die Sache verdrehen und behaupten, daß das gegen das Eifersuchtsmotiv im Mord sprechen würde!

Es ist somit eine in jeder Beziehung gute Strategie, wenn man, für den Fall, daß man etwas Beweisbares bieten kann, sich ausschließlich daran hält, und dadurch dem, dem man etwas nachweisen möchte, keinen Raum für Manöver gibt. Wenn man zum Beispiel den Verdacht hat, der Professor vergebe ungerechte Zensuren, beherrsche sein Fach nicht und bleibe außerdem noch seinen Unterrichtsstunden fern, dann ist es, wenn man die besagte Lehrkraft loswerden will, klug, ausschließlich über das Letztgenannte zu reden, denn das ließe sich beweisen. Ferner halten nicht nur moralische, sondern auch menschliche Gründe den guten Rhetoriker davon ab, laut über seinen Verdacht zu sprechen, daß das Fernbleiben vom Unterricht seine Ursache in Alkoholmißbrauch haben könnte. Solche Beschuldigungen lenken in eine Grauzone von Grenzwertigkeiten und Unklarheiten, wo die Gegenseite immer Interpretationsmöglickeiten findet, an denen sie ihre Position festmachen kann. Nur mit sehr schwachen Karten auf der Hand darf man aus Mangel an anderem auf Andeutungen und Gerüchte zurückgreifen. So wie man für die Wirtschaft sagt «Cash is king», so sind in der Rhetorik die beweisbaren Fakten die harte Währung.

Mona Sahlins Wirtschaftspolitik der Erneuerung war den traditionellen Sozialdemokraten verhaßt. Doch erst die beweisbare Schlamperei mit der Kreditkarte der Behörde brachte sie zu Fall. Gegen eine postmoderne, geisteswissenschaftliche Doktorarbeit voll theoretischer, heißer Luft sollte man zunächst nur anführen, der Autor habe ein französisches Zitat in einer Fußnote ganz klar falsch übersetzt. Erst danach kann man anfangen, ihm den Rest der neuen kaiserlichen Kleider auszuziehen.

Selbst Al Capone konnte letztendlich wegen Steuerhinterziehung dingfest gemacht werden. Und es war die für die Sache völlig irrelevante Tatsache, daß Oscar Wilde in Bezug auf sein Alter gelogen hatte, die 1895 dem Anwalt der Gegenseite Edward Carson im berühmtesten Kreuzverhör der Rechtsgeschichte einen Vorteil verschaffte.

Neben Kürze, Klarheit und Chronologie sollten also gut ausgewählte knallharte Fakten die Erzählung bestimmen. Aber es gibt natürlich auch Fälle, in denen man nicht so viel zu bieten hat und noch weniger etwas zum Weglassen. Dann kommt es darauf an, das magere Material wachsen zu lassen. Diese Kunst, Fakten und Argumente zu finden, *Inventio*, ist ein gesonderter Zweig der klassischen Rhetorik. Der Kunst, Fakten und Argumente weitschweifig auszuschmücken, wird in den antiken Handbüchern ebenfalls große Aufmerksamkeit geschenkt, ganz zu schweigen von der praktischen Tätigkeit zum Beispiel eines Cicero.

Die gebräuchlichste Methode ist, von etwas anderem zu erzählen, am besten von etwas Erfreulichem. So ist zum Beispiel unsere gemütliche Arbeitsatmosphäre bei der Entdeckung dieser dubiosen Theorie eigentümlicherweise immer sehr hilfreich, wenn es an harten Fakten mangelt. Die Kindheit des Klienten, gute Eigenschaften, die er als junger Mensch aufwies, sein Betragen gegenüber seinen Eltern und so weiter können das wenige, was man in Bezug auf das Verbrechen als Entschuldigung hat, positiv unterstützen. Das war Ciceros Methode bei der *Narratio* in der Verteidigungsrede für Caelius.

Die Berater von Mona Sahlin versuchten in ihrer «Toblerone-Rede» offenbar die berühmte «Checkers-Rede» von Richard Nixon nachzuahmen, die dieser im Fernsehen hielt, als er des Mißbrauchs von Wahlkampfgeldern angeklagt war. Aber Nixon war ein rhetorisch geschulter Anwalt und eine Naturbegabung auf diesem Gebiet. Ein echter Profi. Er begann seine Rede damit, daß er zerknirscht seine Absicht mitteilte, alle Karten auf den Tisch zu legen. Zum Thema der *Narratio* wählte er hingegen seine private finanzielle Lage, zum Beispiel, daß seine Frau keinen neuen Mantel besaß, daß sie beide ein sehr einfaches amerikanisches Leben lebten, und so weiter. Und er stellte das als positiv dar, als etwas, worüber er froh war. Über die Fortsetzung werden wir dann später sprechen.

Ich habe zuvor angemerkt, daß man im Notfall trotz allem gezwungen sein kann, auf Andeutungen und Gerüchte zurückzugreifen. Doch selbst dann ist es klug, sich der nützlichen Methode zu bedienen, die in der Antike *Paralipsis* genannt wurde oder manchmal auch *Occultatio*. Hier deutet man etwas an, nur um es im nächsten Moment zurückzunehmen und selbst zuzugeben, daß es nicht zur Sache gehört. «Wenn es hierher gehören würde, dann könnte ich jetzt lange über die Tatsache reden, daß Heidenstam als Nazi endete, doch heute wollen wir nur über sein stilistisches Unvermögen diskutieren.» Oder: «Es gibt Gerüchte, daß der Kommunalrat die Gelder, die er sich zu Unrecht beschafft hat, für Prostituierte ausgegeben haben soll. Aber solchen Gerüchten wollen wir keinen Glauben schenken. Es ist alles schon schlimm genug, wie es ist.»

Cicero war auch in dieser Tonart ein Meister, und in seiner Ersten Rede gegen Catilina deutet er an, daß dieser seine Ehefrau und seinen eigenen Sohn ermordet habe, nur um dann schnell das Folgende hinzuzufügen: «Doch ich übergehe das und bin wohl damit einverstanden, es zu verschweigen, damit nicht unter diesen Bürgern ein so unmenschliches Verbrechen vorgekommen oder ungestraft geblieben zu sein scheint.»

Das Schöne an diesem Kniff ist natürlich, wie es auch in der *Rhetorica ad Herennium* beschrieben ist, daß der Gegner nicht darauf antworten kann, denn man hat ja ausdrücklich nichts behauptet. In einem modernen amerikanischen Gerichtsverfahren, würde es an dieser Stelle wahrscheinlich einen Einspruch und eine Verwarnung durch den Richter geben. Doch in allen Diskussionen ohne Richter – in politischen Debatten, Ehestreitigkeiten, Rigorosa oder Fernsehshows – ist dieses Verfahren richtig effektiv und erstaunlich schwer zu durchschauen.

Es ist natürlich klar, daß es sich nur um einen Trick handelt. Vielleicht sollte man den Leser dazu auffordern, seiner moralischen Pflicht genüge zu tun und zu protestieren, wenn er angewandt wird. Doch gleichzeitig muß man sich der Risiken eines solchen Einspruchs bewußt sein. Etwas zu leugnen, das der Gegner ausdrücklich nicht behauptet hat, bestärkt das Publikum oft nur in den Verdächtigungen, die bei ihm ausgesät wurden.

In ganz schwierigen Fällen kann man sich sogar bei der reinen Fiktion Hilfe holen.

In der Antike war es üblich, sich gegen Ende einer Erzählung zu fragen, was jemand, der nicht zugegen war, über die

Sache denken würde, und diese Frage selbst durch einen fiktiven Einwurf dieser Person zu beantworten. Das konnte ein Ahne sein, eine Stadt, eine fremde Macht, der Tote, unsere Enkel und so weiter.

Es ist nach wie vor effektiv, sich auf diese Weise Unterstützung von Tieren, der Natur, kommenden Generationen, Entwicklungsländern, Einwanderern, der ländlichen Bevölkerung, leistungsschwachen Schülern, den Opfern des stalinistischen Terrors, Frauen mit Doppelbelastung, dem gewöhnlichem Volk oder von wem auch immer zu holen, der im Besitz der allgemeinen Sympathie ist, und der höchstwahrscheinlich nicht im Saal aufstehen und dagegen protestieren wird, auf diese Weise ausgenutzt zu werden.

Zum Beispiel: «Ich höre schon, wie die Menschen, die in fünfzig, ja, in hundert Jahren im Umkreis von Hallandsåsen leben, sagen werden: ‹Wir danken der Bahn AG und der holzverarbeitenden Industrie dafür, daß ihr uns diese schnelle und umweltfreundliche Verbindung unter der Erde geschenkt habt! Danke, daß ihr alles getan habt, das in eurer Macht stand, um die Natur zu schützen! Danke, …›.» Und so weiter.

Dieser Trick wird in der klassischen Rhetorik, zum Beispiel von Quintilian, *Prosopopoeia* genannt, und dieser Begriff wird sowohl für abwesende Personen als auch für abstrakte Phänomene verwandt, denen man auf diese Weise eine Stimme verleiht. Vielleicht ist es dieses fast unaussprechliche Wort, das die Autoren neuerer Bücher manchmal veranlaßt hat, andere Bezeichnungen für die Sache vorzuschlagen.

Wie auch immer, ist auch dieser Trick ebenso suspekt, wie er unmöglich aus dem Feld zu schlagen ist.

Ob nun Betrug oder nicht – *Prosopopoeia* hat unzähligen Politikern und Experten, denen es eigentlich an Fakten gebrach, das Leben leichter gemacht. Und diese Methode ist auch schon mit positivem Hintergrund und strahlendem Erfolg angewandt worden, etwa von Selma Lagerlöf in ihrer Dankesrede für den Literatur-Nobelpreis, in der sie ihren verstorbenen Vater auftreten und die schwierigen Fragen der Dankbarkeit lösen läßt.

## 7. Die Kunst, angenehm zu wirken

In der *Narratio* werden wir auch zum ersten Mal ernsthaft mit dem Problem konfrontiert, das die Antike *Decorum* nannte, und das man wahrscheinlich am ehesten mit «dem Prinzip des Nett-Seins» übersetzen kann. «Das Passende» lautet die gebräuchliche Übersetzung. Dieser Begriff, der auch in der Poetik, der Lehre von der effektiven Dichtkunst, verwendet wird, hat in unserer modernen Sprache meist die Bedeutung von «anständig», und klingt damit ziemlich verstaubt. Auf die Frage von Anständigkeit und Unanständigkeit im engeren Sinne werden wir später noch zurückkommen. Aber *Decorum* im weiteren Sinne ist ein wichtiges Prinzip, über das wir uns bereits an dieser Stelle Gedanken machen müssen.

Vielleicht ist die Fernsehwerbung das beste moderne Beispiel.

Wir haben uns alle schon Gedanken gemacht über die seltsame biologische Tatsache, daß die Babys in der Windelreklame hellblauen Urin haben. Und obwohl es die wichtigste Eigenschaft und das beste Verkaufsargument einer Windel ist, daß sie «Pipi und Kaka» aufnimmt, darf man in der Werbung für die Ware auf keinen Fall solche Ekelhaftigkeiten zeigen. Dasselbe gilt für Damenbinden, die scheinbar nur von blaublütigen Damen angewandt werden. In England, wo man viele Versicherungen über Fernsehwerbung verkauft, werden niemals die Unglücksfälle gezeigt, bei denen die Versicherung eintritt, sondern den Bildschirm füllen zwitschernde Vögel, klingelnde Telefone und lächelnde Schadensregler.

Entgegen allem, was man sonst glaubt, will sich das Fernsehpublikum überhaupt nicht in häßlichen Vorstellungen wälzen. Oder besser gesagt: Wer etwas Unangenehmes zeigt oder sagt, wird seinerseits als unangenehm aufgefaßt. Dieses Naturgesetz in der Massenkommunikation bringt ungeheure Probleme für politische Reformer, Staatsanwälte in Sachen Mord, Werbeleute in der Hygienebranche und viele andere mit sich, die ihre Aufgabe darin sehen, gegen die Unannehmlichkeiten der Daseins anzukämpfen.

Und wie steht es mit der Abschreckungspropaganda? Wir wissen doch schließlich, daß die auch funktioniert. Bilder von Lungenkrebsoperationen schränken das Rauchen ein, Filme von Bergen-Belsen, Auschwitz oder dem Warschauer Ghetto reduzieren zumindest kurzzeitig den Neonazismus im Viertel. Das aber nur, wenn wir uns vergewissern, daß die Empfänger nicht den Kanal wechseln oder vorbeigehen können. Jugendliche, die selbst ihre Informationen suchen dürfen, wird man auf diese Weise nicht erreichen. Diese Methode wendet man deshalb am besten nur in solchen Fällen an, wo man keine positive Aufmerksamkeit für die eigene Person oder eine Sache, für die man steht, schaffen muß. Ansonsten wird das Publikum möglicherweise den Autor des Beitrags zusammen mit den Nazis verabscheuen. In manchen Fällen kann es das aber durchaus wert sein, in allen übrigen Fällen stellt es ein Problem dar.

Umweltaktivisten müssen davon Abstand nehmen, Fotos von Vögeln mit ölverschmiertem Gefieder zu zeigen, die doch so deutlich zeigen würden, warum wir die eine oder andere Partei wählen sollten. Ein niedlicher Seehund im Studio hingegen bringt Stimmen. In amerikanischen Gerichtsverfahren sieht man oft, daß der Staatsanwalt die Befragung des Gerichtsmediziners über die Verletzungen des Opfers durch einen Untergebenen, der beim Schlußplädoyer nicht auftreten wird, ausführen läßt. Und sowohl die Bewohner von Heimen für Asylbewerber als auch die Leute, die noch nie dort waren, sind gründlich sauer auf den, der mit den besten Absichten eine Fernsehdokumentation über das Elend in diesen Institutionen macht.

Aber natürlich ist dies etwas, was man auch ausnutzen kann. Verteidigern von Cicero im Caelius-Fall bis Johnnie Cochrane im Drama um O.J.Simpson fiel es leicht, vor der Jury als der nette Junge dazustehen, während sich die Staatsanwaltschaft mit Mord, Blut und anderen häßlichen Dingen beschäftigen mußte. Alle, die ein Mißverhältnis erzeugen wollen, haben große Möglichkeiten, ihre Kritiker als gemeine Verleumder, ekelhafte Mistgräber oder schlichte Betrüger darzustellen.

Worüber man auch immer redet, über etwas Unangenehmes darf man nur im allergrößten Notfall reden.

Hat man ein unangenehmes Anliegen, dann sollte man sich fragen, ob es echte Gründe gibt, die Sache zu berühren. Gibt es nicht vielleicht etwas Nettes, das man statt dessen sagen kann?

Die berühmteste Rede dieser Art haben wir schon ein paar Mal erwähnt. Richard Nixon war 1952, in den Anfangsjahren des Fernsehens, als Kandidat für die Vizepräsidentschaft angeklagt, Wahlkampfmittel veruntreut zu haben. Nach Entschuldigungen für Belanglosigkeiten und einer gutmütig-rührseligen *Narratio* über die einfachen Gewohnheiten der Familie und den zerschlissenen amerikanischen Mantel seiner Frau, beteuerte Nixon an passender Stelle seine Unschuld, und fuhr dann mit der *Refutatio* fort, in der er versprach, durchaus alle Geschenke zurückzugeben, die er erhalten hatte, und das, obwohl ja, wie gesagt, kein Unrecht geschehen sei. Daraufhin holte er zum entscheidenden Schlag aus: Es gebe nämlich eine Sache, die er erhalten habe, und die er nicht zurückzugeben gedachte, und das war ein Hund, ein Cockerspaniel. Er war weiß und hatte einen schwarzen Fleck über dem Auge, weshalb die Kinder, die den Hund über alles liebten, ihn «Chekkers» nannten. Den würde er niemals weggeben, da könnten ihn die Leute ruhig einen schlechten Menschen nennen, wenn sie wollten!

Aber genau das wollte dann niemand mehr.

«He's my boy!», rief Präsidentschaftskandidat Eisenhower aus, der noch kurz zuvor vorgehabt hatte, sich des beschädigten Vizepräsidenten zu entledigen. Diese berühmte «Chekkers-Rede» hat in der modernen politischen Rhetorik Schule gemacht. Nixon gelang es einerseits über unangenehme, belastende Dinge zu schweigen, andererseits aber nette und angenehme Dinge zur Sprache zu bringen.

Dieses Grundprinzip gilt auch auf einem etwas ehrenvolleren Niveau. Verfallen Sie nicht der Versuchung, das Elend auszumalen, das ausbrechen wird, wenn die gegnerische Partei die Wahl gewinnt oder wenn Ihr Konkurrent den Chefposten bekommt! Schildern Sie statt dessen das glückliche Leben, das alle leben werden, wenn Sie gewählt oder befördert werden. Beschreiben Sie nicht die Krankheiten, gegen die Ihr Medikament wirksam ist, sondern den blühenden Gesundheitszustand, den es hervorruft. Zeigen Sie das saubere Badezimmer nach dem Putzen, nicht den Dreck vorher.

Es gibt natürlich niemanden, der glaubt, daß bei bestimmten Automodellen Mädchen im Bikini im Preis inbegriffen sind oder daß man zur Oberschicht gehört, wenn man eine bestimmte Whiskeymarke trinkt oder daß man sein Glück in der Liebe mit der Wahl einer bestimmten Zahnpasta beeinflussen kann. Doch beim Anblick der Ware im Geschäft erinnern wir uns daran, daß mit eben diesem Auto, dieser Flasche oder dieser Tube etwas Angenehmes verbunden war. Die Zahnpasta hingegen, die mit häßlichen Bildern von den Verätzungen, die die Cremes der Konkurrenten an den Zähnen hervorriefen, dort warb, wo vergleichende Werbung erlaubt war, verschwand innerhalb eines Jahres aus dem Sortiment.

## 8. Unsere begründete Meinung *(Probatio)*

Erst jetzt ist unser Publikum sowohl logisch als auch emotional auf unser eigentliches Anliegen vorbereitet.

Die antiken Theoretiker teilen die Fortsetzung an diesem Punkt oft unterschiedlich ein und verwenden verschiedene Begriffe, doch in der Sache sind sie sich einig. Der ganze Abschnitt, der auf die *Narratio* folgt und aus unserer eigenen Ansicht und den Beweisen dafür besteht, wird von Quintilian *Probatio* genannt. Andere unterscheiden *Propositio*, also unsere Ansicht, von *Confirmatio*, dem Beweis dafür. Wieder andere unterteilen darüber hinaus die *Propositio* in einen Abschnitt, den sie *Divisio* nennen, in dem wir deutlich machen, was unseren Standpunkt von dem anderer unterscheidet, und die eigentliche These, die dann *Propositio* oder *Probatio* heißt. Um die Sache noch etwas komplizierter zu machen, führt Cicero, nachdem er der *Propositio* eine Sonderstellung verliehen hat, die *Confirmatio* mit dem nächsten Abschnitt, der *Refutatio*, dem Gegenargument, zu einer einzigen Abteilung zusammen, die er *Argumentatio* nennt. Aber wie man auch teilt und verbindet, bleibt die Grundidee doch dieselbe.

Und das Gebräuchlichste und Praktischste ist, wie gesagt, mit Quintilian die These und die Argumente dafür zu einer einzigen Abteilung, nämlich der *Probatio* zusammenzubringen. Hier findet der Beweis statt, auch wenn die These natürlich das Entscheidende ist, das folglich auch gleich auf die *Narratio* folgt.

Die Erzählung mündet in unseren Standpunkt, unsere Ansicht des Geschehenen und unsere Auffassung davon, was man tun sollte. Hier kommt unsere Theorie darüber, wie man das Phänomen beurteilen sollte, unsere These, die wir zu beweisen gedenken, unsere moralische Einstellung, unsere begründete Meinung, unsere Vorstellung davon, was eigentlich abläuft.

Ich habe zuvor schon versucht zu erläutern, daß man sein eigentliches Anliegen bis zu diesem Punkt verbergen sollte, um sicher zu gehen, daß man zunächst die Zuhörer freundlich stimmen und/oder sie von der eigenen Sichtweise überzeugen kann. Es könnte aber auch einmal das genaue Gegenteil davon richtig sein. Wichtig ist, überhaupt ein Anliegen zu haben. Man muß wirklich deutlich machen, was man will, und man muß es an dieser Stelle tun.

Muß man denn wirklich noch jemanden daran erinnern? Teuer erkaufte Erfahrung sagt, daß wir es hier leider mit einem großen und weit verbreiteten Problem zu tun haben.

«Die Dame, wie mich dünkt, gelobt zu viel», urteilt Hamlets Mutter nach einer bombastischen Liebeserklärung über ihr Pendant im Schauspiel, als sich der ganze Hof ein Theaterstück anschaut. Das Problem bei vielen Rednern, vor allem in unserem vorsichtigen Land ist, daß sie manchmal zu wenig geloben. Man sitzt da und leidet mit wundem Sitzfleisch oder rasendem Hunger in den Eingeweiden und wundert sich darüber, daß die Uhr so stur still stehen kann, bis es endlich Zeit ist, den Saal zu verlassen oder das Besteck wieder aufzunehmen. Man ist erschöpft, gelangweilt und kapiert überhaupt nicht, worauf der Redner hinaus will.

Wenn er es nur selbst weiß.

Das gilt natürlich kaum für Reden vor Gericht, aber dafür um so mehr für jene Reden, die jeder ehrbare Mitbürger in seinem Leben zu halten gezwungen werden kann. Von Festmahlsreden bis hin zum akademischen Vortrag oder der politischen Rede. Die Grundregel in allen diesen Zusammenhängen ist natürlich, daß man, wenn man nichts zu sagen hat, es lieber bleiben lassen sollte.

Doch wie wir alle wissen, gibt es Fälle, in denen wir trotz allem aufstehen und etwas sagen müssen. Das betrifft den Minister auf Besuch bei der lokalen Parteizentrale ebenso wie den Priester im Hochamt oder uns selbst auf der Hochzeit des Freundes.

Die einfachste Rede beim Essen wird viel unterhaltsamer, wenn der Redner sich auf irgendeine These versteift. Man kann sich mit der *Narratio* zufrieden geben – das Publikum ist ja meist ohnehin positiv eingestellt – und eine lustige Geschichte erzählen, doch es wird noch lustiger und unvergeßlich, wenn das Ganze wie in der *Probatio* in eine These über die Vortrefflichkeit des Protagonisten mündet. In allen mehr oder weniger geordneten Vorträgen ist es noch wesentlicher, daß der Redner auf dem Weg irgendwohin ist. Die sicherste Methode, die Zuhörer dazu zu bringen, andauernd auf die Uhr zu schauen und zu glauben, daß sie stehen geblieben ist, besteht immer noch darin, selbst nicht zu wissen, was man sagen will.

Wir dürfen gern, wie ich eingangs bereits gesagt habe, dem Publikum verbergen, wohin wir wollen. Doch in diesem Stadium, ist es ganz unerläßlich zu sagen, was man will, oder vielleicht, was man angeblich will. Die Erfahrung zeigt überdies, daß man kaum deutlich genug sein kann, wenn es um die Formulierung seiner Ansicht oder seines Anliegens geht. Wenn man es nur irgendwie falsch auffassen kann, dann wird das Publikum genau das tun. Wir werden darauf später noch zurückkommen.

Seit ich klein war, habe ich bei meinen vereinzelten Besuchen in der Schwedischen Staatskirche mich bemüht, eine einzige Predigt von Anfang bis Ende anzuhören. Doch das ist mir nie gelungen, und es muß daran liegen, daß nie ein Ziel zu erkennen war. Es wird niemals ein Schluß aus dem gelesenen Text gezogen, sondern man redet nur drumherum und reiht Beispiele auf. Schnell hat man als Zuhörer angefangen, an anderes zu denken, und es gibt keinen roten Faden, keine Linie, an die man sich halten könnte, um zu folgen. Der Wunsch, Auslegung und Predigt an die Stelle von mitreißendem Chorgesang und liturgischer Magie zu setzen, ist ohne Zweifel eines der großen Unglücke, die die Reformation über die lutherischen Kirchen gebracht hat. Und es ist natürlich auch nicht so einfach für einen durchschnittlichen Kirchenmann, etwas Neues zu sagen – schon gar nicht über Dinge, an die er selbst ursprünglich vielleicht gar nicht geglaubt hat.

Doch ich habe auch schon Universitätsvorlesungen in den unterschiedlichsten Fachbereichen gehört, die dasselbe Problem zeigten.

Eine ganz andere Sache ist da schon der wirklich spezielle Fall, daß man eine andere These vorstellt als die, die man eigentlich verteten möchte, in der Hoffnung, daß diese dann so mit reinrutscht. Man verfolgt immer noch die eine These, aber man kann so tun, als würde die Debatte von etwas völlig anderem handeln als die Gegner und das Publikum glauben.

In der Verteidigungsrede für Caelius, die wir schon mehrere Male als Beispiel betrachtet haben, zieht Cicero gegen Ende der *Narratio* den sehr verblüffenden Schluß: «Es dreht sich in diesem Prozeß alles um Clodia, ihr Richter, um eine nicht nur bekannte, sondern auch berüchtigte Frau.» Somit wurde die Klägerin und ihre vermutete schlechte Moral plötzlich zur Hauptsache, nicht die Tatsache, daß Caelius versucht hatte, sie zu vergiften. In der *Probatio* versucht Cicero dann, so zu tun, als ob die Frage, um die sich das Gericht kümmern müsse, jene sei, inwieweit man es dem jungen Caelius anlasten könne, sich mit einer so unmoralischen Person wie Clodia zusammengetan zu haben. Kann man denn ein guter Junge bleiben, wenn man mit einer so leichtlebigen Frau zusammen ist?

Cicero ist bereit, das mit Milde zu betrachten, und das ist sozusagen leichter, als mit einem Giftmord fertig zu werden. Wie gesagt, Cicero gewann den Prozeß, obwohl er dazu natürlich noch eine Reihe weiterer raffinierter Tricks anwenden mußte, die wir später noch betrachten werden.

Auch heute ist dieser Kniff gebräuchlich, vor allem in politischen Zusammenhängen. Die Europäische Union ist eine Zoll- und Finanzunion mit wirtschaftspolitischen Zielen. Für die Freunde der EU ist diese mittlerweile auch ein «Friedensprojekt», für ihre Feinde eine Organisation zur Verschlechterung der Fleischqualität und zur Abschaffung des Tierschutzes. Solche Ansichten können natürlich als legitime unterstützende Argumente angewandt werden. Aber es ist immer noch schwer, die These, *Propositio*, von ihren unterstützenden Argumenten, *Confirmatio*, zu trennen. In der Praxis wird alles zur *Probatio*, und die Agitation wird ungeheuer wirkungsvoll, wenn Frieden, Gesundheit und Tierschutz die Hauptfragen zu sein scheinen, für die man kämpft, und von denen man seine *Narratio* leiten läßt.

Jeder weiß, daß die Vorschläge zur Rentenreform, über die nicht nur in Schweden und Deutschland, sondern auch in anderen europäischen Ländern derzeit beraten wird, zum Ziel haben, dem Staat Geld zu sparen, um Steuererhöhungen in der Zukunft zu vermeiden. Und man weiß, daß die Reformen unweigerlich dazu führen werden, daß die Rentner weniger Geld haben werden, zumindest die ärmeren unter ihnen, die nicht einmal den Mindeststeuersatz zahlen können. Andernfalls gäbe es ja überhaupt keinen Grund, in der Sache zu wühlen und das System zu verändern. Dennoch ist der Vorschlag noch nirgendwo, und vor allem nicht auf irgendwelchen Parteikongressen in diesen Begriffen verhandelt worden. In der *Probatio* der Wortführer ging es ausnahmslos um das Bedürfnis, ein «robustes System» zu schaffen und die «Renten der Zukunft sicher zu stellen».

Hier kann es passieren, daß man durchschaut wird, doch wird man viel schwerer zu widerlegen sein. In solchem Fall steht die Gegenseite schnell als unerfreulich da, weil sie uns niedrige, persönliche Motive unterstellt. Und in vielen Fällen ist das, was Parteifreunde, die Jury oder die Mitglieder des Vereins wollen, eine irgendwie logisch wirkende Entschuldigung für den törichten oder anstößigen Beschluß, den sie in ihrem tiefsten Innern so gar nicht fassen möchten. Helfen Sie ihnen mit einer trickreichen Umformulierung des Problems auf die Sprünge.

Es ist ja natürlich, die Dinge auch von einer anderen Seite zu betrachten. In gewisser Weise tut das auch Cicero, wenn er die

Frage des Giftmordes für die *Refutatio* aufhebt und statt dessen hier als *Probatio* die allgemeine These verfolgt, daß die römische Jugend eigentlich einen guten Kern habe und nur manchmal etwas über die Stränge schlagen müsse. Doch meist geht es um eine noch weitere Sicht, noch abgelegenere Ziele und höhere Prinzipien, für die wir kämpfen möchten. Ein punktuelles Böses kann zu einem allgemeinen Guten, gegenwärtige Schwierigkeiten zu zukünftigen Möglichkeiten und egoistische Ziele zu einem Mittel für das Wohl der Allgemeinheit werden.

Nehmen wir einmal an, daß Sie die Kindertagesstätte Rotkäppchen schließen wollen, um die Kommunalsteuer senken zu können. Da ist es natürlich möglich, zu sagen: «Die Tagesstätte Rotkäppchen zu schließen wird es der Kommune möglich machen, freie, private Initiativen auf dem Gebiet der Kinderbetreuung entstehen zu lassen, neue Betriebe und Arbeitsplätze zu schaffen und vielen, vor allem Frauen, die Chance zu geben, sich selbstständig zu machen!»

Doch richtig gut wird es erst, wenn man wie oben beschrieben die Nebensache zur Hauptsache macht. Man läßt das unterstützende Argument die These selbst sein, und die ursprüngliche Frage ein Gegenargument, das wir später aus dem Weg räumen: «Es ist das wichtigste Anliegen unserer Partei, neue Betriebe und Arbeitsplätze zu schaffen. Ganz konkret wollen wir vor allem Frauen die Möglichkeit geben, sich selbstständig zu machen. In Sachen Kinderbetreuung werden wir die Kommune für freie und private Initiativen öffnen. Das kann natürlich nicht ohne gewissen Veränderungen geleistet werden, so vor allem nicht ohne die Schließung der Tagesstätte Rotkäppchen. Aber ...». Und so weiter.

Versuchen Sie einmal, aktuelle politische Beschlüsse und Vorschläge, die eher unpopulär sind, nach diesem Modell zu diskutieren und zu verteidigen. Geben Sie nicht auf! Es geht! Schließlich hat es in sämtlichen Fällen in der Wirklichkeit funktioniert!

Der Aufbau, die *Dispositio* einer Rede, von dem ich hier ausgehe, ist natürlich nur für den Normalfall. Es ist das Muster, das für die juristische Rede und in gewisser Hinsicht auch für die politische angewandt wird, wo die rhetorische Situation meist durch das klare Anliegen bestimmt ist, ein oft widerwilliges Publikum aus Jurymitgliedern oder politischen Gegnern zu überzeugen. Warum sollte man denn das Wort ergreifen, wenn bereits alle unserer Meinung wären? Und dieses Muster findet man auch wie ein Naturgesetz in moderner Werbung und modernen Werbefilmen wieder, wo dieselben Voraussetzungen gelten.

Aber von jeder Regel gibt es Abweichungen, und so habe auch ich schon von Fällen gesprochen, in denen man direkt mit der *Narratio* beginnen sollte.

Und es gibt eine Menge Fälle, die sogar ausschließlich aus der *Narratio* bestehen. Sie halten zum Beispiel eine Vorlesung über den dänischen Krieg von Karl Gustav X. Sie erzählen von Ihrer Entdeckungsreise durch Neu Guinea. Sie plaudern über die Bedeutung des Liedgutes in der deutschen Literaturgeschichte von Ballade und Psalmbuch bis zu Heino und dem Musikantenstadl.

Doch selbst in diesen Fällen wird alles viel unterhaltsamer und lebendiger, wenn Sie eine These verfolgen und es wird unvergeßlich bleiben, wenn Sie gegen Schluß die These im Klartext einhämmern, ein paar allgemeine Lehrsätze daraus ziehen, sie gegen mögliche Einwände verteidigen und am Ende alles noch einmal in mahnendem Tonfall wiederholen: «Karl Gustav X. war ein skrupelloser Kriegstreiber und Räuber, den wir am besten vergessen, er steht für das schlimmste Kapitel in der schwedischen Geschichte, und wenn das Eis des Großen Belts unter diesem widerlichen aufgeschwollenen Fleischberg geborsten und er ins Meer gesunken wäre, dann wäre das ein Glück für das nordische Volk gewesen!» Oder: «Wir müssen alles tun, was in unserer Macht steht, um die einzigartigen lokalen Kulturen unter den Papua-Indianern zu bewahren, die von Tourismus und Abholzung des Regenwaldes bedroht sind!» Oder: «Und außerdem ist das Liedgut oft so viel interessanter, origineller und bedeutungsvoller in unserer deutschen Literatur als das blasse, das Ausland nachahmende, verklemmte Kunst-Poetentum!»

Irgendetwas in dieser Art.

Ebenso gibt es natürlich Vorträge, deren *Narratio* nicht chronologisch verläuft, sondern untersuchend. Wir behandeln die Vorteile verschiedener Medikamente, wir diskutieren verschiedene mögliche Strategien für die Partei, die Wahl zu gewinnen und so weiter. Hier ist es ganz folgerichtig, daß die These am Schluß kommt, da sie ja durch die Diskussion der verschiedenen Alternativen bereits bewiesen ist.

Aber es muß sie auf jeden Fall geben, und sie muß sehr geschickt vorbereitet worden sein. Auch dann ist noch nicht sicher, daß es eine gute Idee war, sie ans Ende zu stellen, denn einige der langweiligsten, wenn auch absolut ehrenwerten Ausführungen, die wir gehört haben, sind von dieser Art.

Selbst wenn Sie beschlossen haben, eine Sittenlehre zu verkünden, dann sollten Sie sich darüber im Klaren sein, welche Sitten Sie lehren wollen. Und Sie müssen darüber reden. Eine Ausnahme gilt lediglich für Geschichten, die keine Sitten lehren, so zum Beispiel die Darstellung einer Erzählung oder einer Anekdote aus dem Gedächtnis, die um der Geschichte willen erzählt wird. Doch da befinden wir uns bereits in einem anderen Genre, nämlich Lesung, Dramatik, und künstlerischer Auftritt.

## 9. Die Beweise ausbauen

Wenn wir voraussetzen, daß Sie wirklich eine Meinung zu vertreten haben, dann müssen Sie während der Beweisführung überzeugende Argumente dafür finden. Im Idealfall ist Ihre vorangegangene Erzählung oder Darstellung zur Sache so logisch aufgebaut und überzeugend gewesen, daß die Ansicht oder Meinung, die Sie anführen, der einzig mögliche Schluß ist, den man daraus ziehen kann. Dann können Sie sowohl Argumente als auch Gegenargumente weglassen und direkt Ihre ermahnende Schlußpassage ansteuern.

Im zweitbesten Fall sind die Gegenargumente nur gedacht, das heißt, dem nächsten Abschnitt in unserem Schema zugehörig, das wir später behandeln. In der Regel aber muß man zur Unterstützung seiner Ansicht zunächst entweder auf das zurückgreifen, was man gerade in der Erzählung gezeigt hat, oder auch weitere Motive, Erklärungen und unterstützende Fakten hinfügen: «Unsere Windel wird wirklich das Auslaufen, von dem wir zuvor berichtet haben, verhindern – und zwar durch unseren speziellen DRY ULTRA PLUS-Filter!»

Wenn gewünscht, kann man natürlich dann auch noch von dem niedrigen Preis reden, der praktischen Verpackung, Mamas zusätzlicher Freizeit oder was einem nun auch immer einfällt und was man sich leisten kann, in den sündteuren Werbeminuten über den Schirm gehen zu lassen.

Oder: «Unsere Partei wird diese Probleme hier wirklich lösen können, weil wir Menschen sind, die in der Nähe des einfachen Volkes leben und seine Bedürfnisse kennen!» Bei politischer Rhetorik geht es in höherem Maße als bei irgendeiner anderen Form darum, Vertrauen für Personen zu erwecken, also um das, was die antiken Rhetoriker *Ethos* nannten. Der Redner ist dann selbst die Ware, die er verkauft. Werbegags sind dabei zahlreich und werden oft ohne Worte vorgetragen. Wir werden in späteren Kapiteln darauf zurückkommen.

Oder: «Meine Theorie, warum es in Münster so viel regnet ist deshalb so treffend, weil sie auch erklärt, warum in Freiburg so häufig die Sonne scheint!» Eben diese Art, für eine wissenschaftliche Theorie zu argumentieren, ist natürlich die grundlegende Methode in aller experimentellen Naturwissenschaft. Doch es ist auch noch gute Rhetorik.

In anderen Fällen geht es darum, Beweise aufzuhäufen. Einem Beweis, der an und für sich ausreichend wäre, kann man einen weiteren hinzugesellen. Das ist aber nicht alles. In den meisten Fällen wirkt jeder von ihnen im Zusammenhang mit dem anderen noch beweiskräftiger. Die Summe von eins und eins ist in der Rhetorik oft 2,5 oder drei:

«Daß Hans Müller gar nicht die Möglichkeit gehabt haben kann, das Verbrechen zu begehen, dessen er angeklagt ist, ist somit durch die Zeugenaussage von Petra Meier erwiesen, doch darüber hinaus ist es erstaunlich, daß diese Anklage überhaupt gegen ihn erhoben werden konnte, wo er doch, wie ich gleich zeigen werden, weder ein Motiv, noch die ausreichenden körperlichen Kräfte hatte, um eine solche Tat zu begehen.»

Mit etwas Geschicklichkeit könnte man wohl alles mögliche heranziehen, um die eigene These zu unterstützen, vor allem in positiveren Zusammenhängen, wie bei Ehrungen und Festtagsreden: «Kurt Schulzes Bedeutung für diese Gemeinde wird natürlich durch all die wohlbekannten Einsätze seinerseits deutlich, von denen ich eben berichtet habe, doch dazu kommt noch all seine Arbeit im Verborgenen, auf langen Reisen, von der Familie getrennt, mit nur wenigen Mitarbeitern, und oft zu Zeiten, zu denen wir anderen nach einem ruhigen Arbeitstag von neun bis fünf schon nach Hause gehen konnten.»

Und so weiter.

Allerdings ist es, wie wir schon einmal gezeigt haben, doch manchmal dumm, weitere Begründungen hinzuzufügen, wenn wir schon ein richtig gutes und unantastbares Argument gefunden haben. Dann gilt es, damit zu wuchern und nur dieses Argument und nichts anderes auszubreiten.

Denn umgekehrt schwächen zweifelhafte Fakten, die hinzugefügt werden, die sicheren Beweise, die wir zuvor anführten. Wenn der Gegner offen oder auch nur der Zuhörer in seinem Innern eine Schwäche in unseren Darlegungen entdeckt, dann wird unsere gesamte Argumentation suspekt – selbst das, was wir bereits völlig zweifelsfrei bewiesen haben.

Mehrere Argumente können einander stützen, aber sie können einander auch widersprechen und damit unsere Glaubwürdigkeit schwächen, wie es in der wohlbekannten Antwort des ehrsamen Mädchens der Fall ist: «Ich möchte meine Unschuld bis zur Hochzeit bewahren, und ich habe Mama versprochen, es nicht zu tun, und außerdem habe ich hinterher immer solch ein Kopfweh.»

Manchmal wird dem entgegen gehalten, daß zumindest Quintilian eine Verteidigung der folgenden Art empfiehlt: «Wenn ich ihn umgebracht hätte, dann wäre das mehr als recht gewesen, aber ich habe ihn nun einmal nicht umgebracht!» Zumindest in schwierigen Fällen kann das eine Lösung sein.

Verschiedene Menschen werden von verschiedenen Arten von Argumenten beeinflußt. Daher ist es am besten, wenn man auf alles zurückgreift, das zur Verfügung steht. Vielleicht hat Quintilian Recht. Das Unterbewußtsein, auf das ein geschickter Redner zielt, folgt nicht immer strenger Logik. Es ist wichtig, daß man bei einer Reihe von Argumenten, die man zur Unterstützung einer dargelegten Ansicht aufführt, die richtige Reihenfolge bedenkt. Mit Hinweis auf Cicero empfiehlt Quintilian uns, mit einem starken, aber nicht dem stärksten, Beweis zu beginnen, um Interesse zu wecken, und zu zeigen, daß wir immer noch viel auf der Hinterhand haben, womit wir kommen werden. Dann folgen schwächere Beweise und dann immer stärkere und als Schlußakkord der absolut stärkste. Dieses Schema paßt auf alle Plädoyers für alle Gelegenheiten.

Als Verteidiger oder in Diskussionen beim Zerstören der Argumente von anderen, sollte man unterdes die dargelegten Gedanken des Gegners in einer anderen Reihenfolge verwenden, wie wir zeigen werden, wenn wir von der *Refutatio* sprechen.

Da Fakten einen so starken Eindruck machen, ganz unabhängig davon, wofür sie dienen, sollte man für den einleitenden starken Beweis eine knallharte Tatsache auswählen. Das verschafft den möglicherweise etwas schwächeren Materialien, die man später liefern wird, eine gewisse feste Grundlage.

Man kann auch seine wenigen Beweise oder Beobachtungen auf unterschiedliche Art ausschmücken, so daß sie schlagender wirken – eine Methode, die in der antiken Rhetorik *Amplificatio* genannt wurde.

Quintilian empfiehlt eine sehr nützliche Variante, die er *Incrementum* nennt. «Das ist», so sagt er zufrieden, «ein unglaublich effektiver Kniff, der kleine Dinge riesig groß wirken lassen kann!» Doch der eigentliche Entdecker dieser Methode scheint Cicero gewesen zu sein. Sie beinhaltet, daß man, um Steigerungseffekte zu erzielen, seine Argumente absichtlich nach unten drückt. Dann erst geht man wieder aufwärts zu dem ursprünglichen schlagenden Argument, das auf diese Weise noch schlagender wird. Das ist eigentlich ein Sonderfall der vergleichenden Beispiele, die wir im nächsten Kapitel behandeln werden, doch es ist viel abstrakter und spielt raffiniert mit der Phantasie.

Eines der Verbrechen, die der Provinzverwalter Verres begangen hatte, war, daß er einen römischen Bürger hatte kreuzigen lassen. In einer der Reden gegen ihn sagt Cicero, daß es ein Übergriff sei, einen römischen Bürger gefangen zu nehmen, ein Verbrechen, ihn auspeitschen zu lassen, und der abscheulichste Mord, ihn töten zu lassen, aber was, so fragt er, solle man dann dazu sagen, daß dieser Bürger gekreuzigt wurde.

Der Redner begibt sich hier scheinbar unter die Grenze dessen, was sprachlichem Ausdruck möglich ist, indem er dem Zuhörer die Möglichkeit gibt, sich ein tieferes Niveau vorzustellen als das, was man bereits benutzt hat, um den Schritt davor zu charakterisieren.

Dieser Trick ist, wie gesagt, sehr effektiv. Am besten funktioniert er vielleicht in negativen Zusammenhängen. So spielt Cicero die peinliche Situation, nachdem sein politischer Erzfeind Antonius betrunken gewesen war und sich vor der Volksversammlung übergeben hatte, hoch, indem er sagt, daß so ein Betragen ja schon eklig gewesen sei, wenn es Antonius bei einer seiner Superorgien passiert wäre, aber vor der Ratsversammlung des römischen Volkes wäre es einfach unsäglich. Hätte Antonius sich damit zufrieden gegeben, sich nur am Eßtisch schlecht aufzuführen, dann hätte der Redner die Latte noch ein wenig tiefer legen und etwas darüber sagen können, daß es schlimm ist, wenn jemand sich übergibt, aber noch schlimmer, wenn ein hoher Funktionär des Staates das tut.

Probieren Sie doch selbst einmal aus, was sie damit anfangen können, daß die Vorsitzende einer schwedischen Regierungspartei, Gudrun Schyman, betrunken auf Filmpremieren erscheint, daß Politiker mit großen Müllunternehmen doppelte Buchführung betreiben oder daß manche Abgeordnete im Parlament so kläglich wirken. Wahrscheinlich ist es Ihnen möglich, das Gewicht relativ unbedeutender Ereignisse zu steigern, wenn Sie sie, wie hier gezeigt, geschickt ausschmücken.

Vielleicht kann man das sogar in etwas positiverer Sprache tun: «Schon bei einem Defizit von 5 Milliarden wären solche Maßnahmen, wie wir sie vorschlagen, notwendig gewesen. Jetzt aber beträgt das Defizit 15 Milliarden.»

Sollte das Defizit kleiner sein, dann müssen Sie die Zahlen nur nach unten korrigieren.

Vergessen Sie nicht, daß jedes Argument besser ist als gar keines. Auch wenn die Sache völlig hoffnungslos ist, sollte man stets einen Versuch wagen. Oft genug ist es ja so, daß das Publikum im Grunde mit Ihrem Vorschlag sympathisiert, und nur einen Grund für sich selbst sucht, um darauf einzugehen, vor allem, wenn die eigentlichen Gründe ein wenig unlauter sind. Das kann einer Jury passieren, die im Grunde einsieht, daß der Angeklagte schuldig ist, aber einen Freund freisprechen will, wie zum Beispiel im Fall von O.J. Simpson oder in vielen von Ciceros Fällen. Sie brauchen dann nur eine möglichst wenig gezwungen wirkende Erklärung, um sagen zu können, daß sich «reasonable doubts» – berechtigte Zweifel – eingestellt hätten.

Doch es gibt natürlich auch viele ehrenhafte Zusammenhängen, in denen man auf diese Weise arbeiten muß. Papst Johannes Paul II. ist eine charismatische Persönlichkeit, aber was seine Worte angeht, ist er kaum ein großer Rhetoriker. Hingegen ist er großartig, wenn es darum geht, Gründe zu schaffen, die den Gläubigen auf die Sprünge helfen. Mein Favorit ist seine Argumentation im Dezember 1996, als die katholische Kirche endlich das Schlagen von Kindern verboten hat. Frei übersetzt waren die Gründe wie folgt: «Josef und Maria haben nach dem heiligen Evangelium Jesus aufgezogen. Josef und Maria werden als Vorbilder für katholische Eltern angesehen. Jesus war die Inkarnation Gottes. Es ist unvorstellbar, daß Maria Gott geschlagen haben könnte. Folglich können katholische Eltern, die so sein wollen wie Maria, ihre Kinder nicht schlagen.» Vielleicht nicht unbedingt glänzend, aber doch ein vollkommenes Motiv für Priester, sich der neuen, menschlicheren Linie anzuschließen.

Der Zweck heiligt die rhetorischen Mittel.

## 10. Beispiele, Parallelen und Parabeln

In der Antike zählte man alles, was für den öffentlichen Redner von Belang war, zur Rhetorik. Antike Modelle, wie die des Aristoteles oder des Quintilian oder die *Rhetorica ad Herennium* verwickeln sich deshalb an diesem Punkt in lange Ausführungen über Beweise und ihre Bewertung, die wir eher der Gerichtspraxis zuordnen würden. Man führt Dinge auf, die zum Vorteil des Angeklagten gereichen können, und katalogisiert die unterschiedlichen Arten von Beweisen. Dann zählt man gute physische, psychische und soziale Eigenschaften auf, die man einer gepriesenen Person zuschreiben soll, sowie schlechte Eigenschaften, die dazu dienen können, Gegner zunichte zu machen.

Quintilian unterscheidet zwischen drei Arten von Argumenten. Das erste sind Sachargumente, die sich aus Zeugenbefragungen oder anderem Beweismaterial ergeben haben. Die zweiten sind «künstlich erzeugte Beweise», soll heißen, Schlüsse, die der Redner für sich «aus dem Thema zieht und damit sozusagen selbst erzeugt». Und das dritte sind Beweise, die von außen herangezogen werden.

Er zeigt im ersten Fall, wie man mit Zeugenaussagen und Beweismaterial umgehen sollte. Als ein Kuriosum kann man ansehen, welch hohen Wert er und seine Zeitgenossen Zeugenaussagen zumaßen, die unter der Folter entstanden waren. Zudem die geringe Bedeutung, die schriftliche Beweise «per tabulas» hatten, im Vergleich zu mündlichen Zeugenverhören, mit oder ohne Folter. In der überwiegend mündlichen Kultur der Antike galt jemand, der sich auf schriftliche, also auf solch eine billige und etwas boshafte Weise indirekt anstatt persönlich erklärte, als höchst suspekt. Das war die damalige Einschätzung der «neuen Medien». Bis weit ins Mittelalter hinein wurden mündliche Aussagen als zuverlässiger und bindender angesehen als geschriebene Verträge. Das ist vom kulturhistorischen Standpunkt aus sehr interessant, doch diese Gesichtspunkte haben für die moderne Rhetorik natürlich keine Relevanz.

Was die anderen Arten von Argumenten angeht, katalogisieren Quintilian und seine Kollegen pedantisch die verschiedenen Arten von Schlüssen, die daraus gezogen werden können, wer was getan haben soll. Man fragt sich des weiteren «warum, wo, wann, wie und mit welcher Hilfe» die Tat begangen wurde. Darauf kann man dann Beweise «erzeugen». Frauen begehen bestimmte Verbrechen, ebenso Einwanderer. Von griechischen und römischen Mitbürgern kann man wieder andere Dinge vermuten. Wenn wir auf «warum» antworten: «Aus Habgier», dann müssen wir im Weiteren zeigen, welche Macht die Habgier über den Menschen hat, und vor allem über eine solche Person, wie der Angeklagte es ist. Und so weiter.

Auch dieser Teil der *Inventio*, des Erzeugens von Argumenten, scheint auf moderne Verhältnisse nicht anwendbar zu sein. Wir werden kaum an die Idee glauben, auf diese Weise alle gemachten Beobachtungen stereotyp in Schubladen einzuordnen. Sachliche Gründe müssen wir demnach selbst erschaffen.

Um so interessanter ist für uns die dritte Gruppe, die Argumente und unterstützenden Beweise, die «von außen» geholt werden.

Zunächst geht es hierbei um Vergleiche und Parallelen – das, was in der griechischen Rhetorik *Paradigma* genannt wurde, und in der römischen *Exemplum*, was «Beispiel» im Sinne von «Muster» heißt.

Am einfachsten ist es natürlich, gleich geartete Verhältnisse miteinander zu vergleichen: «Wir verkaufen keinen Alkohol an Minderjährige, warum sollten wir ihnen dann Zigaretten verkaufen?»

Doch die besten Effekte erzielt man natürlich, wenn man mit den Proportionen zaubert. Das Unangenehme, das wir verteidigen wollen, wird weniger unbehaglich, wenn man es mit einem größeren Übel vergleicht: «Wir haben den Lebensstandard in dieser Gemeinde bereits gesenkt, warum dann dieses Gejammer um den absolut vernünftigen Vorschlag, das Weihnachtsfest der Gemeindeverwaltung zu streichen?»

So kann man auch Verbrechen, die verteidigt werden sollen, mit einem größeren und noch schlimmeren Verbrechen vergleichen: «Derjenige, der in Klippan ein Messer in einen Farbigen gejagt hat, so daß dieser verblutete, hat eine mildere Strafe bekommen als die, die Sie für meinen Klienten gefordert haben, der lediglich versucht hat, eine Metallstatue zu sprengen, was ihm noch nicht einmal gelungen ist!»

Als Vertreter der Anklage stellt man das Verbrechen natürlich am besten einem geringeren Verbrechen gegenüber: «Wir verurteilen Leute, die Drogen an Minderjährige verkaufen, zu zehn Jahren Gefängnis, warum sollten wir dann gegenüber jemandem, der sie direkt tötet, ohne den Umweg über die Drogen zu nehmen, milder bestrafen?»

Auf dieselbe Weise kann man sich natürlich in politischen Zusammenhängen verhalten, wo man ein geringeres Übel, das aber schon auch saftig sein sollte, mit einem noch größeren Übel vergleicht, das die Politik der Gegenseite mit sich bringen würde: «Ich habe mit einem französischen Ingenieur gesprochen, der fand, daß die vierzehn Prozent Einkommenssteuer, die er bezahlt, der reinste Wahnsinn seien! Sein schwedischer Kollege bezahlt fünfundfünfzig Prozent und dann berappt sein Arbeitgeber auch noch dreiunddreißig Prozent für Sozialabgaben!»

Wenn wir eine positive und in jeder Hinsicht vielversprechende Sache verteidigen wollen, dann vergleicht man natürlich das Schöne, für das man plädieren möchte, mit etwas Schwächerem aus demselben Genre: «Die Ehe gibt zwei Menschen Sicherheit, wie könnte man da Einwände gegen die Polygamie hegen, die dieselbe Sicherheit so vielen Menschen mehr schenkt?»

Doch die Beispiele müssen gar nicht so naheliegend sein. Oft haben historische Vergleiche ein besondere Schwere, zumal sie schwerer zu widerlegen und leichter an die eigenen Bedürfnisse anzupassen sind.

Der Meister auf diesem Gebiet ist wieder Cicero. In der Verteidigungsrede für Titus Annius Milo, der den Volkstribunen Clodius auf offener Straße ermordet hatte, läßt er seinen Klienten in einer gedachten Replik sagen:

*«Ja, ich habe getötet! Nicht den Spurius Maelius, der die Getreidenot behob, indem er sein eigenes Vermögen opferte; weil er damit allzu deutlich nach der Volksgunst zu trachten schien, geriet er in den Verdacht, nach der Königsherrschaft zu streben. Nicht den Tiberius Gracchus, der seinen Kollegen durch offene Gewalt seines Amtes beraubte – über die ganze Erde hin reicht der Ruhm der Männer, die sie getötet haben. Nein, ich habe den Mann getötet – er würde das auszusprechen wagen, da er unter eigener Gefahr das Vaterland befreit hätte –, den die*

*vornehmsten Frauen beim gottesschänderischen Ehebruch auf der hochheiligen Stätte der Göttin selbst ertappt haben.»*

Und so weiter und so fort, mit süffigen Beispielen aus der Gerüchteküche um das Privatleben des Clodius. Cicero gelang es sogar, dieses eine Beispiel an mehreren Stellen anzuwenden. In der ersten Rede gegen Catilina wird der Vergleich mit den Morden an Spurius Maelius und Tiberius Gracchus benutzt, um den Senat dazu zu bringen, Cicero selbst die Ermächtigung zu geben, den aufständischen Catilina ohne Gerichtsverfahren töten zu lassen.

Es ist in der Tat sehr schwer, historische Vergleiche zu durchschauen. Selbst wenn es überhaupt nichts mit dem Mord an Olof Palme, dem einstigen schwedischen Ministerpräsidenten, zu tun hat, selbst wenn es eigentlich überhaupt nichts darüber sagt, wie Polizeiarbeit beurteilt werden sollte, wirkt doch ein Vergleich zwischen den Bemühungen des betroffenen Polizeimeisters bei der Ergreifung des Mörders von Gustav III. und Hans Holmérs Einsatz im Palme-Mord für Letzteren tödlich. Es gibt unendliche Möglichkeiten für historische Parallelen. Der Zusammenhang muß überdies nicht so natürlich sein wie in den oben genannten Beispielen – es wird trotzdem funktionieren, wenn man sich nur drastisch genug ausdrückt: «Mehr Geld in das Star-Wars-Projekt von George Bush zu investieren würde bedeuten, eine neue, noch größere Titanic zu bauen, nur um zu zeigen, daß der Fehler sicher nicht in der Konstruktion lag!»

Sehr effektiv, aber an der Grenze zum miesen Trick sind alle Arten von «guilt by association» – schuldig durch Heraufbeschwören von Assoziationen –, die man auf diese Weise herstellen kann. Autobahngegner und Baumumarmer lassen für gewöhnlich keine Gelegenheit ungenutzt, um darauf hinzuweisen, daß Hitler Autobahnen baute, während Technikfreunde gern betonen, daß der Nationalsozialismus zumindest in der Theorie den meisten Idealen der grünen Bewegung huldigte. Als großer Katzenfreund pflege ich selbst in Diskussionen über die Vorteile der verschiedenen Tierarten gern vorzuhalten, daß Baudelaire, Churchill und Hemingway Katzen mochten, während Nixon und Hitler Hunde hielten!

Die Geschichte bietet in Kombination mit unserem modernen Fortschrittsdenken manchmal auch die Gelegenheit zu schlagenden Vergleichen mit Dingen, die nicht einmal existieren: «Wenn unser Vorschlag zum Ausbau der Tagesstätte vor fünfzehn Jahren in die Tat umgesetzt worden wäre, dann hätten wir nicht die Jugendkriminalität, die wir heute haben.» Oder: «Wenn Ihr Vorschlag zum Ausbau der Tagesstätte vor fünfzig Jahren durchgeführt worden wäre, dann hätten die verwöhnten Jugendlichen niemals unseren heutigen Wohlstand aufbauen können.»

Doch auch reine Fiktionen können einen gewissen Beweiswert haben. Das ist, was die Griechen *Parabel* nannten und die Römer *Similitudo*, und was für uns ein Gleichnis ist. Dieser Trick war in der antiken Rhetorik allgemein verbreitet und wird von den Theoretikern ausführlich diskutiert. Der Meister dieses Genres ist unzweifelhaft Jesus, so wie er in der Bibel erscheint. Wir sind an diese Texte so gewöhnt, daß wir wahrscheinlich kaum mehr darüber nachdenken, doch in dieser Hinsicht ist der Jesus der Evangelien einer der größten Rhetoriker der Geschichte. Seine Umgebung war denn auch die rhetorisch hochstehende Kultur des östlichen Mittelmeerraums, und – ganz grob gesehen – war er Zeitgenosse Ciceros und Quintilians.

Eine Parabel kann pädagogisch angewandt werden, um einen Sachverhalt klarzustellen, doch auch agitatorisch, um eine Ansicht zu propagieren. Am gebräuchlichsten ist eine Kombination aus beidem: «Mit dem Himmelreich ist das, als würde man ein Netz ins Meer legen und Fische aller Arten darin fangen. Wenn es voll ist, zieht man es auf das Ufer und setzt sich dazu und sammelt die guten Fische in Körbe und wirft die schlechten weg. So wird es am Ende der Welt sein.

Die Engel werden kommen und die Bösen von den Gerechten trennen und sie in den brennenden Ofen werfen. Da wird es Heulen und Zähneklappern geben. Habt ihr das verstanden?»

Das kann man natürlich auch kürzer und schlagender sagen: «Ein Kamel geht eher durch ein Nadelöhr, als ein reicher Mann ins Himmelreich!» Die eifrigen Versuche, die Bedeutung dieses Gleichnisses wegzureden, indem man behauptet, das Nadelöhr solle ein Stadttor oder etwas ähnliches sein, zeigen nur, wie geglückt und beunruhigend es ist!

Die *Parabel* gehört in hohem Maße zur Rhetorik des gesprochenen Wortes. Vergleiche, die im Geschriebenen platt oder geschmacklos wirken, erhalten aus irgendeinem Grunde eine ganz andere Kraft, wenn sie mündlich auf unvorbereitete Zuhörer treffen.

Olaf Palme war ein Meister dieser Tonart. Alle, die dabei waren, erinnern sich sicher an die Rede darüber, daß die bürgerliche Regierung sich nicht nur an den gedeckten Tisch gesetzt habe, sondern diesen dann auch noch völlig geleert, das Porzellan zerschlagen und sich durch die Tischplatte gefressen habe!

Die meisten wissen, daß der Begriff vom «Volksheim», dem «folkhemmet», wie noch heute die Schweden ihren Staat nennen, auf die berühmte Rede von Per Albin Hansson vom Januar 1928 zurückgeht, doch vielleicht ist uns nicht bewußt, daß auch die ursprüngliche Idee Teil einer typischen Parabel war:

*«Das gute Heim kennt keine Privilegierten oder Zurückgesetzten, keine Hätschelkinder und keine Stiefkinder. Dort sieht der eine nicht auf den anderen herab, da versucht niemand, sich auf Kosten des anderen Vorteile zu verschaffen, der Starke drückt den Schwachen nicht nieder und plündert ihn nicht aus. Im guten Heim herrscht Gleichheit, Rücksichtnahme, Zusammenarbeit, Hilfsbereitschaft. Auf das große Volks- und Mitbürgerheim übertragen, würde das bedeuten, daß alle sozialen*

*und wirtschaftlichen Schranken, die jetzt noch die Mitbürger in Privilegierte und Zurückgesetzte, in Herrschende und Beherrschte, in Reiche und Arme, Begüterte und Verarmte, Ausbeuter und Ausgebeutete trennen, beseitigt werden müssen.»*

Besser kann man es kaum sagen.

## 11. Betrug, der hoffentlich nicht funktioniert

Trotz ihres häufig überraschenden Charakters, sind *Exempel* und *Parabel* völlig anständige Methoden, eine Darstellung wirkungsvoller zu machen und die Gefühle der Zuhörer anzusprechen. Doch es gibt auch eine Reihe von Argumenten und Beweismethoden, die als wahrer Betrug angesehen werden müssen. Vielleicht verläuft die Grenze gerade bei den Gefühlen. Während anständige Rhetorik darauf zielt, das Publikum an seinen Gefühlen zu packen und mitzureißen oder dadurch seine Vernunft einzuschläfern, wenden sich hingegen Betrugsmethoden gerade an die Vernunft, jedoch mit gefälschten Argumenten.

Daß diese Betrugsmethoden in Massenmedien, Politik und akademischen Debatten so häufig vorkommen, liegt daran, daß sie oft so wirkungsvoll sind. Doch was man zu ihrer Verteidigung sagen kann, könnte man ebenso anführen, um eine reine Lüge zu verteidigen, und mit letzteren teilen sie auch den Nachteil, daß sie im Unterschied zu normalen rhetorischen Kniffen mit Hilfe der Vernunft entlarvt und widerlegt werden können. Man kann nur hoffen, daß das gelegentlich auch geschieht.

Deshalb ist es sinnvoll zu lernen, bei Gegnern auf diese Betrügereien zu achten. Hier einige der typischen Betrugsmethoden:

1. *Pseudoverifikation.* Das könnte man auch das «akademische Namedropping» nennen. Der Ursprung dessen findet sich nämlich in der Gelehrtenwelt, und der Universitätsmarxismus der 70er Jahre hat viel dafür getan, diesen Begriff populär zu machen. Doch mit steigendem Niveau der Volksbildung hat er sich in der ganzen Medienwelt ausgebreitet. Der Begriff bedeutet, daß man so tut, als würde man Dinge mit Zitaten oder durch Namedropping beweisen: «Wie Nietzsche schon klar gelegt hat, ist die Vernunft ein Unglück für die Menschheit.»

Absolute Selbstverständlichkeiten können einen wissenschaftlichen Nimbus erhalten, indem man sie unnötigerweise an einen bekannten Namen knüpft: «Nach Marx verlieren die Arbeitslosen ihre Stellung.» Man zeigt dabei, daß man zur Gruppe der Intellektuellen gehört, und auf keinen Fall so ein unzuverlässiger Typ ist, der ohne Grund eigene Gedanken denkt.

Doch am Gebräuchlichsten ist, daß man durch das Einwerfen von Namen durchaus diskutable Behauptungen mit einem wissenschaftlichen Glanz versieht: «Schon Platon untersuchte die Möglichkeiten für eine Welt hinter den Sinnen. Haben wir da das Recht, Berichte über okkulte Phänomene einfach zu verwerfen?» Schon ein flüchtiges Erwähnen von Wittgenstein oder Platon macht die meisten Leute so nervös, daß sie nicht mehr wagen, etwas gegen die Überlegungen selbst einzuwenden.

Wirklich übel wird es, wenn Sie mit Hilfe des Hinweises auf eine Autorität etwas «beweisen», was sich gar nicht beweisen läßt. Das ist besonders verführerisch, weil es im Grunde genommen wissenschaftlich absolut korrekt ist, das zu tun. Daß zum Beispiel Rom von Romulus gegründet wurde, ist definitiv kein Faktum. Daß der Geschichtsschreiber Livius *sagt*, es sei so gewesen, ist hingegen ein sichereres Faktum als die meisten naturwissenschaftlichen Wahrheiten. Das sagt aber noch lange nichts über den Wahrheitsgehalt der ersten Aussage. Genauso lügt man, wenn man behauptet zu wissen, daß es ein Eindringen von russischen U-Booten in schwedische Hoheitsgewässer gegeben habe, aber man sagt die Wahrheit, wenn man einwendet, daß ein gewisser Experte das behauptet. Ganz zu schweigen davon, wie viel überzeugender das klingt.

«Nach dem italienischen Athropologen Culo Stronzo ist Inzest ein Resultat der analen Fixierung der europäischen Kultur.» Falls Stronzo etwas bewiesen hat, dann müssen wir seinen Beweis anführen. Und in dem Fall müssen wir natürlich seinen Namen als Quellenangabe nennen. Dasselbe gilt, wenn wir eine raffinierte Formulierung von einer bekannten oder unbekannten Person entliehen haben, die dafür Anerkennung erhalten sollte. Aber nur in dem Fall. Nichts wird dadurch schon zur Wahrheit, daß jemand anders es bereits gesagt hat.

2. *Indirekte Effekte.* Alle Tätigkeiten haben mehrere Effekte. Wenn man Kaffee kocht, erhält man auch Abwärme in der Küche. Wer mit etwas gescheitert ist, der pflegt deshalb auf die übrigen positiven Effekte der Handlung hinzuweisen.

Wenn es keinen Kaffee gibt, dann haben Sie auf alle Fälle schon mal die Abwärme. Wenn die Kinder mit Ihrer Methode nicht das Lesen gelernt haben, dann war aber auf jeden Fall die Atmosphäre im Klassenzimmer viel entspannter, ganz zu schweigen davon, daß in der Klasse nicht ein einziger Fall von Dyslexie aufgetreten ist! Wenn die Auflage nicht steigt, wenn keiner Ihre Partei wählt oder die Verkaufszahlen sich durch Ihre Werbekampagne nicht steigern lassen, dann ist auf jeden Fall die Botschaft ins Land gegangen, und der Name der Firma ist dadurch bekannter geworden. Der Panzer P war zwar untauglich für den Kriegsgebrauch, aber was hat er nicht an Arbeitsplätzen geschaffen!

So kann man natürlich bösartigerweise sagen, daß Columbus sich verdammt noch mal total vertan hat und irgendwo in die Pampa gesegelt ist, aber er hat immerhin auf dem Weg dorthin Amerika entdeckt! Wenn man indirekte Effekte benutzt, um sich zu verteidigen, dann handelt es sich um ein offenkundiges

Scheitern, das getarnt werden soll, oder ein Mißverhältnis, das festgeklopft werden soll, und keineswegs um einen überraschenden Goldfund in einem Müllhaufen. Es ist auch etwas völlig anderes, wenn man in der Werbung auf äußerliche Effekte über das Grundlegende hinaus hinweist, um den Kundenkreis zu erweitern oder seine Kauflust anzustacheln. So ist es ein riesiger Unterschied, wenn man sagt: «Kaufen Sie unser Shampoo, die Flasche ist auch noch schön», oder wenn man sagt: «Kaufen Sie unser Shampoo, man kann sich damit zwar nicht die Haare waschen, aber die Flasche ist schön». Das sind ungefähr die Argumente, mit denen Politiker und Bürokraten oft auftreten.

3. *Wechseln des Modus.* Dieser Kniff ist gebräuchlich in religiösen Prophezeiungen, sozialen Utopien, ideell geprägter Jugendarbeit, pädagogischen Experimenten, Produktentwicklungen und Lehrplänen. Er bedeutet, daß man einen Wunsch als Faktum darstellt. Am einfachsten und effektivsten ist es, wenn man mit der Grammatik trickst und den Konjunktiv – die Möglichkeitsform – gegen den Indikativ – die Tatsachenform – austauscht. Das wurde schon in den Antike so gemacht.

Ein Beispiel: «Die Liebe ist mild und geduldig.» Oder: «Das Proletariat wird seine Macht dazu verwenden, das Bürgertum nach und nach seines Kapitals zu berauben und alle Produktionsmittel unter der Kontrolle des Staates zusammenzufassen.» Oder: «Ein Pfadfinder ist rein in Gedanken, Worten und Taten.» Oder: «Die Schule der Zukunft wird um das Kind als Mitglied der Gesellschaft zentriert sein.» Oder: «Das öffentliche Schulwesen ruht auf dem Boden der Demokratie.»

Weder der Apostel Paulus, Karl Marx, Lord Baden-Powell, der Pädagoge Freinet, noch eine deutsche Bildungsministerin würden diese Wahrheiten so energisch ausposaunen, wenn sie davon überzeugt wären, daß sie auch wirklich wahr sind. Aber natürlich möchten wir, daß sie Recht haben, zumindest teilweise. Und das Wunschdenken funktioniert auch bei Leuten, die Ihre Wünsche nicht teilen. Jeder weiß, daß Vierzehnjährige alles, aber nicht «rein» in Gedanken sind. Doch aus irgendeinem Grund ist es leichter, die Wahrheit einer Behauptung zu widerlegen, als den bloß utopischen Wunsch, daß die Behauptung nicht wahr sein möge.

Das bedeutet, daß Sie eine Idee, ein Projekt oder eine Institution immer verteidigen können, indem Sie einen idealen, erwünschten Zustand beschreiben. Ihre Gegner werden sich auf reelle Mängel einschießen. Sie dagegen, die Sie betrügen, indem Sie den Modus wechseln, werden für die guten Neuigkeiten und Ihren Glauben an die Menschen stehen. Während Sie nach hohen Zielen streben, werden Ihre Kritiker als gemeine Saboteure und traurige Zyniker gelten, die versuchen, Sie zu beschmutzen. Wollen die etwa nicht das Gute? Glauben die nicht an den Menschen?

Die EU, die Steuerumverteilung, die Sowjetunion (ehe die Wirklichkeit sie zerstörte), die «neue Mathematik» der 70er Jahre und die jüngste Hochschulreform sind typische Fälle dafür, daß die Verteidiger einer Sache große Triumphe feierten, indem sie ständig von einem erträumten Idealzustand redeten. Auch das Beziehungs- oder Sexualleben ist ein echter Klondyke für Theoretiker, die den Moduswechsel beherrschen. Und es ist netter und lohnender zu sagen, daß Menschen durch entspanntes Zusammenkommen freundlicher werden, als etwas besorgt zu wünschen, daß es doch so sein möge.

Erstaunlicherweise kann man Menschen dazu bringen, sich für eine Idee zu Tode zu kämpfen, indem man behauptet, daß sie bereits durchgesetzt sei oder sich auch ohne ihre Hilfe automatisch durchsetzen werde. Es spielt keine Rolle, ob es dabei um die klassenlose Gesellschaft, den Sieg des Übermenschen oder die Gleichstellung der Geschlechter geht.

Wir setzen alle gern auf Gewinner.

4. *Falsche Parodoxa.* Ein Paradoxon ist bekanntermaßen eine verblüffende, scheinbar unangemessene Behauptung, die doch wahr ist. Wenn es einem gelingt, seine Wahrheiten auf diese

Weise auszudrücken, dann ist das ein wirkungsvolles rhetorisches Hilfsmittel. Das falsche Paradoxon ist eine Behauptung, die, auf eine Weise gelesen, eine banale Selbstverständlichkeit ist, und auf die andere, beabsichtigte Weise gelesen eine schreiende Ungerechtigkeit wird.

Typisch dafür ist der schöne Aphorismus des Baudelaire: «Man kann drei Tage ohne Brot leben. Aber ohne Poesie – niemals!» Es ist natürlich wahr, daß wir Schönheit und Sehnsucht erleben, selbst wenn wir hungern. Vielleicht besonders dann. Aber gleichzeitig ist es eine Wahrheit, daß die meisten Menschen wochen- oder vielleicht sogar ein ganzes Leben lang ganz gut zurecht kommen, ohne die neueste Gedichtsammlung von Sarah Kirsch zu kaufen, was ja genau das ist, was Sie bestreiten wollen, wenn Sie dieses Zitat hervorkramen.

An diese Stelle gehören die für jede Debatte tödlichen Äußerungen wie: «Die Sprache behindert und verleitet uns.» Es ist ganz leicht, Beweise für diesen Satz zu finden, wenn man Treffen zwischen Ausländern und Kulturjournalisten besucht. Aber wenn wir mehr das Sprechen lernen, dann verstehen wir nicht weniger von dem, was andere sagen, sondern mehr.

Viele idiomatische Wendungen gehören hierher: «Wer sich verteidigt, klagt sich an.» Oder: «Das höchste Recht ist das größte Unrecht.» Wie wahr, wie wahr. Aber nicht auf die Art, wie Sie meinen, wenn Sie Ihren Feind daran hindern wollen, sich reinzuwaschen, oder Ihren Gegner daran, Recht zu bekommen.

Manchmal sind es ganz einfache Wahrheiten, die allein durch ihre Anwendung paradox wirken. Ihr Steuerbetrug kann elegant mit «Es muß sich noch lohnen, zu arbeiten!» verteidigt werden. Die seltsamste Pädagogik kann man mit «Die Schule kann nicht statisch sein!» verkaufen.

Das ist nicht nur als rhetorischer Kniff wirkungsvoll, sondern verleiht Ihnen auch den Ruf, schlagfertig, intelligent und tiefsinnig zu sein.

Allerdings funktioniert das falsche Paradoxon in der Politik oder der Werbung für Waren nicht. Seine natürliche Heimat dagegen sind Kultur, Kirche, Schule und Fürsorge, denn da blühen solche authentischen Tiefsinnigkeiten wie: «In der postmodernen Gesellschaft herrscht kollektive Einsamkeit.» Oder: «Gott existiert, weil er die Antwort auf die Fragen des Gläubigen ist.» Oder: «Die Frau ist dem biologischen Grund von Geburt und Wachsen näher.» Oder: «Die beiden Geschlechter sind ein Produkt sozialer Konventionen.» Oder: «Die Erinnerung des Patienten ist für ihn Wahrheit, ganz gleich, ob sie mit den Wahrnehmungen anderer übereinstimmt!» Diese scheinbar unwiderlegbaren Behauptungen wecken Bewunderung und man kann ihnen nur schwer widersprechen, eben weil man sie auch völlig banal auslegen *kann*. Und wer so bodenständig Recht zu haben scheint und so verblüffende und spannende Perspektiven eröffnet, hat große Chancen, sich den Chefposten oder das fette Projekt unter den Nagel zu reißen.

5. *Falsche Parabeln* könnte man auch «Mißbrauch von Bildern» nennen. Das Gleichnis ist, wie gesagt, ein wichtiges und respektables rhetorisches Hilfsmittel. Ein Betrug wird erst daraus, wenn das Gleichnis kein Gleichnis mehr ist, sondern statt dessen behandelt wird, als handele es sich um eine wissenschaftliche Theorie oder Beobachtung.

Es ist eine Tatsache, daß Wasser aufgrund der Erdanziehungskraft nach unten fließt. Es kann aufgestaut werden, überschwemmen, uns ertränken und irgendwann auch einen Damm oder eine Rohrleitung sprengen. Das ist ein ausgezeichnetes Bild, mit dem man eine Menge anderer Geschehnisse beschreiben kann – Informationsfluss, Stromproduktion, Durchlauf von Schülern im Schulwesen, Sexualtrieb und poetische Inspiration.

Doch das bedeutet nicht, daß auch nur eines der genannten Geschehnisse die kleinste Tendenz hätte, sich wirklich so zu verhalten wie Wasser. Und doch erscheint es uns natürlich, das zu glauben, wenn der Vergleich gut ausgeführt wird. Von Informationen ertränkt zu werden klingt, als ob das sowohl möglich als auch gefährlich sein könnte. Es ist möglich, uns glauben zu machen, daß wir alternativen Strom oder Atomstrom kaufen können, wie man Sprudel in Flaschen kauft. So wird das Zölibat gefährlich, die Vergewaltigung natürlich. Der Amateurpoet muß um jeden Preis ein «Ventil» für seine Ergüsse haben. Wir sind sogar bereit, die Entwicklung einer Begründung mit Siedepunkten, Gefrierpunkten und Verunreinigungen zu akzeptieren.

Am liebsten wählt der Betrüger Bilder mit wissenschaftlicher Aura. Die Kernphysik ist zum Beispiel immer gut. Hat die Debatte durch Ihren Einsatz eine «kritische Masse» erreicht, so daß eine künstliche Explosion folgen muß? Oder haben die Argumente der Gegenseite einfach eine gewisse Halbwertszeit, innerhalb der sie zu Schlacke werden?

Alle Begriffe aus der Welt des Fliegens verleihen auch den Eindruck einer hochtechnologischen Kompetenz. Ihre Arbeit ist am «point of no return» angelangt, und in Turbulenzen brauchen Sie einen Fallschirm. Ebenso wirken militärische Termini: «Strategien» und «Kampagnen» können in Arbeitsbereichen wie Schule und Pflege, in denen es völlig unmöglich ist, zu siegen oder Flankenaufmärsche zu inszenieren, die Existenz von Generalstäben vortäuschen.

Die Entwicklungslehre von Darwin hat seit ihrem Erscheinen mannigfaltige Möglichkeiten zum Mißbrauch geboten. Wir sprechen von Gesellschaftsentwicklung, technischer Entwicklung, Produktentwicklung, Sprachentwicklung und literarischer Entwicklung in von der Biologie übernommenen Begriffen. Wir glauben, daß der Modernismus den Realismus ablösen wird, und zwar genau so, wie die Wirbeltiere die Dinosaurier ablösten, und daß die Marktwirtschaft dem Sozialismus überlegen ist oder umgekehrt, in derselben Weise, wie der Mensch dem Affen überlegen ist.

Auf ein anderes Gebiet als ihr eigenes übertragen ist Darwins Theorie jedoch nichts anderes als ein Gleichnis, eine Parabel. Sie beweist nicht mehr von dem Thema, für das der

Redner sie verwendet, als das Märchen von Schneewittchen und den sieben Zwergen beweisen würde.

Doch daß man manchmal genügend universitätsgeschädigte Zuhörer dazu bringen kann, es zu glauben, ist eine ganz andere Sache.

6. *Dunkelziffern*. Wenn Sie nicht genügend mißhandelte Frauen, drogensüchtige Jugendliche, inzestgeschädigte Kinder oder anderes, was Sie brauchen, um Ihre Arbeit oder Ihre Vorschläge durchzubringen, zusammen bekommen, dann können Sie immer auf die große «Dunkelziffer» hinweisen. Das soll heißen, daß es viel, viel mehr solche Fälle gibt, von denen wir zwar nichts wissen, die es aber geben muß. Diese Methode gehört zu den älteren in dieser Reihe, denn sie wurde auf jeden Fall schon im Zusammenhang mit der katholischen Inquisition und den lutherischen Hexenprozessen benutzt. Das Beste an ihr ist ihre ungeheure Flexibilität. Wenn der Zoll weniger Drogen findet, dann kann das entweder bedeuten, daß der Zoll nichts findet oder daß der Import tatsächlich geringer geworden ist. Wenn der Zoll mehr Drogen findet, dann kann das heißen, daß größere Mengen Drogen ins Land fließen, oder es kann heißen, daß der Zoll den Fluß gestoppt hat. Es kommt nur darauf an, wer einem die besseren Argumente bietet, um größeren Druck auf die Behörden auszuüben.

Dieser Trick ist natürlich eine reine Lüge, denn man ist entweder im Besitz einer Statistik, die in eine bestimmte Richtung weist, und dann kann von keiner «Dunkelziffer» mehr die Rede sein. Oder, und das ist vor allem der Fall, wenn von «Dunkelziffer» gesprochen wird, man weiß gar nichts oder will gar nichts wissen, und dann gibt es auch nichts, worüber man reden könnte.

## 12. Der Gegenbeweis *(Refutatio)*

Nachdem wir das Publikum versöhnlich gestimmt und den erforderlichen Hintergrund, wie wir ihn sehen, geliefert haben, haben wir nun unser Anliegen vorgetragen und weiter untermauert. Jetzt könnte man meinen, daß es an der Zeit sei für unsere ermahnenden Abschlußworte.

Doch zunächst müssen wir noch alle denkbaren Gegenargumente, mit denen unsere Gegner hinterher kommen könnten oder die allen unseren Bemühungen zum Trotz in den Köpfen der Zuhörer aufgetaucht sein könnten, diskutieren und widerlegen. Je nachdem, ob man uns selbst irgendeiner Sache anklagt oder ob ein Gegner vor uns gesprochen hat, müssen wir hier – aber wirklich erst hier – uns ernsthaft mit den von der Gegenseite angeführten Beweisen und Argumenten auseinandersetzen.

Das ist die Abteilung, die in der klassischen Rhetorik *Refutatio* genannt wird.

Am wenigsten nötig ist eine *Refutatio* natürlich in der Festtagsrede. Doch nicht einmal da ist es falsch, die Darstellung ein wenig aufzupeppen, indem man so tut, als könnte es irgendwelche Einwände gegen die Ehrung des Jubilars geben, nur um hernach triumphierend zu zeigen, daß er ohne Zweifel alles Lob, das man über ihn ausgeschüttet hat, verdient, und noch viel mehr.

Die Reihenfolge, in der man die Argumente behandelt, sollte hier eine völlig andere sein als die, in der man soeben seine eigenen Argumente in der *Probatio* vorgeführt hat. Man sollte meinen, daß man am besten mit der schwersten Anschuldigung oder dem ernsthaftesten Einwand beginnt. Doch schon Quintilian macht die richtige Beobachtung, daß man, wenn der Gegner in seiner Darstellung falsche oder schwache Argument gebracht hat, sich zuerst diese vornehmen sollte. Indem man sie zerreibt, wird man die ganze Darstellung des Gegners ins

Schwanken bringen und indirekt auch schon starke Zweifel an seinen Hauptargumente geweckt haben, wenn dann diese an der Reihe sind.

Damit der Gegner nicht in derselben Weise zurückschlagen kann, sollte man sich also in der *Narratio* so lange wie möglich an harte Fakten und Tatsachen halten. Fakten bleiben die harte Währung der Rhetorik, auch wenn es an den Gegenbeweis geht.

In anderen Zusammenhängen als den rein juristischen kann es in diesem Stadium einen Punkt gebe, wo man unwahrscheinliche Einwände, mit denen kein vernünftiger Mensch je kommen würde, erfindet und widerlegt. Das steigert die eigene Glaubwürdigkeit und wirft einen Schatten auf die echten Gegenargumente, die man danach aufgreift. Sogar die wirklichen Kritiker stehen dann hinterher wie Iditoten da:

«Es wird Leute geben, die sagen, daß unser Einsparungsvorschlag im Bereich Bildungswesen die traditionelle Sicht auf die Schule als einen Ort, an dem Kinder eingeschlossen und für eine bestimmte Zeit von Erwachsenen überwacht werden, damit ihre natürliche Kreativität und Initiativkraft von Disziplin und sinnloser Arbeit unterdrückt wird, gefährdet. Diesen Leuten will ich sagen, daß sie vollkommen Recht haben! Die von uns geplante Verkürzung der von Lehrern geleiteten Unterrichtszeit ist ein Experiment in Sachen Befreiung und Kreativität!»

Verschiedene Formen der *Prosopopoeia* können folgendermaßen angewandt werden: «Ich höre schon die Rassisten und Faschisten sagen, daß die Wohnungspolitik der Gemeinde allzu gut für unsere Einwanderer war.»

Einwänden und Anschuldigungen, die wirklich ausgesprochen werden, kann man erfolgreich mit Humor begegnen. Das ist ein Mittel, auf das Cicero in kniffligen Fällen zurückgreift, zum Beispiel in der Verteidigungsrede für Caelius Rufus, der – wie bereits erwähnt – versucht hatte, seine Geliebte Clodia, die Schwester des Volkstribunen Clodius zu vergiften. In seinem

*Exordium* hat Cicero, wie bereits gesehen, behauptet, daß der Prozess eine Verschwendung der kostbaren Zeit der Jury sei. Die *Narratio* verwandte er darauf, den Charakter der Klägerin Clodia in den schwärzesten Farben zu malen, die *Probatio* darauf, zu argumentieren, daß Caelius dennoch ein guter Junge sei, obwohl er sich mit solch einer schlechten Frau zusammengetan hatte. Wie wir gesehen haben, wendet Cicero den schwierigen aber ungeheuer erfolgreichen Trick an, so zu tun, als gelte die Anklage einer ganz anderen Sache als es eigentlich der Fall ist. Das gibt ihm die Gelegenheit, noch einmal in aller Ruhe über so etwas Angenehmes wie den guten Charakter des Caelius, und nicht über all die häßlichen Sachen zu reden, mit denen der Ankläger sich befassen mußte.

Jetzt in der *Refutatio*, wird der Ton fast heiter, wenn Cicero an dem Punkt anlangt, wo er den wirklich schweren Anklagen begegnen muß. Der Ankläger behauptet, daß Caelius Geld verschwendet habe, das Clodia gehörte! Aber warum ließ Clodia überhaupt zu, daß er sich mit ihrem Geld beschäftigte, wenn er doch so ein Schurke gewesen soll? Und die Vergiftung! Welche Motive hätte Caelius denn gehabt? Caelius hat einen Sklaven getötet, um die Wirkung des Giftes zu testen, gewiß, aber das ist ja wohl kaum strafbar. Und – hier wechselt der geschliffene Verteidiger blitzschnell in eine rührselige Haltung – da kennt Cicero wirklich Schlimmeres! Er erinnert sich zum Beispiel, wie plötzlich Clodias Mann, der große Konsul Metellus, starb. Eine Szene wird entworfen, die auf die Tränendrüsen drückt. Clodia erfährt, daß sie selbst am wenigsten von allen einen anderen dafür anklagen sollte, daß er mit Gift experimentiert hat! Und auch hier wendet Cicero seine übliche *Paralipsis*-Methode an und zieht sich, nachdem er den Verdacht aufgeworfen hat, zurück. Er hat «schweigend über die Sache geredet» und geht einfach weiter.

Der Rest ist eine reine Farce. Natürlich haben Clodias treue Sklaven berichtet, daß man sie bestochen hat, damit sie ihr Gift ins Essen tun. Caelius' Bote ging in die Falle, als er das Geld und das Gift in einem Badehaus übergeben wollte. Aber glauben wir Sklaven? Und dann auch noch Clodias Sklaven, wo wir doch wissen, wie es in dem Haus zuging? Die Szene im Badehaus wird als unwahrscheinlich und komisch entworfen. Woher wollen wir wissen, selbst wenn es da Gift und Geld gab, daß der Bote von Caelius kam und nicht von einem anderen dummen und eifersüchtigen unter allen ihren jungen Liebhabern?

Caelius Rufus wurde freigesprochen.

Doch wäre es kaum möglich gewesen, früher an den Beweisen zu rütteln. Erst hier, fast gegen Schluß, nachdem alle anderen Abteilungen durchlaufen waren, kann der Redner ausdrücklich die Beweise der Gegenseite attackieren. Mona Sahlin, die schwedische Ministerin mit der Toblerone, hätte also bis zu diesem Punkt warten sollen, ehe sie die Presse angriff, wenn überhaupt. Eigentlich sollte man immer vermeiden, negativ und meckerig zu werden und über das zu schimpfen, was andere sagen. Wenn man es aufgrund der Situation oder des Themas doch einmal tun muß, dann ist hier der einzige mögliche Ort dafür. Im Grund aber ist es immer eine schlechte Strategie, jemand anders die Schuld zuzuschieben.

Die glänzendste *Refutatio*, die ich jemanden in einer derart bedrängten Lage habe halten hören, war der Auftritt von Präsident Bill Clinton im Januar 1998, als er dem Vorwurf entgegen treten mußte, er habe im Weißen Haus Sex mit der 21jährigen Praktikantin Monica Lewinsky gehabt und sie dann gedrängt, in der Sache einen Meineid zu schwören:

Clinton erscheint an einem Montagmorgen, nach einem Wochenende, an dem die Massenmedien unwidersprochen über seinen Rücktritt spekulieren konnten, und tritt im Roosevelt-Zimmer vor die Fernsehkameras und die wartenden Journalisten, sichtbar müde und abgearbeitet. Mit ihm kommen seine Ehefrau Hillary und Vizepräsident Al Gore. Nach einem Applaus – alle Welt liebt einen Kämpfer – beginnt er zu reden, und zwar genau wie angekündigt, wenn auch unerwartet lange und mit vielen Details, über die große Bildungsreform und die Förderung von Freizeiteinrichtungen, die er plant. Er spricht laut und deutlich und in sehr positivem Ton. Nach einer Viertelstunde hat die Spannung nachgelassen. «Wir müssen die Amerikaner in ihrer Arbeit unterstützen, und zwar in der schwersten Arbeit von allen – Eltern zu sein», betont er.

Die Atmosphäre ist entspannt.

Dann bittet der Präsident uns und die Reporter, ihn zu entschuldigen. Er muß zurück zu seinem Job und weiter an seiner großen «Rede zur Lage der Nation» arbeiten, die am Dienstag gehalten werden soll. Er ist müde, weil er gestern Abend bis spät daran gearbeitet hat. Und nach dieser geschickten *Humiliatio* kommt mit unerwarteter Kraft, sowohl in Wortwahl, als auch im Tonfall, die erwartete Mitteilung an das amerikanische Volk:

*«Ich habe kein sexuelles Verhältnis mit dieser Frau (Pause), Miss Lewinsky, gehabt. Ich habe nie jemanden aufgefordert zu lügen, nicht ein einziges Mal, niemals. Diese Behauptungen sind falsch. Und ich muß schnell wieder zurück, um weiter für das amerikanische Volk zu arbeiten.»*

Woraufhin Clinton ruhig, aber ohne auf irgendwelche Fragen zu warten, aus dem Raum schreitet. Kein Wort über die Medien, die Zeugen oder den Kläger, der die Affäre aufgeworfen hat. Und überhaupt kein hartes oder unnötiges Wort über die Sache.

Das Timing ist perfekt. Als Einleitung hätte er diese Passage nicht verwenden können, denn wie hätte dann die Rede über Ausbildung und Jugendarbeit gewirkt? Aber so fungierte die Rede als *Narratio* und hat den Weg für diese so schlagkräftige *Refutatio* bereitet.

Die Journalisten sind bekümmert. Hätten wir nicht eine etwas ausführlichere Schilderung der Sache aus der Sicht des Präsidenten verdient gehabt? Doch die Kommentatoren und die Allgemeinheit beginnen umzuschwenken. Wenn das, was

Clinton gesagt hat, wahr ist, dann gibt es ja wirklich nichts hinzuzufügen. Der Präsident ist mit Würde aufgetreten. Und warum sollte er sich damit aufhalten, die Unwahrheiten und den Müll zu wiederholen, den andere anschleppen?

Obwohl Clinton eigentlich ja schuldig war, zumindest, was Sex mit Miss Lewinsky anging, schien sich hier das Blatt erst einmal zu wenden. Da spielt auch der ebenso wirkungsvolle Auftritt seiner Ehefrau Hillary im Frühstücksfernsehen am Tag danach eine Rolle, wo sie an der richtigen Stelle, nämlich gegen Ende, über die Liebe zu ihrem Mann sprach und vorsichtig den Gedanken an eine Konspiration gegen das Paar pflanzte und später dann bekräftigte. Woraufhin die angekündigte Rede zur Lage der Nation am selben Dienstagabend zu einem Triumph wurde, der seinesgleichen suchte. Der scheinbar erschöpfte Bill Clinton liefert einen geschickt gesteigerten Lobgesang auf die glänzende Entwicklung der Wirtschaft in der jüngsten Zeit, gewürzt mit außenpolitischem Säbelrasseln. Selbstverständlich enthielt die Rede nicht ein einziges Wort über Miss Lewinsky.

Schon Quintilian schärft uns nachdrücklich ein, auf die Argumente der Gegenseite nicht zu ausführlich einzugehen, wenn wir sie widerlegen, denn dann ist das Risiko zu groß, daß wir sie befördern. Eine Ausnahme gilt nur, wenn man sie, wie Cicero oben, durch ihre Wiederholung lächerlich machen kann.

In Debatten passiert es jedoch manchmal, daß der vorhergehende Redner die wunderlichsten Dinge erzählt, bevor wir dran sind. So etwas muß man dann natürlich wiederholen. Mit etwas Geschicklichkeit kann man sogar lernen, solche Stellen zu entdecken, um sie dann auszunutzen. Der schwedische Meister in diesem Genre ist der Führer der Rechten, Admiral Arvid Lindman, der einzige bedeutende Volksredner, den der schwedische Konservativismus je hervorgebracht hat. Berühmt ist vor allem die Debatte über die Landwirtschaft in den 20er Jahren, wo der Sozialdemokrat Per Edvin Sköld die an und für sich bemerkenswerte Formulierung gebraucht hatte, daß die Landwirtschaft wirklich keinen nennenswerten Nutzen von all den schönen Worten des Herrn Lindman habe. Als er an der Reihe war, gab der Admiral zurück: «Das kann sehr gut sein, hingegen denke ich, wenn man alles, was Herr Sköld geredet hat, auf unsere schwedischen Äcker streuen könnte, dann würde es es eine herrliche Ernte geben!» Und setzte sich mit einer kleinen Verbeugung. Das Lachen war ohrenbetäubend, und ertränkte alle Argumente von Sköld.

Was erdachte Gegenargumente angeht, so ist natürlich klar, daß wir uns für den Gegner keine guten Argumente ausdenken werden, die er sich selbst ausgedacht haben könnte. Nur keine schlafenden Hunde wecken! Vergessen Sie nicht, daß niemand Ihre eigene Argumentation so gut kennt wie Sie.

Quintilian empfiehlt uns des weiteren, in schwierigen Situationen, wo man die Argumente und Beweise des Gegners nicht einfach abstreiten kann, sie in kleinere Teile aufzuteilen und jedes dann einzeln zu widerlegen. Damit vermittelt man den Eindruck, daß man viel zu bieten habe, und man zerstreut die gesammelten Kräfte. Die DNA-Analyse hatte erwiesen, daß die Blutflecken in O.J. Simpsons Auto, auf seinen Strümpfen und auf seinem Dielenfußboden wirklich von den Mordopfern stammten. Doch indem er den Ursprung eines jeden Blutflecks einzeln diskutierte, gelang es seinem Verteidiger, den Blick der Jury von dem schlagenden und eindeutigen Gesamteindruck abzulenken.

Wenn man an den Beweisen nicht vorbeikommen kann, dann bleibt auch in dieser Abteilung immer noch die Methode, von etwas anderem, Angenehmeren zu reden. Das war, wie bereits beschrieben, genau die Stelle, wo Nixon den kleinen Hund Checkers einführte, als Antwort auf erdachte Forderungen, daß er ihn zurückgeben müsse.

## 13. «Ich hatte eben eine schwere Kindheit!»

Es ist, wie gesagt, immer falsch, anderen die Schuld zuschieben zu wollen. Das ist an dieser Stelle in der Rede genauso falsch wie an jeder anderen.

Der einzige Unterschied sind reine juristische Zusammenhänge. In einem Gerichtsverfahren ist es natürlich eine absolut legitime Taktik, zu behaupten, daß das, wobei man ertappt wurde, und das man zugegeben hat, in Wirklichkeit die Schuld eines anderen sei oder seine Ursache in Gesellschaft, Erbkrankheiten oder einer schweren Kindheit habe. Das gilt deshalb, weil die Gesetze in den meisten zivilisierten Ländern auf solche Umstände achten, wenn es darum geht, ein Strafmaß zu bestimmen oder einen Schaden festzustellen.

In allen anderen Zusammenhängen ist es immer besser, zu seinen Vergehen zu stehen, wenn man schon mit blutigen Händen, heruntergelassenen Hosen oder den Fingern im Honigtopf erwischt wurde.

In dieser Hinsicht gleicht die Rhetorik in allen wesentlichen Punkten dem Alltagsleben und dem gewöhnlichen menschlichen Umgang miteinander.

Wir mögen Leute, die zu dem stehen, was sie getan haben.

Wir mögen Leute, die an das glauben, was sie tun.

Wir mögen Leuten, die wissen, was sie tun.

Der amerikanische Standup-Comedian Lenny Bruce machte einmal eine lustige Nummer über Kannibalen. Niemand ist böse auf Kannibalen, denn sie stehen zu dem, was sie tun: «Wir fressen Leute, weil wir finden, daß das lecker ist!»

Es sind eben die Heuchler, die uns die größten Probleme machen.

Wenn man etwas rundheraus leugnen kann, dann ist das natürlich eine andere Sache. Aber wenn Sie mit unwiderlegbaren Fakten konfrontiert werden, dann müssen Sie an Gudrun Schyman denken, die Vorsitzende der Vänsterpartiet, der schwedischen Linkspartei, Koalitionspartner in der Regierung von Göran Persson. Als herauskam, daß sie auf Galaabendessen betrunken war und auf Filmpremieren im Kinosalon auf den Fußboden gepinkelt hatte, fing sie nicht an, von ihrer schweren Kindheit oder dem Druck, der auf einer Frau an der Parteispitze lastet, zu reden. Nein, sie ging sofort in die Fernsehstudios, noch ehe die ganze Wahrheit heraus war, nahm alles auf sich und versprach, sich einer Behandlung zu unterziehen. Und das hat sie sogar noch einmal gemacht, als die Behandlung mißlang!

Diese Frau ist ein rhetorisches Phänomen.

Wir haben im Zusammenhang mit *Exempel* und *Parabel* auch die Stelle angeführt, wo Cicero seinen Klienten Milo ausrufen läßt, gewiß habe er gemordet. Schauen Sie sich das noch einmal an! Das ist ein glänzendes Beispiel auch für diese Regel. Dieser Trick, den ich später als «übertriebene *Concessio*» noch einmal behandeln werde, paßt auch in diesen Zusammenhang. Man bringt böse Stimmen zum Schweigen, indem man nicht nur zugibt, wofür sie einen anklagen, sondern noch weiter geht. Man wendet den Vorwurf, wie Gudrun Schyman es in der Schlußdebatte zur Wahl 1998 getan hat, zu etwas, worauf man stolz sein kann, nämlich, daß die eigene Partei von einer Frau geleitet wird, die «trockene Alkoholikerin» ist.

Doch neben unserer Vorliebe für Leute, die an das glauben, was sie tun, gibt es noch einen Grund, niemals die Schuld auf das Personal zu schieben oder die vorige Regierung, das Wetter, die Presse, die Opposition, den Markt – oder auf die Tatsache, daß man in seiner Kindheit gezwungen wurde, Bonanza zu gucken, daß man Grippe hat oder einen angeborenen hohen Testosterongehalt, oder was es auch immer geben möge, das außerhalb der eigenen Kontrolle liegt. Denn wer die Schuld auf andere schiebt, sagt im Grunde deutlich, daß er wahrscheinlich zum Wiederholungstäter werden wird. Dann wird uns der Redner leid tun, aber wir werden ihm keine neue Chance geben.

Auch das ist eine Tatsache, die im Alltagsleben oder im gewöhnlichen Umgang der Menschen miteinander genauso wichtig ist, wie in der Rhetorik, ganz zu schweigen vom Arbeits- oder Geschäftsleben.

Vielleicht kann das Geschäftsleben dafür ein Beispiel liefern.

Der Kunde weist darauf hin, daß Sie ihm vergammelte Apfelsinen geliefert haben. Er hat recht. Sie müssen das wieder gut machen und eine Entschuldigung bringen. Was will er hören?

Wenn Sie sagen, das sei nicht ihr Fehler, sondern der ihres schlampigen und inkompetenten Personals, das Sie wegen des schwedischen Arbeitnehmerschutzes leider nicht loswerden könnten, dann ist es ziemlich wahrscheinlich, daß Sie ihm leid tun werden und daß er vielleicht auf dem nächsten Rotary-Treffen eine Träne darüber vergießen wird. Doch gleichzeitig wird er den Obstlieferanten wechseln. Wenn Sie hingegen erklären, daß der Schuldige unter strengen und für ihn lehrreichen Bedingungen gekündigt worden sei und daß Sie ein neues, völlig automatisiertes Verpackungssystem eingeführt haben und daß Sie ihm direkt dankbar dafür sind, daß seine Reklamation Ihnen die Augen geöffnet hat, so daß Sie den Fehler beseitigen konnten, dann wird er mit sich selbst zufrieden sein, wird sich vor allem bei Ihnen sicher fühlen und auch weiterhin bei Ihnen bestellen.

Diesen Fall können Sie auf alle Unannehmlichkeiten übertragen, öffentliche wie private. Es interessiert die Wähler nicht, warum das Staatsdefizit höher ausgefallen ist, als Sie versprochen haben. Sie sind einfach sauer. Aber der Schaden ist schon angerichtet, und jetzt wollen sie hören, daß Ihre Partei eine neue, plausible Lösung für das Problem hat. Im schlimmsten Fall sieht die Lösung so aus, daß man Sie gegen eine bessere Kraft austauscht. Das gilt bei Ehebruch genauso wie bei der Niederlage der Eishockeymannschaft.

Die Umwelt möchte nicht, daß Sie weinen oder bereuen. Sie will aber noch weniger, daß Sie gute Ausreden dafür auffahren, daß es so gekommen ist, wie es kam. Sie will, daß Sie dafür sorgen, daß der Fehler nicht noch einmal passieren kann.

Gudrun Schyman gab alles zu, kümmerte sich überhaupt nicht darum, wessen Schuld es war, und versprach, sich einer Behandlung zu unterziehen. Und man verzieh ihr.

Es ist verwunderlich, daß Göran Persson ein paar Mal nach einem Schnitzer damit davongekommen ist, daß er niedrigeren Beamten im Staatsrat die Schuld zuschob. Doch einerseits fand wohl niemand seine Flugreisen für einen Ministerpräsidenten nicht angemessen, und andererseits versprach er dann ja auch, daß die Routinen, dank der Leute, die sie aufgedeckt hatten, geändert werden würden.

Mona Sahlin, oder besser gesagt ihre Ratgeber, machten also das meiste falsch bei ihrer Verteidigungsrede vor Presse und Fernsehzuschauern im Oktober 1995. Schon in der Einleitung der Rede, die irgend etwas Aufwärmendes und Schüchternes hätte enthalten sollen, fing sie an, die Schuld von sich wegzuschieben: «In den 80er Jahren geriet ich aus persönlichen Gründen mit meinen Finanzen ziemlich ins Hintertreffen, ich ging den Kreditkarten auf den Leim, und leider bin ich ja nicht die einzige, der das passierte ...».

Eine Katastrophe! Wäre das eine unterhaltsame Gesellschaftssoap, dann könnten wir möglicherweise ja noch akzeptieren, daß die skrupellosen Kreditkartenfirmen für die Schulden von jemandem verantwortlich wären. Aber Tausende und Abertausende von Schweden mißbrauchen ihre Kreditkarten eben nicht, oder sie haben es vielleicht getan, und haben dafür viel Ärger bekommen. Diesen Menschen fällt es schwer, die Entschuldigung einer Staatsministerin zu schlucken, in der die Schuld nur den anderen zugeschoben wird. Ebenso wie bei dem Lieferanten von Apfelsinen können wir dann vielleicht Mitleid empfinden, aber wir werden doch in Zukunft jemand anders darum bitten, unsere Steuergelder zu verwalten. Und dann machte Sahlin es nur noch schlimmer, indem sie die Presse dafür angriff, daß sie nur ihren Job gemacht hatte. Und gleich danach waren die unklaren und undurchschaubaren Regeln an allem Schuld. Doch warum waren die für andere Minister nicht undurchschaubar?

Nach einem zurückhaltenden *Exordium* und einer *Narratio* über irgendetwas, aber am besten nicht über die privaten Finanzen und die alten Kreditkartenschulden, hätte sie eine *Probatio* gebraucht, in der sie ihre Unschuld hätte beteuern und etwas über ihre politischen Ziele hätte sagen können, also über das, was sie für die Menschen im Land tun wollte. Daraufhin hätte sie dann etwas sagen können wie: «Gut, ich habe die Kreditkarte der Behörde benutzt, weil ich es eilig hatte, ich wußte, daß das falsch ist, aber ich dachte, es würde nichts ausmachen, aber da Sie das so wichtig finden, werde ich es natürlich nicht wieder tun. Das ist ja ganz einfach! Ungefähr so, wie nicht zu rauchen, ganz egal, wie gestreßt man ist. Und irgendwie haben Sie mir auch geholfen, das jetzt mal auf die Reihe zu kriegen.»

Das hätte sie vielleicht dieses Mal retten können. Aber nur vielleicht.

Tatsache ist ja, daß Nixon rhetorisch gesehen alles richtig machte, als er in seiner großen Verteidigungsrede vor den Watergate-Staatsanwälten mit den folgenden Worten begann: «In jeder Organisation muß der Mann an der Spitze die volle Verantwortung übernehmen ...». Woraufhin er sich dann bereiterklärte, die Schuld für alles zu übernehmen, was im Weißen Haus während der Kampagne zu seiner Wiederwahl geschehen war oder geschehen sein könnte.

Großartig.

Leider lagen noch so viele Leichen mehr im Keller, von denen er damals aber noch nicht ahnte, daß sie alle auftauchen würden. Es gibt, wie gesagt, Fälle, in denen nicht einmal die vollendetste Rhetorik hilft.

Aber die Schuld auf andere zu schieben hilft noch weniger.

## 14. Die Kunst, einen Schluß zu machen *(Peroratio)*

Nun sind wir am Ende der Rede angelangt, und das wird in der antiken Rhetorik *Peroratio* genannt. Dieses Wort ist in der englischen Bedeutung als «peroration» immer noch lebendig.

Im Normalfall einer gesprochenen Kommunikation ist dies immer der wichtigste Teil der Rede. In keiner anderen Kunst- oder Kommunikationsform hat der Schluß dieselbe entscheidende Bedeutung. Ein Roman steht und fällt mit seinem Anfang. Alle, die Selma Lagerlöfs «Jerusalem» oder den «Fremden» von Camus gelesen haben, erinnern sich daran, wie diese Romane beginnen, aber kaum daran, wie sie enden. Ein Film oder ein Drama entwickelt natürlich kurz vor dem Schluß seinen Höhepunkt, doch dann verlangsamt sich die Handlung wieder, in der amerikanischen Dramaturgie, die nur Happy Endings erlaubt, wird das «kiss off» genannt.

Die Rede hingegen entwickelt sich von der ruhigen, Sympathie erweckenden Einleitung über die darstellende Erzählung, über den Beweis für die These und die Widerlegung möglicher Einwände hin zu dem mahnenden Abschluß, woraufhin das Publikum dann das tun soll, was wir von ihm wollen – rausgehen und die Bastille erstürmen, im Foyer unser Buch oder morgen unsere Windeln kaufen, es soll einfach finden, daß wir der netteste Kerl der Welt sind oder unsere Partei wählen, unseren Klienten freisprechen und den des Gegners einbuchten, der Befreiungsbewegung in Burkina Faso Geld spenden oder das Glas zu einem Toast auf den Jubilar erheben.

Der Abschluß kann natürlich sehr unterschiedlich aussehen, je nachdem, welches dieser Ziele wir erreichen wollen. Er enthält aber immer eine offene oder versteckte Mahnung, und die erhebt sich allmählich zu einer Art Crescendo.

Wieviel wir hierbei vertragen können, und wie es aussehen muß, ist natürlich auch kulturgebunden und kann zu unterschiedlichen Zeiten und in unterschiedlichen Situationen variieren. Eine Reihe antiker Redner soll an dieser Stelle in etwas ausgebrochen sein, was einem Gesang glich. Es ist auch der Abschnitt der Rede, in dem in den Filmausschnitten, die wir kennen, Hitler, Goebbels und Mussolini laut schreien und anfangen herumzuhüpfen. Dokumentarfilmer zeigen gern diese Passagen losgelöst vom Inhalt, um den Redner lächerlich zu machen. Wahrscheinlich ist es sowohl lobenswert als auch praktisch, mit den Filmen so zu spielen, aber es ist doch auch eine Geschichtsverfälschung oder zumindest ein filmrhetorischer Kniff, den die Herren selbst geschätzt haben würden.

Diese Art des Ausagierens muß als Höhepunkt auf eine lange Steigerung folgen, Auge in Auge, wenn man das Publikum an seiner Seite weiß. Das ist die Rhetorik der Betstunden, der katholischen Messen oder der Rockkonzerte – unmöglich in intimen Medien wie dem Fernsehen, aber unschlagbar in der direkten Kommunikation. Die Stimmung muß im Zusammenspiel mit dem Publikum aufgebaut werden, und es ist in hohem Maße das gemeinsame Erleben der Teilnehmer, das den Effekt ausmacht.

Doch selbst bei Massenveranstaltungen mit einem etwas rationaleren Charakter wird die Prosa in den letzten Sätzen der Rede gern rhythmisch und von langen kunstvoll verschlungenen Sätzen geprägt, die auf die Herzen der Zuhörer zielen. Manchmal wird das in der heutigen Gesellschaft als hochtrabend empfunden, doch genauso wie Hitlers Schreien müssen auch solche Ausbrüche in ihrem Zusammenhang gesehen werden. In den USA ist dies immer noch der Stil, der in den Schlußbemerkungen bei Amtseinführung des Präsidenten, bei aufsehenerregenden Mordprozessen im Schlußplädoyer der Verteidigung oder bei der Vorstellung neuer Automodelle angewandt wird.

John F. Kennedy weckte bei seinem Amtsantritt 1961 mit den an und für sich wenig inhaltsreichen Ermahnungen in seiner «Inauguration Speech» große Begeisterung:

*«Und so, meine amerikanischen Mitbürger, fragt nicht, was euer Land für euch tun kann, fragt, was ihr für euer Land tun könnt. Meine Mitmenschen in aller Welt, fragt nicht, was Amerika für euch tun wird, sondern, was wir gemeinsam für die Sache der menschlichen Freiheit tun können. Endlich, ob ihr nun Bürger Amerikas oder anderer Länder der Welt seid: Fordert von uns, die wir hier stehen, das gleiche hohe Maß an Stärke und Opferbereitschaft, das wir von euch fordern. Mit einem guten Gewissen als dem einzigen sicheren Lohn für unsere Mühe, im Bewußtsein, daß über unsere Taten zuletzt die Geschichte richten wird, laßt uns daran gehen, das Land zu führen, das wir lieben. Gottes Segen und Beistand erbittend, aber wohl wissend, daß hier auf Erden die Arbeit, die er getan sehen will, treu von uns selbst verrichtet werden muß.»*

Im Schlußteil einer Rede sind die *rhetorischen Figuren* oder genauer gesagt die *sprachlichen rhetorischen Figuren* sehr gebräuchlich. Wir werden sie in einem gesonderten Kapitel noch behandeln.

Der berühmte Aphorismus, «fragt nicht, was das Land für euch tun kann, sondern fragt, was ihr für das Land tun könnt», ist in sich ein Gegensatz. Ein Teil des Satzes steht im Gegensatz zu dem nachfolgenden, der sich an Nicht-Amerikaner wendet und auf dieselbe Weise aufgebaut ist. Beachten Sie auch die feierliche Anrufung Gottes zum Beistand für die eigene Seite. Das ist ein Trick, den Bob Dylan in der ungefähr gleichzeitig entstandenen Protestballade «With God on Our Side» parodiert hat. Doch habe ich noch keine amerikanische Präsidentenrede dieser Art finden können, die nicht im letzten Satz der *Peroratio* auf diese Weise Gott als «Commonplace» einsetzt.

Bill Clinton beendete sein Rede zum Amtsantritt im Januar 1993 mit dem rhetorischen Prachtstück:

*«From this joyful mountain-top of celebration we hear a call for service in the valley. We have heard the trumpet, we have*

*changed the guards, and now each in our own way and with God's help we must answer the call!»*

Das ist eigentlich unübersetzbar, doch ein Versuch der wortgetreuen Übersetzung in nüchternes Deutsch kann zumindest zeigen, wie wichtig Wortklang und poetische Tricks für den Effekt in solchen Zusammenhängen sein können. Die nackte Wiedergabe würde ungefähr so lauten:

*«Von diesem freudevollen Gipfel der Feierlichkeit vernehmen wir den Ruf zum Dienst im Tale. Wir haben die Trompete gehört, der Wachwechsel ist vollzogen, und nun müssen wir jeder auf seine eigene Weise und mit Gottes Hilfe dem Ruf folgen!»*

Oder so ähnlich.

Der Videoaufnahme, die ich besitze, kann man entnehmen, daß dieser eigentlich völlig inhaltsleere bombastische Schluß mit seinem biblischen Tonfall sehr begeisternd auf das Publikum gewirkt zu haben scheint. Und dann wiederum muß man feststellen, daß der Grad der politischen Kraft und Substanz hinter den Worten bei verschiedenen Rednern sehr unterschiedlich ist. Trotz aller Bewunderung, die man für Clinton als Fachmann in Sachen Rhetorik empfinden muß, liegt in der politischen Bedeutung doch ein deutlicher Abstand zwischen ihm und seinem Idol John F. Kennedy.

Sogar die geniale Gettysburg-Rede von Abraham Lincoln, die auf einem ganz anderen inhaltlichen Niveau steht als die beiden oben zitierten Reden zum Amtsantritt seiner späteren Nachfolger, enthält ungefähr denselben Typ der *Peroratio*, inklusive Gott als «Commonplace». Doch neben den Phrasen ist dort in den Schlußsätzen auch politischer Sprengstoff enthalten. Deshalb funktioniert die Erinnerungsrede in Gettysburg auch, wenn man sie nur in schriftlicher Form aufnehmen kann. Ja, wie wir später sehen werden, ist es sogar denkbar, daß bereits ihr Autor sich das so überlegt haben mag. Doch die Schlußworte, die zu einer Zeit ausgesprochen wurden, da die Demokratie in ihrer modernen Bedeutung immer noch eine kontroverse Idee war, ist vielleicht das Beste, was in diesem Genre in den USA geschaffen wurde. Der Redner hofft schließlich ...

*«... that we here highly resolve that these dead shall not have died in vain; that the nation shall, under God, have a new birth of freedom, and that government of the people and for the people shall not perish from the earth.»*

*(«... daß wir hier feierlich beschließen, daß diese Toten nicht vergebens gestorben sein sollen, daß die Nation mit Gottes Hilfe eine neue Geburt der Freiheit erleben wird, und daß die Herrschaft des Volkes und für das Volk nicht von der Erde verschwinden wird.»)*

Beachten Sie, wie das Bild von Geburt und Freiheit, das uns schon früher in den einleitenden Worten der Rede begegnet ist, hier wiederkehrt und in der Schlußbemerkung entwickelt wird. Das ist vielleicht eher ein Charakteristikum schriftlicher Texte als mündlicher Rhetorik, aber dennoch in dieser kurzen Passage ungemein wirkungsvoll.

Wir werden auf die Umstände dieser Rede und auf ihre Hörer in dem Kapitel «Lincolns glänzendes Fiasko» noch zurückkommen.

Doch zunächst müssen wir uns noch die Gefühle schaffende Ausformung der Schlußbemerkung einer Rede ansehen.

## 15. «Nichts trocknet schneller als Tränen»

Die *Peroratio* enthält gewöhnlich zwei Hauptelemente, eine Zusammenfassung, *Recapitulatio*, und eine Anregung der Gefühle. Das Letztere ist, wie wir bereits gesehen haben, das Wichtigste.

Was die Zusammenfassung des bereits Gesagten angeht, so ist sie eigentlich unnötig, wenn alles gut genug gesagt wurde. Aber es ist nie verkehrt, seine stärksten Argumente vor der Schlußbemerkung den Zuhörern noch einmal einzuhämmern. In der *Rhetorica ad Herennium* heißt es, daß nur Dinge, die in dem, was wir *Probatio* und *Refutatio* genannt haben, enthalten waren, in die Zusammenfassung Eingang finden sollten, wahrscheinlich, weil diese ihrerseits wieder Schlußsätze der einleitenden Erzählung enthalten. Das sind unsere eigenen Argumente, das, was wir einhämmern wollen.

Selbstverständlich ist wohl in jedem Zusammenhang, daß man zu seiner Ursprungsthese zurückkehrt, die man gerade bewiesen und verteidigt hat, um dann das Publikum zu Gefühlen oder zu Taten anzuregen: «Jetzt ist ja wohl klar, daß Peter ein klasse Typ ist. Jetzt stoßen wir mal alle auf ihn an!» Oder: «Da ich nicht sehen kann, wie jemand einen anderen Schluß ziehen kann als den, daß Boris Becker unschuldig ist, ist es unsere Pflicht, ihn freizusprechen.» Beachten Sie, daß vor allem hier direkte Ermahnungen an das Publikum in Wir-Form gehalten werden sollten.

Dies ist auch der richtige Platz für einen weiteren Ausbau, *Amplificatio*, der Hauptthese mit gefühlsmäßigen Verbindungen. Die Steigerung von unten, *Incrementum*, die wir früher schon besprochen haben, kann natürlich auch hier angewandt werden: «Wenn man schon einen Vorstandsvorsitzenden ehrt, der den Gewinn ein wenig gesteigert hat, was soll man dann mit einem Vorsitzenden machen, der den Gewinn verdoppelt hat und auch noch mein Schwiegervater ist?» Oder: «Wir verurteilen kleine Unternehmer, die mit den Quittungen nicht klar gekommen sind, zu Gefängnisstrafen, was sollen wir da mit einem Landesvater machen, einem Vertreter des Königs, der in vollem Bewußtsein falsche Fakturen schickt?»

Die *Rhetorica ad Herennium* zählt noch eine Reihe von *Loci communes* auf, die hier eingesetzt werden können. Der griechische Begriff dafür ist *Topoi*. Eine Übersetzung ist schwierig, ein mögliches deutsches Wort wäre «Gesprächsinhalt» oder «Gesprächsstoff». Schon das englische Pendant «commonplace» ist oft falsch aufgefaßt worden und hat so die Bedeutung «Banalität» erhalten, wie man es im deutschen «Gemeinplatz» findet, also der Gegensatz von dem, was man eigentlich damit ausdrücken will. Der Begriff *Loci communes* findet eine sehr unterschiedliche Anwendung. Schon in der Antike bedeutete das, daß man etwa für ein *Exempel*, wie wir es schon kennengelernt haben, Anekdoten auswählte, die alle kannten, und bei denen man deshalb auf sofortiges Verstehen rechnen konnte. Als ein mehr technischer Teil beim Suchen nach «künstlichen Beweisen» in der *Probatio* meinte der Begriff das Wissen um den Bereich, in dem man Beweise finden kann – das übliche Verhalten männlicher Verbrecher, die üblichen Motive von Mörderinnen, die Art, wie gute Väter und Mütter mit ihren Kindern umgehen und so weiter.

Auf unsere in der *Peroratio* ausgesprochenen Bitten an die Zuhörer bezogen, meint der Autor des «Herennius» mit *Loci communes* einen Bereich des gemeinsamen Interesses, auf den man hinweisen kann, um die Zuhörer auf seine Seite zu ziehen. Damit meint er zum Beispiel, welches Gewicht einer Sache von «Göttern, Ahnen, Königen, Staaten, fremden Volksgruppen, Philosophen oder dem Senat» gewöhnlich beigemessen werde. Oder auch wie sie sich auf die Menschheit, unsere Oberhäupter, unsere Mitmenschen oder die, die unter uns stehen und unsere Hilfe und unsere Unterstützung benötigen, auswirkte. Oder welchen Einfluß es auf die allgemeine Moral haben würde, wenn wir es unterließen, eine Tat zu bestrafen oder zu belohnen. Und so weiter.

Die Liste unseres Autors des «Herennius» ist zeitgebunden, der Idee nach aber immer noch richtig. Und die allgemeine Moral macht sich zum Beispiel sehr gut als Themenfeld, auf das man die eigene Argumentation ausweiten kann: «Was würde das für eine Wirkung auf die Steuermoral der durchschnittlichen Deutschen haben, wenn wir einen Tenisstar laufen lassen würden, der Steuern hinterzogen hat?»

Eine immer geringere Rolle als gefühlsbetonte *Loci communes* spielen hingegen heute die Hinweise auf Vorväter oder höhere Mächte. An ihre Stelle treten immer stärker neue Themenfelder wie die Zukunft, kommende Generationen und die Natur. Was Allgemeininteresse oder allgemeiner Gesprächsstoff ist, hängt natürlich immer auch davon ab, zu wem man spricht. Hinweise auf die Geldbörsen der Lohnempfänger beziehungsweise die Investitionsbereitschaft haben ihre Zielgruppe an ganz unterschiedlichen Stellen, auch wenn man manchmal Redner hört, die das nicht einsehen wollen.

Schon was man das allgemeinste Allgemeininteresse nennt, unsere Nation in ihrer Gesamtheit, stellt sich je nach politischer Heimat sehr unterschiedlich dar. Deshalb bemühen die Wortführer der verschiedenen Parteien oft unsere Nation mit den unterschiedlichsten Begriffen: die Bürgerinnen und Bürger, die Menschen (in unserem Land), manchmal auch noch: das Volk. Mit solchen subtilen Sprachdetails verhält es sich wie mit Kleidung und mit anderen Image-Faktoren – es kann sehr raffiniert sein, die Erwartungen nicht zu erfüllen und mit einem ungewohnten Begriff «fremde» Zuhörer anzulocken.

Dieser zeitlose Trick, der Einsatz dieser Art von *Loci communes*, von allgemeinen Themenbereichen und Interessen, ist mit dem modernen Phänomen verbunden, das ich «Verstrikkung» nennen möchte. Ebenso verhält es sich mit «Holzweg» und der «Opferperspektive». In diesem Stadium unserer Rede, wo es nicht mehr länger darum geht, etwas zu beweisen, sondern nur darum, seine Ansicht deutlich zu machen und Gefühle zu wecken, ist es auch nicht mehr möglich, im eigentlichen Sinne zu betrügen.

Ein glänzendes Vorbild für das Anrufen des allgemeinen Interesses mit Hilfe einer besonderen Gruppe von Menschen findet man in einer Rede des Lysias, nämlich der Anklage «Gegen Eratosthenes». Eratosthenes war einer der «dreißig Tyrannen», die in Athen 404–403 v.Chr. eine totalitäre Schreckensherrschaft ausübten. Nach dem Fall des Regimes wurden seine Führer wegen ihrer Übergriffe angeklagt. Lysias zählt in seiner Rede vor dem Geschworenengericht die Untaten der Tyrannen auf und läßt schließlich in der *Peroratio* die toten Opfer selbst «auftreten»:

*«Ich glaube, daß die Toten uns zuhören und daß sie euch nach eurem Votum beurteilen werden. Sie werden es so sehen, daß jeder, der diese hier freispricht, nochmals den Tod über diese Toten verhängt, während der, der jene bestraft, sie im Namen dieser Toten bestraft. Ich beschließe hiermit meine Anklage. Ihr habt gehört, ihr habt gesehen, ihr habt gelitten. Der Moment ist euer! Sprecht das Urteil!»*

Die kurzen abgehackten Schlußphrasen sind für ihre sprachliche Kraft berühmt geworden. Aristoteles benutzt sie als Beispiel für den guten Abschluß einer Rede und schließt auch seine eigene *Rhetorik* damit.

In Verteidigungsreden, aber vielleicht auch in einer Anklage, wo es ein Opfer gibt, auf das wir hinweisen können, wie auch in der politischen Ermahnung zu sozialem Engagement oder dergleichen, folgt am Ende häufig die Bitte um Mitleid. Der Begriff der antiken Rhetorik dafür ist *Miseratio*. Das ist jedoch eine schwierige Sache.

Sowohl Cicero in «De inventione», Quintilian in seiner «Institutio Oratoria» als auch der anonyme Verfasser in der «Rhetorik für Herennius» zitieren hier mit Freuden einen Aphorismus, der lautet: «Wer um Mitgefühl fleht, der fasse sich kurz, denn nichts trocknet schneller als Tränen.»

Das ist wahr. Es gibt leider nichts, wessen die Leute so schnell müde sind zu hören, als das Leid anderer – vor allem, wenn es die Leidenden selbst sind, die erzählen. Denken Sie nur an die alten Tanten in ihrer Familie, die ständig und ausführlich von ihren Arztbesuchen berichten.

Dennoch wird die *Miseratio* oft als notwendig angesehen, zum Beispiel in Gerichtsverfahren. Man sollte dabei jedoch die Absicht verfolgen, die Richter zu bitten, das Leiden der Opfer nicht durch einen unklugen Beschluß auch noch zu vergrößern. Das gilt im übrigen auch für das *Decorum*, das man nicht durch Häßlichkeiten und allzugroße Drastik übertreiben darf.

Das Zeigen der blutigen Toga des ermordeten Cäsar, mit der man das Volk gegen dessen Mörder aufhetzen wollte, wurde von Quintilian in diesem Zusammenhang zwar als wirkungsvoll angesehen, doch er bemerkt sogleich, daß der Anblick der Toga die Sache für das Volk auf eine ganz andere Weise faßbar machte als der Anblick des toten Körpers es kurz zuvor getan hatte.

Das ist eine Methode, die man in der modernen Dramaturgie neu belebt hat. Das Leiden muß auf eine faßbare Form reduziert werden, damit es wirklich anrühren kann. Das Bild von einem kaputten Spielzeug, das neben dem eingestürzten Haus auf dem Boden liegt, wirkt oft nachhaltiger als ein ganzer Film über das Erbeben selbst. Vielleicht liegt das daran, daß unser Mitgefühl eigentlich nur recht wenig fassen und bewältigen kann. Das ist schlimm, vor allem wenn man ein echtes Anliegen vorbringen will. Dann muß man gut darüber nachdenken, wie man es schaffen könnte, ein abgestumpftes und vielleicht hartherziges Publikum dafür zu interessieren.

In der Verteidigungsrede für Caelius benutzt Cicero den alten Vater des Angeklagten als Objekt, für den seine Standesbrüder in der Jury sicher Mitleid empfinden können, ehe er im Zusammenhang mit der Freisprechung des Sohnes zu patriotischer Sammlung (ein weiterer *Locus communis*) aufruft. Sicher war es für die älteren vermögenden Familienväter unter den Richtern leichter, sich mit der Situation des Vaters zu identifizieren, als mit der des jungen Playboys Caelius.

Das kann dem widersprechen, was wir im nächsten Abschnitt über die «Opferperspektive» sagen werden, doch es handelt sich nicht um dieselbe Sache. Die Opferperspektive ist ein *Locus*, mit dessen Hilfe wir die Nachteile einer Sache oder von Vorschlägen der Gegenseite, die wir nicht mögen, aufzeigen können. Hier jedoch geht es darum, wie wir uns selbst und unsere eigene Sache darstellen.

Deshalb sollte die Rede sogar bei den tränenreichsten Anliegen, ja, vielleicht besonders da, mit einer positiven Ermahnung enden. In der Rede des Lysias, die ich zitiert habe, hat das Volksgericht nach allem Elend, das Athen widerfahren ist, endlich die Möglichkeit, Recht zu schaffen. Winston Churchill gab vor, nichts anderes anbieten zu können als «blood, sweat and tears», doch eben diese Rede endet mit den folgenden Worten: «Ich habe die feste Überzeugung, daß unsere Sache unter den Menschen nicht zugrunde gehen darf. Heute fühle ich mich berechtigt, die Hilfe aller zu beanspruchen, und ich sage: ‹Kommt denn, wir wollen zusammen vorwärts schreiten, mit vereinten Kräften!›»

In der wahrscheinlich besten Rede Churchills, gehalten am 18. Juni 1940 vor dem Unterhaus, verhält es sich ebenso. Die Regierung will, daß England allein gegen Hitler weiterkämpfen solle. Frankreich hat kapituliert und sich teilweise mit dem Feind verbündet. Westeuropa ist besetzt. Die USA sind noch nicht in den Krieg eingetreten, die Sowjets stehen auf der Seite Hitlers. Die Situation ist verzweifelt. Außerdem kann man davon ausgehen, daß im Parlament und im Land die Stimmung verbreitet ist, man solle den hoffnungslosen Kampf aufgeben und Frieden mit Hitler schließen.

Heute kennen wir das Ergebnis, und wir wissen, daß der Redner Recht hatte. Und es ist noch imponierender, wenn man bedenkt, daß damals niemand etwas über den Ausgang vorhersagen konnte, aber viele im Licht der blendenden Erfolge der Nationalsozialisten bereit waren, seine – damals nicht allein in Deutschland anzutreffenden – Ansichten über Juden, fremde Völker, Menschenrechte und Gewaltanwendung zu akzeptieren. Churchills Rede ist unglaublich geschickt aufgebaut; er benutzt alle möglichen Gefühle und Gruppen, und arbeitet sich dann zu einem strahlenden Höhepunkt empor, zu einer *Peroratio*, die ein Meilenstein in der Verwendung aller rhetorischen Kunstgriffe ist, die wir kennen:

*«Wenn wir ihm (Hitler) widerstehen können, dann kann ganz Europa frei werden, und das Leben auf der Welt kann voranschreiten zu weiten, von der Sonne beschienenen Höhen. Aber wenn wir scheitern, dann wird die ganze Welt einschließlich der Vereinigten Staaten, einschließlich all dessen, was wir kennen und lieben, im Abgrund eines neuen dunklen Zeitalters versinken, das durch die Erkenntnisse einer pervertierten Wissenschaft vielleicht noch finsterer werden und noch länger dauern wird. Deshalb lassen Sie uns unsere Pflicht erfüllen und uns so bewähren, daß, wenn das Britische Empire und sein Commonwealth noch weitere tausend Jahre fortbestehen, die Menschen immer noch sagen werden: Das war ihre größte Stunde!»*

Einen besseren Schluß kann es kaum geben, wenn man will, daß Leute etwas unternehmen.

## 16. Betrug, der sich vermutlich lohnt

Zu den gefühlsbetonten Tricks der neueren Zeit gehören «Fäden spinnen», «Holzbein» und «die Opferperspektive». Diese findet man heute in Redekunst, Propaganda, Marktverhalten und Nachrichtenübermittlung der Massenmedien.

In den von größerer Nachdenklichkeit geprägten schriftlichen Genres funktionieren sie als echte Rhetorik nicht so gut.

Der Begriff «Fäden spinnen» wurde in den 70er Jahren von dem ausgezeichneten Zukunftsforscher Svante Beckman eingeführt. Er meinte damit die bürokratische Methode, sich gegen Kontrollen und Veränderungen zu schützen, indem man seine Arbeit mit anderen lobenswerten Arbeiten vernetzte, die nicht in Frage gestellt werden konnten.

Wenn Sie Ihre Ideen gegen logische und praktische Einwände schützen wollen, dann sorgen Sie dafür, daß sie mit geheiligten moralischen Prinzipien, mit wichtigen progressiven Zeitströmungen, politisch korrekten Minderheitsinteressen und unantastbaren Fortschritten an der Front der Wissenschaft verbunden oder vermischt sind. Das Grundprinzip ist dasselbe wie in den *Loci communes* der antiken Redner, die auf die Ehre der Vorväter, die Interessen der herrschenden Klasse oder den Willen der Götter hinwiesen. Nur daß man heute auf noch viel mehr *Loci communes* zugreifen kann.

In seiner primitivsten Form blüht diese Verweistechnik vor allem in der akademischen Welt, wo der gröbste Eigennutz und die schlimmste Gier routinemäßig als Sorge um die Entwicklung, das Wissen und um Minderheiten verbrämt werden. Wenn man Wissenschaftlern einen Posten nicht gibt, so schreien sie auf, man verunglimpfe damit nicht nur ihre Person und ihre wissenschaftlichen Meriten, sondern auch den Kampf des Marxismus für die Unterdrückten dieser Welt, die Bedeutung der Ideen zur neuen Marktwirtschaft für die Gesellschaft oder den Kampf des Feminismus für die Rechte der Frauen. Daß dies freilich kaum von Bedeutung ist für die 100000 Frauen, die gleichzeitig aus dem öffentlich Dienst geworfen werden, während Sie die Dozentur erhalten, spielt dabei keine Rolle. Im Gegenteil, es wird viel billiger für den Staat, so zu tun, als fördere er die Gleichstellung, indem er Ihnen die Stelle gibt, als wenn er den vielen anderen Frauen helfen würde.

Ebenso funktioniert es in Verwaltung und Wirtschaft und im Rechtswesen. Die Anwälte von O.J. Simpson überzeugten die Jury und einen großen Teil der farbigen Bevölkerung der USA davon, daß die Frage von O.J.'s Schuld oder Unschuld mit dem Kampf um die Bürgerrechte der Farbigen verknüpft sei.

Aber Fäden spinnen vom eigenen Interesse zu einem dieser leicht erreichbaren *Loci communes* als ein rhetorischer Trick ist keineswegs nur ein Ausweg für inkompetente Dozenten, gierige Direktoren und gewissenlose Juristen. Als ich 1970 die Pädagogische Hochschule besuchte, war es nicht nur ein Beweis für pädagogisches Hinterwäldlertum, wenn man die von den Papageien inspirierte Direktmethode im Sprachunterricht in Frage stellte, sondern es war eine antidemokratische politische Abweichung nach rechts. Dasselbe galt in den 70er Jahren im Umgang mit der «Neuen Mathematik». Schon ein paar Jahre später wurden die Methoden wieder verworfen, ohne daß die Demokratie dabei unterging. Doch das Seltsame ist natürlich, daß, selbst wenn einige der Methoden wirklich funktionieren, uns vorgegaukelt wurde, daß der Gebrauch der einen oder der anderen Grammatiktheorie oder mathematischen Terminologie direkt mit dem demokratischen Verständnis zu tun habe.

Es ist vielleicht noch nicht sicher, ob Ihre Methode zur Hundedressur funktioniert, doch Ihre Ideen anzugreifen heißt, die Rechte des Fortschritts und die der Tiere anzugreifen. Das würde heißen, Tausende seriöser Hundebesitzer lächerlich zu machen (die natürlich noch nie von Ihnen und Ihrer Idee gehört haben). Mit ein wenig Glück rückt der Terrierclub dann zu Ihrer Verteidigung aus.

Dieser Trick ist eine Art positive Variante des «guilt by association». Sie unterscheidet sich von den rein kriminellen «indirekten Effekten» dadurch, daß sie eigentlich kein Argument ist, sondern einfach einer jener *Loci* wie sie in den Abschluß einer Rede gehören.

Oft hat dieser Kniff die Form der *Prosopopoeia*. Aber «Fäden spinnen» birgt auch dieselben Vorteile und Risiken wie diese Form. Es besteht nämlich theoretisch die Gefahr, daß ein Vertreter des Volkes, der Einwanderer, der Exportindustrie oder der Frauen aufsteht und sich für Ihre Hilfe bedankt. Das ist zwar ungewöhnlich, aber es geschieht. Deshalb verwendet man meist Hinweise auf Gruppen, die nicht protestieren können, weil sie weit weg entfernt leben oder schon tot sind. Die

Kinder aus den Armenvierteln der Entwicklungsländer beispielsweise werden wohl nicht auftauchen und Ihr Recht, in ihrem Namen zu reden, in Frage stellen, ebenso wenig wie die Opfer des stalinistischen Terrors. In der Lysias-Rede, die ich im vorigen Kapitel zitiert habe, haben wir ein gutes Beispiel dafür gesehen. Wenn Sie die Frauen mit Doppelbelastung oder unterdrückte Minderheiten im Land als *Loci communes* wählen, dann gehen Sie ein größeres Risiko ein, auch wenn Sie selbst einer der beiden Gruppen angehören.

Auf der anderen Seite kenne ich Redner, die mit Erfolg ihre Zugehörigkeit zu einer ausreichend anerkannten oder ausgegrenzten Gruppe benutzt haben, um jeden Angriff auf ihre seltsamen Ansichten in einen Angriff auf diese Gruppe umzumünzen. Das ist ungefähr dieselbe Methode, die man im amerikanischen Psychologie-Jargon manchmal «Holzbein» nennt. Manche Menschen können ihre Umwelt jederzeit mit einem Handikap oder mit irgendeiner anderen Eigenschaft übertrumpfen, so daß sie stets sagen können: «Dafür kann ich nichts, ich habe schließlich ein Holzbein!»

Es mag zynisch klingen, aber in einer kurzen und intelligenten Debatte ist es sehr schwer, eine mit Argumenten unterlegene Person zu besiegen, wenn diese die ganze Zeit betont, daß sie zu einer Minderheit gehört. Es sei denn, sie gehören selbst auch dazu.

Auf das Holzbein zu pochen ist eine moderne Variante und ein Spezialfall eines Kniffs, den die antike Rhetorik das *Ethos* des Redners nannte, will sagen, die Persönlichkeit, auf die man anspielt, um Vertrauen und Sympathie zu wecken. In der Antike aber kam es in solchen Zusammenhängen vor allem darauf an, seine hohe gesellschaftliche Stellung und Bedeutung zu beteuern. Das «Holzbein» dagegen bedeutet das Gegenteil, daß man nämlich Vorteile daraus ziehen will, zu einer scheinbar unterlegenen Gruppe zu gehören. Vielleicht ist die Möglichkeit, auf das Holzbein zu pochen, trotz allem ein moralischer Fortschritt, ein Ausschlag der christlichen

Ethik, die immer noch in starkem Maße unser Denken dominiert.

Ein wenig verwandt damit, aber doch wichtiger und noch schwerer zu durchschauen, ist der Trick, den man «die Opferperspektive» nennen kann.

Der frühere Chefredakteur der Zeitung *Aftonbladet* hat mich auf diese Variante aufmerksam gemacht, und es handelt sich vor allem um eine kommerzielle, die Auflagen erhöhende Methode in der Abendpresse. Es kann aber auch als rhetorischer Trick fungieren und als «commonplace» – eine Methode, die Reformvorschläge anderer anzugreifen oder ihre Erfolge klein zu reden. Der zugrundeliegende psychologische Wirkungsmechanismus ist, daß wir eine viel ausgeprägtere Fähigkeit haben, Mitleid mit unseren Mitmenschen in ihrem Unglück zu empfinden, als uns mit ihnen an ihrem Glück zu freuen, woran uns unter anderem der Neid hindert.

Folglich sollten Sie, wenn Sie Sonderhefte verkaufen oder Ihre Einschaltquoten erhöhen wollen, lieber von Katastrophen erzählen als von Verbesserungen der Lebensbedingungen, die irgendwo erreicht wurden. Doch nicht genug damit. Wenn entgegen allen Erwartungen eine markante Verbesserung eingetreten ist, dann sollten Sie von jemandem erzählen, der in eben diesem Prozeß etwas verloren hat. Und solche gibt es immer. Wenn in einem Land die Todesstrafe abgeschafft wurde, dann ist es dankbarer, von dem Henker zu erzählen, der jetzt arbeitslos geworden ist, als von der Freude der Gefangenen, deren Leben gerettet ist. Wenn die neue Straße dem ganzen Ort das Leben leichter macht, dann finden Sie trotzdem irgendeinen gebeutelten Kioskbesitzer, der sich das Alte zurückwünscht. Mordopfer verkaufen sich so lange, bis der Mörder gefunden ist. Dann steht er im Mittelpunkt. Niedrigere Zinsen führen zu Spekulationsbauten und treiben die Immobilienpreise hoch, niedriger Ölpreis führt zu gesteigertem Verbrauch. Und wenn mehr Leute Bücher lesen, gibt es mehr Kahlschläge im Wald.

Im kulturellen Leben funktioniert die «Opferperspektive» kaum als rhetorischer Trick. Sein Anwendungsbereich ist vielmehr die politische Debatte und weniger sophistische Medien wie das Fernsehen und die Abendpresse. Doch richtig angewendet, bietet sie ein wunderbares Arsenal, wenn man ärgerliche Reformen stoppen will, die scheinbar allen nur Vorteile zu verschaffen scheinen. Die Kunst liegt darin, eine Gruppe zu finden, die zum Opfer wird und nicht zu denen gehört, gegen deren Interessen Sie antreten wollen. Außerdem müssen sich die Opfer im Fernsehen optisch gut machen, so daß der traurige Anblick alle mit Zahlen untermauerten Argumente überschattet. Wenn diese Vorbedingungen erfüllt sind, dann funktioniert das ebenso gut in der rechten wie in der linken Propaganda.

Auf diese Weise lassen sich sowohl gerechtere Steuerregeln wie auch verringerte öffentliche Ausgaben überlisten. Sie finden leicht eine unverhältnismäßig hoch besteuerte Insel irgendwo im Meer, die von einem charmanten Fischer bewohnt wird. Und es gibt immer irgendeinen an den Rollstuhl gefesselten Menschen, der auf irgend etwas warten muß, und zwar weil gerade Ihre Stelle in der Gemeindebehörde gestrichen wurde.

Das hier ist einer der Fälle, in denen Sie das *Decorum* übertreiben und das Publikum sich in Gräßlichkeiten wälzen lassen dürfen. Doch auch hier ist es gut, das Elend in Maßen zu halten. Die Opfer müssen einigermaßen präsentabel und irgendwie sympathisch sein. Die Leute kaufen zwar die großen Boulevardblätter mit den Katastrophenmeldungen auf der Titelseite, aber die Glaubwürdigkeit der Chefredakteure dieser Blätter in irgendwelchen Debatten geht gegen Null. Für Sie als Redner genügen meist schon Andeutungen herzergreifender Details, um das Publikum auf Ihre Seite zu bringen.

Die «Opferperspektive» ersetzt das Abstrakte durch das Konkrete, das langweilig Idyllische durch das aufregend Tragische. Wenn man es ein wenig positiver ausdrücken will, dann kann man noch hinzufügen, daß auch dieser Trick vom Einfluß der christlichen Ethik zeugt. Es kann ein Betrug sein, ihn anzuwenden, doch es handelt sich um einen sehr sympathischen Betrug, verglichen mit einem, der dem reinen Eigennutz dient.

Unter den möglichen Einsätzen von *Loci communes* in der *Peroratio*, ist dies wahrscheinlich der herausragend wichtigste unserer Zeit.

## 17. Gewinnen, obwohl man verliert

Ein rhetorischer Erfolg bedeutet nicht immer, daß man am Ende der Rede, die man hält, der Debatte, die man führt, oder des Prozesses, an dem man teilnimmt, als Sieger dasteht. Man kann seinen Erfolg nicht nur nach dem Beifall der Anwesenden berechnen, auch nicht nur nach dem unmittelbaren Ergebnis in Form von Handlungen des Publikums. Im Zusammenhang mit den Massenmedien ist dieses Verhältnis noch komplizierter geworden, wie wir später sehen werden. Doch schon in der alltäglichen und zeitlosen Redesituation Auge in Auge, kann man manchmal gewinnen, obwohl man verliert – und das kann sogar Absicht sein.

Es kann in gewissen Situationen genügen, daß man sagen konnte, was man zu sagen hatte, um das dann auf lange Sicht wirken zu lassen.

Das Wichtigste ist, daß man überhaupt das Wort erlangt hat, denn seine Botschaft überbringen zu können, ist das größte Privileg, das man als Redner erhalten kann.

In besonders extremer Form begegnet man diesem Phänomen in einer Novelle von John Steinbeck aus den 70er Jahren, deren Inhalt auch heute noch passend scheint – vorausgesetzt, man ist davon überzeugt, Recht zu haben: Zwei kommunistische Agitatoren suchen eine Kneipe auf, um ein Treffen abzuhalten und die Landarbeiter aufzuwiegeln. Doch es findet sich dort eine Gang ein, die die Arbeitgeber bezahlt haben, damit sie die beiden mal ordentlich durchprügelt. Dennoch rät der erfahrene der beiden Agitatoren, daß es wichtig sei, das Treffen wie geplant abzuhalten, um sich dann unterbrechen und verprügeln zu lassen.

Wenn man nur für seine Sache reden, das Schweigen durchbrechen und darlegen kann, was man für richtig hält, dann ist das schon ziemlich viel. In einigen Zuhörern wird ein Same keimen. Vielleicht nimmt jemand einfach ein paar der Broschüren mit, liest und lacht dann höhnisch, um sich später wieder an die Worte zu erinnern, wenn sie auf eine andere Weise für ihn aktuell werden. Das furchtlose Auftreten imponiert den Zuhörern, und selbst wenn die Macht auf kurze Sicht siegt, so zeigt man doch, daß es möglich ist, auch anders zu denken.

Das ist sehr wahr, und man muß nicht einmal zu den Gewerkschaftsvertretern in den USA, den christlichen Märtyrern zwischen den Löwen in Rom oder zu den sowjetischen Dissidenten gehen, um Beispiele für diese These zu erhalten.

Sie stellen sich auf der Personalversammlung hin und protestieren gegen den neuen Organisationsplan, von dem noch keiner so richtig weiß, worauf er hinauswill, und den auch keiner in Frage zu stellen wagt. Sie stellen dem weich gespülten Berater, der Sie während des Seminars geschuriegelt hat, böse Fragen und zweifeln seine Kompetenz an. Sie fragen, ob der Rektor nicht einsieht, daß die Idee, das ganze Lehrerkollegium zu einem Fortbildungskurs nach Mallorca zu schicken, Diebstahl von öffentlichen Geldern bedeuten würde.

Was wird passieren?

Natürlich. Kein Mensch stärkt Ihnen den Rücken. Man stöhnt und bittet Sie, doch still zu sein. Mehr oder weniger ausgebuht setzen Sie sich wieder hin.

Aber Sie haben einen glänzenden Einsatz hingelegt.

Nicht wie ein Märtyrer, wir wollen ja schließlich nichts Unmögliches von Ihnen verlangen. Es ist ungewöhnlich genug, und es tut auch gut, daß überhaupt irgend jemand, vor allem in unserem konfliktscheuen Land, sich mal hinstellt und irgend etwas in solchen Zusammenhängen in Frage stellt.

Allein durch die Tatsache, daß Sie das tun, ist für eine reibungslose Durchführung der Sache schon ziemlich viel Sand ins Getriebe geworfen worden.

Wenn Sie auch nur in Ansätzen Recht haben, dann ist die weiche, erstickende Einigkeitsatmosphäre gebrochen. Es hat sich gezeigt, daß man etwas in Zweifel ziehen darf, und das ist die gefährlichste Erkenntnis, die sich um verworrene Softietyrannen in Konferenzen oder um yuppieharte Zahlendreher auf der Personalversammlung ausbreiten kann. Viele der feigen Socken da drin werden später zu Ihnen kommen und Ihnen sagen, daß Sie auf Ihrer Seite sind.

Beim nächsten Mal ist die Organisationsplanung schon ins Wanken geraten. Noch mehr Leute klagen. Der Gummiberater bekommt keinen neuen Auftrag mehr. Die Mallorcareise ist inzwischen, ohne daß Sie irgend etwas dazu getan haben, der Lokalzeitung zu Ohren gekommen. Der Rektor muß in die Schulbehörde befördert werden, um dem Zorn der Eltern zu entgehen. Der Zahlendreher landet mit einem administrativen Aufklärungsauftrag hinter einem Schreibtisch im Hauptamt.

Wenn Sie es wollen, dann ist sein Job vielleicht der Ihre.

Aber Spaß beiseite, auch in Deutschland ist es eine gesellschaftliche Pflicht und eine große, traurigerweise nicht oder viel zu selten genutzte Chance, das, was auf Personalversammlungen, in Kollegien, Fortbildungskursen und so weiter gesagt wird, in Zweifel zu ziehen.

Es macht nichts, wenn Sie Angst haben und fast stottern, wenn Sie aufstehen. Dann wirkt das nur ernsthafter. Wie auch immer, die schöne, bürokratisch-therapeutische Friede-Freude-Eierkuchen-Atmosphäre wird zerstört. Auf jeden Fall für dieses Mal. Alles, was der Experte dann noch sagt, wird von den Anwesenden auf eine ganz andere, kritischere Weise betrachtet werden.

Wenn man in diesen unsicheren Zeiten Angst um seine Haut hat, dann kann das mit Hilfe der Rhetorik noch infernalischer gestaltet werden. Am besten in Frageform. Bei einem Moduswechsel etwas der Art «die Schule darf niemals statisch werden» oder «unsere Behörden müssen in Richtung auf die Bedingungen der Wirtschaft entwickelt werden» genügt oft ein einfaches «warum denn?», um den besttrainierten Berater aus der Fassung zu bringen. Er wird anfangen zu stammeln und Ihnen gegenüber ausfällig werden, was Sie vielleicht für den Moment zum Schweigen bringt, doch gleichzeitig ernsthafte Zweifel sät und ihn (in diesen Fällen ist es meistens ein Mann) in der Achtung der Anwesenden sinken läßt.

Die Bedeutung der Frage «warum?» ist in Deutschland ganz klar unterbewertet. Es gibt noch einige andere Worte, die ebenso gefährlich sind.

So kann es ebenso erfolgreich sein, einfach zu fragen, was ein kompliziertes Modewort, das der Experte benutzt, eigentlich bedeutet. Im besten Fall kann er (bei komplizierten Begriffen ist es auch fast immer ein Mann, der ihn verwendet) das Wort entweder nicht erklären, oder es bedeutet etwas ganz Banales. Und wenn nicht das, oder wenn er trotz allem das Wort erklären kann, dann steht er trotzdem als schlechter Pädagoge da, der komische Wörter benutzt, ohne sie zu erläutern. Außerdem ist er ein schlechter Rhetoriker (s. das Kapitel «Wir sind doch alle Siebenjährige»), der auf schwierige Begriffe zurückgreift, um seine Rede zu mystifizieren; und ist er erst einmal auf diese Weise entlarvt, dann ist Ihnen der Sieg sicher.

Mit etwas Glück wird er richtig wütend und ausfällig gegen Sie. Und dann ist er sofort weg vom Fenster, vor allem in den Augen des übrigen Publikums (s. das Kapitel «Pathos und Pathetik»).

Die richtige Traumsituation entsteht manchmal in Podiumsdiskussionen oder im Fernsehen. Da ist es aber auf der anderen Seite auch sehr leicht, Fehler zu machen, wenn man sich nicht an das erinnert, was man gestern gesagt hat.

Wir würden ja alle nur zu gern zu der siegreichen Fraktion und der Mehrheit gehören, vor allem in meiner Heimat, in Schweden. Daher gibt es bei uns im Fernsehen oder auf Podiumsdiskussionen überhaupt keine echten Debatten, weil alle versuchen, derselben Meinung zu sein.

Deshalb geht es in Podiumsdiskussionen und auf der Fernsehcouch gewöhnlich darum, den Abweichler zu mobben. Und es gibt in unserem Land eine kleine Schar ausgezeichneter Redner und Debatteure, die davon leben, sich in solchen Zusammenhängen zum Opfer zu machen.

Wenn Sie Neonazi sind, dann wird man sich verdienterweise auf Sie stürzen, und Sie werden keine Sympathien und keinen Steinbeck-Effekt ernten. Doch auffallend oft hat der Abweichler eine Meinung, die wahrscheinlich von vielen anderen oder einer Mehrheit im Saal oder unter den Fernsehzuschauern geteilt wird. So sind, da ich dies schreibe, alle Leute in den oberen Positionen in Schweden, die in Debatten aufzutreten pflegen, für die EU und die gemeinsame Währung. Die Mehrheit der Schweden ist dagegen. Die Traumsituation in einer solchen Debatte ist natürlich die, gegen die EU und die gemeinsame Währung zu sein. Sie werden auf der Bühne oder auf dem Bildschirm eine Abreibung bekommen. Man wird Sie behandeln wie einen zurückgebliebenen Hinterwäldler. Doch für die Leute im Saal oder vor dem Fernseher sind Sie der Mann. Nicht nur, daß Sie genau das sagen, was die Leute da draußen auch sagen würden, wenn sie dürften, die anderen auf der Bühne sind auch noch unmoralisch und ganz böse zu Ihnen.

Egal, wo sie leben: Heulen Sie nicht mit den Wölfen! Schließen Sie sich nicht der Mehrheit an und gehen Sie nicht auf den Abweichler los. Das ist nicht nur moralisch verwerflich, sondern es ist auch aus rein egoistischen Gründen dumm.

Als Debatteur sollten Sie statt dessen bis zum Äußersten diese Situation ausnutzen oder daran arbeiten, in eine solche hineinzugeraten. Dieselben Drohgebärden, die Sie auf dem

Schulhof zum Mobbingopfer machten, können in den Medien wie der Blitz einschlagen. Dadurch, daß Ihre Ideen in der Debattierrunde in der Minderheit waren, können Sie im Publikum die Mehrheit gewinnen. Schon während der Sendung haben die Zuschauer angerufen. Man liebt Sie. Die Wähler sind zu Ihrer Partei übergelaufen. Sie werden in Zukunft ein ständiger Gast in Talkshows sein.

Versuchen Sie einmal, über die EU, die Gleichstellung zwischen Mann und Frau oder die Kommunalpolitik etwas zu sagen, worüber in der Kaffeepause bei der Arbeit alle gelacht haben, so daß man meinen könnte, die Mehrheit der Menschen denke so. Sie haben aber das Gefühl, daß man in den Medien zufällig gerade der anderen Meinung ist. Wenn Ihre Beisitzer in der Debatte Sie aufgeregt anschreien, daß «man das ja wohl so nicht sagen darf», dann dürfen Sie ganz sicher sein, daß Sie auf dem richtigen Weg sind.

## 18. Rhetorische Figuren

Das hier ist ein langweiliges Kapitel.

Ich bin nicht sicher, ob die Lehre über die rhetorischen «Figuren» irgend jemanden zu einem besseren Redner oder Autor gemacht hat.

Die Figuren, die als Stilmittel wirklich interessant sind, kann man auch anwenden, wenn man die Terminologie nicht beherrscht.

Doch da ich mit diesem Buch auch eine allgemeinbildende Absicht verfolge, und da es eines der Gebiete ist, auf dem die antiken Rhetoriker und ihre modernen Interpreten größtes Interesse erfahren, wäre es falsch, nicht einen kurzen Blick auf das Thema zu werfen, so daß der Leser wenigstens verstehen kann, was die Leute, die sich über solche Sachen auslassen, meinen. Aber die Figuren von wirklichem Interesse werden auch in den anderen Kapiteln behandelt, dort unter dem etwas deutlicheren Begriff «Trick». Der normale Leser kann deshalb guten Gewissens dieses Kapitel überspringen, wenn er möchte.

Mit «Figur» meinten die antiken Autoren die unterschiedlichsten Erzähltechniken und poetischen und stilistischen Tricks. Die antike Kultur war eine mündliche Kultur, in der das, was wir Literatur nennen, ein Nebenprodukt war, mündliche Äußerungen, die zufällig aufgeschrieben und auf diese Weise wortwörtlich überliefert wurden. Somit wurde alle stilistische Analyse der Rhetorik zugerechnet, auch Stilmittel, die in einer schnellen Rede nicht aufgefaßt werden können, sondern nur in nachdenklichem Lesen – ganz abgesehen davon, daß man damals immer laut las, selbst wenn man allein war.

Quintilian und seine Kollegen schlagen heftige Schlachten miteinander darum, was als Figur bezeichnet werden darf, und wie einzelne Figuren genannt oder zu welcher Gruppe sie gerechnet werden sollen, und wo die Grenze zwischen den verschiedenen Figuren und Gruppen von Figuren verläuft. Das ist typisch für die damalige Auffassung von Wissenschaft, die im Geist des Philosophen Platon davon ausging, daß Begriffe und Bezeichnungen ein eigenes Leben jenseits der sichtbaren Wirklichkeit führen. Heute ist ein derartiges Interesse für Begriffe und Etiketten ohne praktische Verbindung hingegen ein sicheres Zeichen für die lebensgefährliche Kombination von hochkarätiger Ausbildung und durchschnittlicher Intelligenz.

Um es noch zusätzlich kompliziert zu machen, gibt es oft sowohl einen lateinischen als auch einen griechischen Begriff für jede Figur. An südeuropäischen Universitäten hat in den letzten Jahren die moderne strukturalistische Literaturtheorie in Kombination mit dem lebendigen Erbe aus Antike und Mittelalter extreme Varianten entstehen lassen. Ein italienisches Rhetorikbuch für den Universitätsgebrauch von 1997 verwendet ungefähr zweihundert seiner dreihundert dicht bedruckten Seiten auf eine Begriffsuntersuchung in diesem Bereich.

Lassen Sie uns die Sache lieber so einfach wie möglich halten.

Eine besondere Gruppe von Figuren sind die *Tropen*.

Mit *Trope* oder *Tropulus* ist das gemeint, was wir ein sprachliches Bild nennen. Hierher gehört der einfache Vergleich, die *Comparatio*, die ja nur eine verkürzte Form des größeren Vergleichs, der *Similitudo*, ist. Jemand kann «stark wie ein Bär» sein oder «häßlich wie die Nacht». Eine etwas poetischere Variante ist die «Metapher», also die Umschreibung, in der nicht ausdrücklich gesagt wird, daß das Wort als Vergleich für etwas anderes steht. Der Regierungschef wird der «treibende Motor der Regierung» genannt, der Mond «die silberne Warze des Himmels» oder die gelbe Hauskatze «unser Goldpuma».

Es muß nicht unbedingt ein Substantiv sein, das gegen ein anderes Substantiv oder eine Zusammenstellung von Substantiven ausgetauscht wird. Es kann genauso gut auch ein Verb oder ein Adjektiv sein. Man kann sagen, daß er «sie aus seinem Gedächtnis ausradierte» oder von einem «glücklichen Zufall» reden.

Eine gute Metapher funktioniert in der Rhetorik ähnlich wie in der Poesie. Sie setzt die Phantasie der Zuhörer in Bewegung, entfernt sie vielleicht sogar ein wenig von dem Ding, für das sie steht oder das sie deutlich machen soll. Auf diese Weise brennt sie sich in die Erinnerung und das kollektive Gedächtnis ein, so wie die etwas seltsame Äußerung des damaligen Oppositionsführers Helmut Kohl, der 1976 vertrat: «Eine gute Politik sieht über den Tellerrand des morgigen Abends …».

Wenn eine Reihe von Metaphern zu einem größeren Bild oder Vergleich zusammengekoppelt werden, in dem jedes Element eine bestimmte Sache bedeutet, dann ist das eine «Allegorie». In gewisser Weise sind sogar die Gleichnisse der Bibel

Allegorien, doch man pflegt das Wort für Fälle zu reservieren, in denen man den Schlüssel zu der Metapher im Text nicht findet.

Ein Spezialfall der Metapher ist die «Metonymie», wo eine oft abstrakte Sache durch eine andere, konkretere oder drastischere ersetzt wird. Man sagt «Weißes Haus» statt «die amerikanische Regierung», «Nadelstreifen» für eine überkommene Art des Managers, oder «einen heben» für das Trinken von Alkohol, und «Warmduscher» oder «Vorwärtseinparker» in Tausenden von Variationen für «Schwächling».

Wenn man als Ersatzwort in der Metapher nur einen Teil der zu symbolisierenden Sache benutzt, dann nennt man das *Synekdoche* oder *Pars pro toto*, einen Teil für das Ganze nehmen. Man sagt «Flügel», wenn man Flugzeug meint, oder «Flinke Finger», wenn von dem ganzen Arbeiter die Rede ist. Oft ist die Auswahl der Teile eine weitere Charakterisierung – «Titte», wenn eine Frau abgewertet werden soll, oder «Arsch» über einen Mann, der sich ungerecht verhält. Man kann aus diesen Beispielen gut erkennen, daß eine blumige Bildsprache eher eine mündliche Angelegenheit ist. Im geschriebenen Wort ist die Bildsprache auch vor allem in mündlichen Genres vertreten, wie im Sportjournalismus, in Schlagertexten oder älteren Gedichten. Sie läßt niedergeschriebene Reden pompös und blöd erscheinen, was in der gesprochenen Form überhaupt nicht der Fall ist. Vergleichen Sie hierzu die schwülstige Allegorie im Schluß von Clintons Rede zur Amtseinführung, die vor Ort so ausgezeichnet funktionierte.

Das sollten Sie als Redner und Vorleser ganz genau durchdenken, vor allem, wenn Sie gut im Erfinden von schlagenden Bildern sind. Ob diese in der Redesituation funktionieren, das merken Sie am Publikum. Aber wenn die Rede dann später gedruckt an noch mehr Leute verteilt werden soll? Wollen Sie wirklich, daß die Menschen die Zeit und die Gelegenheit erhalten, über diese seltsamen Bilder nachzudenken?

Neben den Tropen gibt es etwas, was Quintilian «Gedankenfiguren» nennt.

Die gebräuchlichste Denkfigur ist eine rhetorische Frage, *Interrogatio*, das heißt, eine Frage seitens des Redners, auf die er keine Antwort erwartet. Die kann an eine Person gerichtet sein: «Wie lange wirst du, Catilina, noch unsere Geduld auf die Probe stellen?» oder an das Publikum in seiner Gesamtheit: «Wollt ihr den totalen Krieg?» Oder – getreu der Regel, daß man sich immer auf derselben Höhe befinden und ein Wir-Gefühl schaffen sollte – sowohl an den Redner selbst als auch an die Versammlung: «Sollen wir uns damit abfinden, daß das so ist?»

Eine pädagogische Variante ist *Ratiocinatio*, Fragen, die man selbst beantwortet: «Wie nennt man einen Menschen, der sich so verhält wie unser Landesvorsitzender? Man nennt ihn einen Betrüger!»

Der Frage nahe steht der Ausruf, *Exclamatio*. Man ruft: «Welche Zeiten, welche Sitten!» oder: «Schrecklicher Gedanke!», ein vorsichtig gemurmeltes, «Ja, mein Gott» nach einem ordentlichen Beweis, kann dem Publikum den Eindruck vermitteln, daß man selbst auch überwältigt ist.

*Apostrophe* ist der Anruf einer Person, einer Gruppe oder eines Begriffes. Doch Ausbrüche wie: «O Himmel!» oder «Gutes Vaterland!» gehören kaum mehr zur lebendigen Redekunst. Aber ein übertriebener, eifriger Gebrauch des Vornamens des Mitredners oder Interviewers, wie es vor allem in amerikanischen oder amerikanisierten Medien üblich ist, ist natürlich eine Art Apostrophe. Sie kann Intimität und Freundlichkeit ausdrücken, aber manchmal auch Verachtung: «Können Sie, Hans Eichel, Ihren Wählern in die Augen sehen und sagen, daß Sie, Hans Eichel, den deutschen Arbeitern und Angestellten ihre Villen im Tessin wegnehmen wollen?»

Selbst die *Prosopopoeia*, über die wir schon einige Male gesprochen haben, wird zu den Gedankenfiguren gerechnet. Ebenso die Ironie, das heißt, wenn man eine Sache sagt, aber das Gegenteil meint. Man sagt: «Na, der ist ja nett», wenn sich jemand so richtig schlecht benommen hat, oder «Unsere schlaue Regierung», wenn man findet, daß sie einen völlig wahnsinnigen Beschluß gefaßt hat. Doch Ironie birgt Risiken, denn sie wird oft falsch aufgefaßt und ernst genommen, vor allem, wenn sie raffiniert ausgeformt ist. Wenn Sie als Verteidigung gegen den Vorwurf des Chauvinismus sagen, daß Sie Ihre Frau doch nur einmal in der Woche schlagen, dann werden mindestens 25 Prozent der Leute im Publikum Sie bitter ernst nehmen. Und wenn die Ironie trotz allem wirkt, dann ist sie eine derart scharfe Waffe, daß man sie mit großer Vorsicht anwenden sollte. Um mit Winston Churchill zu sprechen: «Sei ironisch, und du wirst die beste Rede halten, die du je bereut hast.»

Zu den Gedankenfiguren rechnete man in der Antike oft auch die schon einmal erwähnten *Occultatio* oder *Paralipsis*, wie *Exemplum* und *Parabel.* Ebenso Zitate, genaue Personenbeschreibungen (etwas, das in der antiken Literatur ungebräuchlich war), sowie längere Abschweifungen vom Thema. Auch *Aposiopesis* oder *Interruptio*, die praktischen Tricks, so zu tun, als sei man so verärgert, daß man mitten im Satz abbricht und statt dessen etwas anderes aufnimmt. Dazu kommt die *Reprehensio*, wenn man so tut, als habe man sich versprochen und müsse sich dann selbst berichtigen.

Eine weitere Form der Gedankenfigur ist die *Concessio*, also das Eingestehen von Fakten, die einen nichts kosten: «Es wird gesagt, daß unsere Partei die Steuern erhöhen will. Das stimmt.» Die Fortsetzung zeigt jedoch meist, daß man auf irgendeine Weise zurücknimmt, was man gerade eingestanden hat: «Aber nur bestimmte Steuern, die für die Reichsten. Die am schlechtesten Gestellten werden dagegen durch unsere Politik ...». Ein gutes Beispiel aus der Antike ist, wenn Cicero frei heraus zugibt, daß sein Klient Milo schuldig ist, den Mord an Clodius begangen zu haben – das haben wir im Kapitel «Beispiele, Parallelen und Parabeln» schon beschrieben. Man kann natürlich auch sich selbst für etwas anklagen, auf das man eigentlich sehr stolz ist und das man scheinbar nicht zugeben will – einige Proben für diesen Trick habe ich im Kapitel über die *Refutatio* gezeigt.

Auch die «Hyperbel», die bewußte Übertreibung gehört zu den Gedankenfiguren: «Er ist der Napoleon der Zahnärzte!» oder: «Ich bin einfach gestorben, als er das gesagt hat!». Dann die «Litotes», die Untertreibung oder das Understatement: «Das war nicht übel!»

Eine dritte Gruppe bilden die sprachlichen Figuren.

Hierher gehört die «Anapher», wenn man Satz für Satz immer dieselbe Einleitung wiederholt: «Selig sind, die arm im Geist sind, denn ihnen gehört das Himmelreich. Selig sind, die da weinen, denn sie sollen getröstet werden. Selig sind ...». Dieser Trick macht einen feierlichen «rhetorischen» Eindruck, doch das tut seiner Wirkung keinen Abbruch.

Eine weitere sprachliche Figur ist die *Epiphora*, bei der der Schluß der Sätze immer gleich bleibt: «Die Konferenz wurde von Hans Müller eröffnet. Die Festrede wurde von Hans Müller gehalten. Beim Dessert wurde Hans Müller geehrt. Und wie es dann mit den weitergehenden Unternehmungen auf den Zimmern aussah, weiß ich nicht, aber es sollte mich nicht wundern, wenn auch sie von Hans Müller dominiert wurden.» Dieser Trick wirkt in modernen Texten fast immer komisch.

Verwendet man sowohl Anapher als auch *Epiphora*, dann ist das ein Sonderfall der Wiederholung, die *Iteratio*, die Quintilian *Adjectio* nennt und die natürlich in einer großen Zahl verschiedener Formen existiert und benutzt wird, um das, was man sagen will, einzuhämmern und zu unterstreichen. Eine extreme Variante zeigte der Parteiführer der schwedischen Konservativen, Carl Bildt, in einem Interview im Herbst 1997. Er sagte etwas darüber, daß man «weniger Steuern, Steuern, Steuern» brauchte, damit es «mehr Arbeit, Arbeit, Arbeit» gäbe und «weniger Kosten, Kosten, Kosten». Ob das nun wirkungsvolle Rhetorik war, darüber will ich lieber schweigen.

Dann gibt es den «Parallelismus», wo ein bestimmtes Muster in zwei oder mehreren Sätzen wiederholt wird, wie in den genannten Zitaten von Clinton und Churchill. Hierbei stehen die Sätze inhaltlich im Kontrast zueinander. Doch man kann auch gleich geartete Elemente im Satz in Kreuzstellung bringen, dann erhält man einen «Chiasmus»: «Seine Strafe hat der Himmel über uns gesandt. Unsere Stadt ist vom Zorn der Götter getroffen.» Oder: «Groß war der Einsatz, gering war der Gewinn.» Hierher gehört auch der wirkungsvolle Trick des «Aufhäufens» oder des «Aufrechnens», der nur noch effektiver wird, wenn man die Begriffe vermischt: «Die Regierung muß an alle Menschen denken – Arbeiter, Bauern, Angestellte, Gräfinnen und Tierheimleiter!» Dazu gehören die verschiedenen Formen des *Hyperbaton*, der ungewöhnlichen Wortfolge, und des *Oxymoron*, der bewußt unnatürlichen Wortzusammenstellung wie «scheußlich schön» oder «verdammt gut», und eine große Zahl anderer Finessen, die freizulegen und zu katalogisieren sowohl die antiken Quellen, als auch deren unzählige stubengelehrten Deuter ihre Ehre eingesetzt haben.

Doch ein bewußter Gebrauch sehr verzwickter sprachlicher Figuren setzt natürlich ein geschriebenes Manuskript voraus. Das man entweder abliest oder auswendig gelernt hat. Und es ist ein problematisches Unternehmen, wie wir im übernächsten Kapitel noch sehen werden.

## 19. Das Medium und die Botschaft

Eine Rede und die daran zu leistende Arbeit bestehen im Unterschied zu der geschriebenen Literatur nicht nur aus der sprachlichen Ausformung, in der die rhetorischen Figuren die besonderen Bestandteile ausmachen. Und wie wir sehen werden, ist die Verkleidung der Sprache meist in hohem Maße eine Frage der Improvisation.

Im Fernsehen und im Film kann man sich gut weitgehend geprobte Auftritte vorstellen. Dann wird aber aus anderen Gründen der nicht-sprachliche Eindruck stärker. Die Rhetorik ist die Kunst des Augenblicks.

In der Antike teilte man auch in diesem Bereich die rhetorische Arbeit in fünf Hauptteile:

1. *Inventio* – das Suchen nach Argumenten und Beispielen, was wir heute ungefähr Recherche nennen würden. In der Zeit der Antike meinte man, gut durchdachte Regeln und Vorschläge für passende Fakten geben zu können, doch heute in unserer komplizierteren Gesellschaft müssen wir selbst nach Fakten suchen.
2. *Dispositio* – das Ordnen des Stoffes nach ungefähr den Richtlinien, die wir zu Beginn des Buches bereits erläutert haben.
3. *Elocutio* – die sprachliche Ausformung, die vor allem aus den sprachlichen rhetorischen Figuren bestand, aber natürlich auch aus den handfesteren Gedankenfiguren und Debattiertricks, die wir in anderen Kapiteln kennengelernt haben.
4. *Memoria* – das Lernen dessen, was man sich ausgedacht hat, und der Trick, wie man sich wieder daran erinnert.
5. *Pronuntiatio* – das Vortragen mit Stimme und Gesten.

Quintilian zeigt darüber hinaus in seiner Einleitung ein großes Interesse an den pädagogischen Aspekten der Rednerausbildung und schließt mit ausführlichen und recht selbstzufriedenen Spekulationen über die Persönlichkeit des Redners.

In den Zeiten, da das gedruckte Buch in besonderer Gunst stand, geriet ein Teil der Rhetorik, der das Auftreten vor dem Publikum betraf, immer mehr in Vergessenheit, selbst wenn damals der Rhetorikunterricht noch ein wichtiges Fach in der Schule war.

Doch mit dem Aufkommen der neuen Massenmedien wurde dem öffentlichen Auftritt immer größere Aufmerksamkeit geschenkt. Gleichzeitig hat die Wahlmöglichkeit zwischen verschiedenen Medien neue Probleme und Möglichkeiten aufgeworfen. Was gedruckt guten Eindruck macht, kann in mündlicher Form vorgetragen einfach durchfallen. Und umgekehrt. Was im Radio gut geht, ist im Fernsehen oft unmöglich.

Im schlimmsten Fall muß der Redner bei einer Massenveranstaltung reden, die sowohl im Radio als auch im Fernsehen übertragen wird. Oft sogar wird seine Rede hinterher auch noch gedruckt. Und alle drei Publikumsgruppen werden unterschiedlich reagieren. Das hätte sogar Cicero vor Probleme gestellt, wenngleich er solche Publizität wahrscheinlich genossen hätte.

Die klassische Rhetorik legte bei der *Pronuntiatio*, dem Vortrag der Rede, großen Wert auf Ausstrahlung und Gefühlsspiel, was in den beiden etwas vagen Begriffen «Ethos» und «Pathos» ausgedrückt ist. Das sind auch Dinge, die zwar zu allen Zeiten von beachtlicher Bedeutung waren, für die man aber besonders in der Mediengesellschaft wieder einen Blick bekommen hat.

Natürlich ist es nicht möglich, Dinge völlig frei von Argumenten, Wortwahl und Konzept zu diskutieren. Doch wenn unsere Sichtweise bis hierher immer vom Wort selbst bestimmt wurde, dann werden wir uns nun der Situation und den Mitteln zuwenden, die damit einhergehen müssen.

Bisher sind wir im Großen und Ganzen dem antiken Modell gefolgt, und das werden wir auch weiterhin tun, selbst in den Nachrichtenstudios und den Schminkräumen der Fernsehanstalten.

Zunächst müssen wir uns die rein praktischen Vorbereitungen ansehen, *Memoria*, sowie die reine Redesituation Auge in Auge, die *Pronuntiatio*, dann den äußerlichen Auftritt.

Dann untersuchen wir, was in den jeweiligen Medien gilt, welche klassischen Tricks dort passen und welche neuen hinzukommen.

Abschließend werden wir über Ethos und Pathos sprechen und das, was wir heute «Image» nennen.

Generell kann man sagen, daß es ebenso wichtig ist, gut vorbereitet zu sein, wie es ein Vorteil ist, gerade nicht so zu wirken. Man sollte hart und bewußt daran arbeiten, die richtige Spontaneität zu erzeugen.

## 20. «Ich bin zwar völlig unvorbereitet ...»

Eine mündliche Ausführung sollte im Prinzip frei vorgetragen sein.

So weit man es nur irgend vermeiden kann, sollte man nicht aus einem geschriebenen Manuskript vorlesen. Aber natürlich kennt diese Regel viele Ausnahmen.

Einen bildenden Vortrag oder eine Werbepassage im Radio kann man natürlich ablesen, ebenso wie das Nachrichtentelegramm oder den Verkehrsfunk. Im Fernsehen lesen oft sowohl Nachrichtensprecher als auch Politiker vom Teleprompter ab, was uns glauben läßt, sie könnten das alles auswendig, während sie uns mit diesem leeren Leseblick in die Augen starren. Ein gut formulierter akademischer Vortrag zu einem wissenschaftlichen Thema kann natürlich genauso gut wie ein Kapitel aus einem Roman vom Podium aus laut vorgelesen werden.

Doch das sind alles Sonderfälle, zu denen es noch unzählige Modifikationen gibt. Eine Radiosendung wird lebendiger, wenn man frisch von der Leber weg redet oder zumindest den Eindruck erwecken kann, als sei das so. Politiker, die im Fernseher etwas freier reden, oder zumindest diesen Eindruck erwecken können, gewinnen mehr Herzen und Stimmen. Die akademischen Vorlesungen, die sich zum Vorlesen eignen, könnten ja auch in gedruckter Form oder als Aufnahme erscheinen, so daß der Professor die Unterrichtszeit auf sinnvollere Direktkommunikation verwenden kann. Der Grund dafür, daß es immer noch Vorlesungen gibt, ist historisch und sentimental. Im Mittelalter, als ein Buch so viel kostete wie eine kleinere Immobilie, war das Vorlesen in dieser Form die einzige Möglichkeit, Wissen großflächig zu verbreiten. Die Studenten schrieben die langsam heruntergeleierten Worte des Professors mit, ganz gleich, ob dieser ablas oder improvisierte, und dann gingen sie nach Hause und lasen das Buch, das sie auf diese Weise geschaffen hatten, sich selbst oder anderen laut vor, die es dann ihrerseits abschrieben. Doch mit den Taschenbüchern und Kopiertechniken ist das heute nicht mehr nötig.

Bleibt noch die literarische Lesung. Man kann sich tatsächlich gegenseitig Romane vorlesen. Das war bis vor kurzem die gebräuchliche Art, Literatur zu konsumieren. Und seinen Kindern laut vorzulesen ist ein Genuß für alle Beteiligten und darüber hinaus die vielleicht beste Hilfe in Sachen Lernen und Zukunft, die man ihnen geben kann. Aber das steht auf einem anderen Blatt.

Die Menschen, die immer noch gezwungen sind, vom Manuskript abzulesen, sind oftmals Politiker in verantwortlicher Position, die jedes öffentlich gesprochene Wort auf die Goldwaage legen müssen. Oft haben sie deshalb auch Redenschreiber, die für sie die Arbeit tun. Oder es ist ein König oder ein anderer Mensch, der weit über seine intellektuellen Kapazitäten hinaus Macht geerbt habt und deshalb darauf angewiesen ist, andere sich ausdenken zu lassen, was er sagen soll. Doch solchen Reden zu lauschen, ist selten ein Genuß, und in den meisten Fällen könnten sie auch durch ein ausgeteiltes Papier ersetzt werden.

Vielleicht liegt das auch daran, daß das Ablesen vom Manuskript zu den aussterbenden Künsten gehört. Manchmal hört man ältere Professoren, die noch unterhaltend «lesend erzählen» können. Doch das ist die Ausnahme.

Am schwierigsten ist es im Fernsehen, wo man so nahe am Zuschauer ist, daß man gezwungen ist, immer wieder längere

Zeit aufzusehen und irgendeine Art Blickkontakt mit dem roten Lämpchen über dem Kameraauge herzustellen. Der Trick, wenn man im Fernsehen oder Auge in Auge mit dem Publikum vom Papier ablesen muß, ist, auf jeden Fall am Ende eines jeden Absatzes aufzusehen. Das heißt, man schaut aufs Papier und liest eine Weile vom Beginn des Abschnittes ab, macht eine Pause und prägt sich die Schlußsätze des Absatzes ein, sieht hoch und sagt sie, woraufhin man wieder herunterschaut und anfängt, den ersten Satz des nächsten Stückes zu lesen, und so weiter. Auf diese Weise verzettelt man sich nicht.

Aber richtig gut wird es nie.

Eine gebräuchliche Alternative in der Antike war, seine Rede aufzuschreiben, den ganzen Text auswendig zu lernen und ihn vorzutragen, ohne stecken zu bleiben. Den modernen Menschen erscheint das wie eine fast unmenschliche Herausforderung. Doch man darf nicht vergessen, daß getreu dem Prinzip des Lysias das Publikum eigentlich nicht im Detail weiß, was es gehört hat. Es muß dennoch viel Improvisation dabei gewesen sein, so wie es wahrscheinlich auch im Theater früherer Zeit war. Die Forschung auf diesem Gebiet hat, selbst wenn sie kaum in unsere Lehrbücher vorgedrungen ist, den Glauben an die «mündliche Tradition», in der irgendwelche Fakire des Geistes die ganze Ilias und die Odyssee bewahrt haben, indem sie den Text auswendig lernten, längst aufgegeben.

Und die antiken Reden, die uns überliefert sind, müssen nicht die Manuskripte sein, die vor dem Auftritt erstellt wurden. Zumindest Cicero war auf diesem Gebiet, wie auch auf allen anderen Gebieten, ein vollendeter Manipulator. Die langen, wohlkonstruierten Reden, die wir von ihm besitzen, mit ihren endlosen, komplizierten Sätzen, den verzwickten sprachlichen Figuren und einer verblüffenden Voraussicht in vielen Fragen, sind sicher im Nachhinein zur Verbreitung unter Kollegen bearbeitet und verschönert worden. Der Senat in der Catilina-Krise oder die Richter beim Caelius-Fall wurden sicher mit einer sprachlich einfacheren Version konfrontiert. Im Milo-Fall wissen wir sogar, daß es so war.

Die damaligen Rhetorikschulen hatten verschiedene Methoden ausgearbeitet, um das Gedächtnis zum Behalten von Reden zu üben. Die praktischsten lehrten dabei, daß man sich seine Rede in Bildform vorstellte, zum Beispiel wie ein Haus, in dem die verschiedenen Argumente und Beispiele durch Dinge und Personen dargestellt wurden. Das *Exordium* war die Diele, das Atrium des Hauses die *Narratio* und so weiter.

Dadurch konnte man Dinge, die einen daran erinnern sollten, was man an welchen Stellen erwähnen wollte, als Gegenstände einsetzen. Oder Symbole für die verschiedenen Formulierungen, die man vorbereitet hatte – ein Herz, um an eine saftige Liebesgeschichte zu erinnern, ein Messer für eine Mordwaffe und so weiter. Personen, die mit der Sache zu tun haben, konnten auch in verschiedenen Räumen untergebracht werden, je nachdem, in welchem Teil der Rede sie abgerufen werden sollten. Natürlich ging es bei dieser Methode nicht um eine exakte Wiedergabe, sondern eher um eine Art Spickzettel. Dieser war aber in der Anwendung natürlich etwas unsicherer.

Deshalb erfand die Neuzeit, als das Papier billig geworden war, den Spickzettel, von dem man ablesen konnte. Wenn ein Spickzettel aus irgendwelchen Gründen nicht möglich ist, dann gibt es über die antike Methode hinaus eine Reihe Kniffe, die von Stand-up-Comedians und anderen, die ohne Manuskript vor größerem Publikum sprechen, angewandt werden. Man kann die Erinnerung an Beispiele und Formulierungen an seine Hände knüpfen, zum Beispiel an die verschiedenen Glieder, so daß man sie «sieht», wenn man auf seine Hand schaut. Die Redewendung «Das kann man sich an seinen fünf Fingern abzählen» weist auf diese Technik des Erinnerns hin. Man kann kleine Zeichen in Zigaretten, Zeigestock oder Bleistift geritzt haben – was immer das Ganze leichter macht, damit man nicht da steht und mit wachsender Angst, den Faden zu verlieren, eine auswendig gelernte Lektion herunterrasselt. Sogar von geübten Schauspielern klingen lange, Wort für Wort eingelernte Prosamonologe oft nicht gut.

Als ideale Form bleibt der Spickzettel. Eine Reihe von Punkten oder Schlüsselworten auf einem oder mehreren Papieren, in die Sie eintauchen und sehen können, wo Sie sind und wohin Sie unterwegs sind. Oft ist es sogar so, daß Sie gar nicht nachsehen müssen. Doch als Sicherheitsfaktor ist der Spickzettel unbezahlbar.

Wie detailliert und umfassend er sein muß, ob er auch die Prachtformulierungen enthalten soll, die Sie auf jeden Fall dabei haben wollen, oder ob er in Unterabteilungen mit Ziffern oder Buchstaben eingeteilt sein soll, müssen Sie ausprobieren und es dann so machen, wie es für Sie am besten ist. Wie auch immer werden sie alle Vorteile der freien Rede haben, was Intimität, Natürlichkeit und Anpassungsmöglichkeiten angeht. Und gleichzeitig das Gefühl der Sicherheit, das ein Manuskript mit sich bringt. Verglichen mit der geschriebenen Rede ist die Vorbereitungszeit viel kürzer. Nicht nur, daß sie nicht dasitzen und das Ganze in funktionierender Schriftsprache aufschreiben, was Menschen, die ein Talent für die mündliche Kommunikation haben, sehr schwer fallen kann; Sie müssen auch nicht üben, es natürlich vorzutragen.

Wenn Sie mit einem Spickzettel arbeiten, anstatt vorzulesen oder auswendig Gelerntes herunterzuleiern, dann wird auch nie das für Leser ohne entsprechende Praxis schreckliche Problem entstehen, daß Sie zu schnell sind. Sie werden unausweichlich mit dem Publikum reden und nicht für sich selbst und es überdies noch in Ihrem eigenen natürlichen Redetempo tun. Das Tempo ist dann nie verkehrt – wenn es auch immer gut tut, vor allem in größeren Räumen und mit Mikrofon, etwas langsamer, deutlicher und mit mehr Pausen zu sprechen.

Haben Sie einen Spickzettel, dann müssen Sie mit etwas Übung auch nicht mehr abmessen, wie viel Zeit Ihr Vortrag in Anspruch nimmt. Ein guter Spickzettel ist wie eine Ziehharmonika, die man je nach Lage ausziehen oder zusammendrücken kann. Man kann Reservepunkte und mögliche Ausweitungen einbauen. Mit meinem eigenen Lieblingsvortrag in Literaturgeschichte bin ich viel gereist, und er hat, je nach den Wünschen des Veranstalters, zwischen acht Minuten und zwei Stunden gedauert.

Es ist dennoch nie verkehrt, ab und zu auf die Uhr zu sehen, damit Sie die Zeit nicht überziehen, und den Stoff so anpassen können, daß Sie zur vorgesehenen Zeit fertig sind. Das kann auch gern ganz demonstrativ geschehen, vielleicht mit einem kleinen Ausruf: «Meine Güte, und ich bin noch nicht mal beim eigentlichen Thema angelangt!»

Wenn der Redner auf die Uhr sieht und damit andeutet, daß er es eilig hat, und daß er eigentlich noch unendlich mehr zu erzählen hätte, dann steigert das nur die Spannung und macht einen rücksichtsvollen und engagierten Eindruck. Nur wenn das Publikum auf die Uhr sieht, dann ist etwas nicht in Ordnung.

Es wird Ihnen auch keine Probleme machen, mit einem Spickzettel graziös umzugehen. Wie ich schon gesagt habe, wird es das Publikum eher auf die Stuhlkante treiben und Spannung erzeugen, wenn Sie etwas mit ihren Zetteln herumfummeln. Es ist auch nicht verboten, eine kurze Pause zu machen und nachdenklich auf seinen Zettel zu schauen. Das kann auch dazu benutzt werden, dem eben Gesagten Nachdruck zu geben oder ein wenig Spannung zu erzeugen. Ein stilles «Was um Himmels Willen habe ich denn damit gemeint?» in einer Pause gemurmelt, während man seine Papiere konsultiert, kann sowohl die Stimmung auflockern, als auch die Aufmerksamkeit schärfen. Das gilt jedoch nicht für eine eher stimmungsvolle *Peroratio*, in der man eine vollständige Kontrolle über die Situation haben sollte.

Es gibt, ganz gleich welchen Eindruck man zu Beginn erzeugt, überhaupt keine Entschuldigung dafür, schlecht vorbereitet zu sein. Es hat nichts mit der Leichtigkeit, die wir erzeugen wollen, zu tun, daß man die Sache nicht gründlich durchdacht oder durchgelesen hat. Die Phrase «Ich bin zwar völlig unvorbereitet» ist im Unterschied zu «Ich bin gar kein großer Redner» schon in seinem Grundgedanken unmöglich.

Wenn man unerwarteterweise dennoch frei von der Leber weg reden muß, dann ist es natürlich vor allem wichtig, die These zu kennen, die zu vertreten man sich erhoben hat, und sich dann daran zu halten. Es geschieht erstaunlich oft während Debatten und Fragestunden, wenn ein unvorbereiteter Redner sich nach längeren Ausführungen gesetzt hat, daß sich der Banknachbar einem zuwendet und flüstert «Äh, haben Sie verstanden, was der sagen wollte?»

Ebenso sollte man auch bei Reden frei von der Leber weg, zu denen man plötzlich verpflichtet worden ist, wenigstens über den Schluß, die *Peroratio*, nachgedacht haben. Dabei sollte man, vor allem, wenn man ein wenig ungeübt ist, darauf achten, daß man wirklich auf den Punkt kommt. Eine andere seltsame Erscheinung, die ich schon in vielen Debatten bemerkt habe, ist, daß die ungeübtesten Redner zwar den Eindruck machen, als würden sie auf der Stelle sterben, wenn sie etwas öffentlich sagen müßten, dann aber doch immer zu lange reden. Wenn sie es geschafft haben, auf das Podium zu klettern und merken, daß sie keineswegs sterben, dann macht ihnen diese Entdeckung eine solche Freude, daß sie immer nur reden und reden, ohne aufhören zu wollen – und ein schreckliches Sammelsurium von sich geben, daß sie und ihre Sache genau so lächerlich macht, wie sie befürchtet haben.

Man kann sich, vor allem, wenn man improvisiert, kaum kurz genug fassen. Die Zeit vergeht auf dem Podium viel schneller als im Saal, zumal unsere Toleranz für lange Ausführungen in der Mediengesellschaft immer kleiner wird. Hören Sie pünktlich auf!

Und am besten noch vorher.

## 21. Das Prinzip Lysias

Die reinste rhetorische Situation ist und bleibt die Rede Auge in Auge mit einem lebendigen Publikum. Die grundlegenden Regeln gehen aus einer berühmten Anekdote über Lysias (ca. 445–380 v. Chr.) hervor, den lesenswertesten der athenischen Redner.

Lysias war Einwanderer in Athen und durfte deshalb nicht selbst vor Gericht auftreten. Statt dessen verfaßte er gegen Bezahlung Reden für andere vor Gericht, die die Rede dann auswendig lernen und sie – wie bereits erwähnt – vor dem Volksgericht vortragen mußten. Sie gewannen so gut wie alle Prozesse. Lysias ist, wie wir in der Einleitung schon sagten, für seine Einfachheit berühmt und für seine geniale Fähigkeit, so zu klingen, wie es der Klient, für den er gerade der Ghostwriter war, getan hätte, wenn er etwas klüger und in seinem Prozeß wirklich im Recht wäre.

Nur ein einziges Mal wird von einem unzufriedenen Kunden berichtet. Nachdem dieser das Ganze auswendig gelernt hatte, kam er zu Lysias und klagte: «Eure Rede hat mir wunderbar gefallen, und sie hat mich auch überzeugt, als ich sie das erste Mal las. Doch beim zweiten Mal gefiel sie mir nicht mehr so gut, beim dritten noch schlechter, und jetzt finde ich überhaupt nicht mehr, daß es eine gute Verteidigungsrede ist, sondern nur eine Menge Drumherumgerede!»

«Sie haben vergessen», antwortete Lysias, «daß die Richter sie nur einmal hören werden!»

Das ist eine Grundregel, die man immer im Gedächtnis behalten muß, sowohl wenn wir uns wirklich in der Lysias-Situation befinden, als auch wenn wir Gefahr laufen, mehrmals gehört oder gelesen zu werden.

Lord Macaulay pflegte diese Geschichte im 19. Jahrhundert zu berichten, um die rhetorische Situation im englischen Unterhaus zu verdeutlichen. So ist auch Ciceros Rede für Caelius, obwohl sie wahrscheinlich im Nachhinein sprachlich überarbeitet worden ist, ein gutes Beispiel für dieses Prinzip. Niedergeschrieben ist die Argumentation wirklich nicht beeindruckend, vor allem, wenn man sie mehrere Male durchgelesen hat. Hört man sie aber einmal vorgetragen oder analysiert man sie im Hinblick auf den rhetorischen Aufbau und die auf das Gefühl zielenden Tricks, dann ist der Text ein Meisterstück. Das Schlußplädoyer im Fall um O.J. Simpson, das ich auf Video aufgenommen habe, war blendend, wenn man es direkt sah oder hörte, doch bei näherem Hinsehen ist man von der Argumentation direkt peinlich berührt. Doch Johnnie Cochrane erreichte einen Freispruch für seinen Klienten, und das gegen einen DNA-Beweis!

Um wirklich reine Redekunst zu verstehen, die in geschriebener Form überliefert ist, müssen wir sie immer laut vorlesen und die ganze Zeit daran denken, daß sie für den Moment gedacht ist, eine Eintagsfliege.

Deshalb kann man sowohl in der Antike als auch in Ihren auf der Eigentümerversammlung vorgetragenen Ausführungen über die Notwendigkeit, eine neue Reinigungsfirma für das Treppenhaus zu engagieren, auf die Wiederholung von Argumenten zurückgreifen, die in einer geschriebenen Weise unpassend oder lächerlich wären. Die Absicht hierbei ist natürlich immer, die Argumente einsickern zu lassen.

Unlogische Verbindungen, unvollständige Sätze und dergleichen sind üblich und sollen es auch ruhig sein, so lange sie funktionieren.

Witze, die in einer aufgeschriebenen oder wiederholten Form überhaupt nicht funktionieren würden, sind, aus dem Moment geboren, oft sehr lustig.

Versprecher, absichtliche oder echte, kann man häufig für eine spontane oder scheinbar spontane Weise, komisch zu wirken, einsetzen. Cicero passiert es «aus Versehen», daß er in der Rede für Caelius den Bruder von Clodia ihren Mann nennt, um damit anzudeuten, daß die Geschwister Inzest begangen hätten, worauf er sich mit dem Satz verbessert: «Ach, immer sage ich das falsch» und weiter macht. Das sieht im Text geschmacklos und platt aus, doch offenkundig funktionierte es gut genug, so daß er es in die geschriebene, öffentlich verbreitete Version mit hineinnahm.

Die Figur, mit der man sich auf diese raffinierte Weise retten kann, ist einer jener Tricks, bei denen man eine Sache behauptet und es doch wieder nicht getan hat. Wir haben im Zusammenhang mit der *Reprehensio* schon darüber gesprochen. Auch Winston Churchill war ein Meister darin, dieses Prinzip auszunutzen.

In der höheren Rhetorik funktioniert also diese idiotische Tratschtantentaktik «Ich sage nichts, dann habe ich nichts gesagt» ausgezeichnet. Auch wenn man es ehrlich meint, ist es gar nicht schlimm, etwas Falsches zu sagen und sich dann zu berichtigen. Das geht oft viel besser, als man selbst gedacht hat.

Mir ist es einmal passiert, daß ich in einem literarischen Vortrag vor einer Seniorengruppe einen ärgerlichen Versprecher gemacht habe. Doch nicht genug, ich hörte mich hinterher auch noch sagen: «Entschuldigen Sie bitte, aber ich bin so furchtbar senil!»

Ich war sicher, die Sache jetzt noch schlimmer gemacht und meine Zuhörer verunglimpft zu haben. Doch alle nahmen es als einen bewußten Scherz auf, den ich mir in der Situation blitzschnell ausgedacht hatte, und lachten fröhlich und lange. Möglicherweise war mein Unterbewußtsein einfach schneller als ich.

Das spontan Gefundene muß also weder besonders flott noch gut passend sein. Das Publikum mag es, wenn man sich einer Situation anpaßt und irgend etwas Schlagfertiges sagt. Mit der richtigen Pause wirkt das besser als die noch so gut vorbereitete Schlaumeierei.

Was meinte die Vorsitzende der Linkspartei, Gudrun Schyman, als sie während des Parteikongresses 1997 auf dem Podium stolperte und dann unter dem Jubel des Publikums etwas darüber sagte, daß «Frauen straucheln, aber nicht fallen»? Das bezog sich wahrscheinlich auf ihre früheren Fehltritte und ihre Weise sie aus der Welt zu schaffen. Aber wie? Sind «gefallene» Frauen etwas, worauf die Linkspartei herab sieht? Oder meinte sie ihr eigenes Unvermögen bei anderen Gelegenheiten, gerade zu stehen? Fallen Männer schneller um? Oder was? Das Publikum nahm es auf jeden Fall mit Vergnügen auf.

Auf der anderen Seite weiß jeder, der einmal Lehrer oder Vortragender war, daß man niemals voraussetzen kann, daß die Leute das, was man gesagt hat, begriffen haben, wie groß der Beifall zu der eigenen Argumentation auch gewesen sein mag, und wie nett es auch alle im Unterricht fanden. Man weiß, daß man nie glauben soll, was nach der Behauptung der Schüler ein Kollege gesagt haben soll. Auch die eigenen Äußerungen wandern in der verblüffendsten Weise herum. Und auf der Grundlage der eigenen Vorlesungen entstandene Essays zu korrigieren, kann ein wirkliches Erlebnis sein.

Eine der ernsthafteren Aufgaben für den Rhetoriker ist somit, Methoden zu finden, dieselbe Sichtweise auf unterschiedliche Arten darzustellen, so daß das Publikum, ohne müde zu werden, es am Ende dann doch kapiert. Daher wahrscheinlich die vielen Parabeln mit immer gleichem Inhalt, die Jesus in seinen Reden aufeinander folgen läßt.

Wir werden im nächsten Kapitel noch einmal auf das Problem zurückkommen.

Die meisten rhetorischen Kniffe sind also solche, die eben diese Situation ausnutzen, die die Gefühle ansprechen, während der geschriebene Text meist den Intellekt anspricht. Man hört oft, daß das Fernsehen eben deswegen verurteilt wird. Seine Rhetorik beginnt und endet im Bereich des Magens.

Als ob das etwas Neues wäre.

Das ist ganz genauso wie auf dem Markt in Athen zur Zeit des Lysias.

## 22. Wir sind alle Siebenjährige

Der nationalsozialistische Propagandaminister Joseph Goebbels formulierte zu seiner Zeit ein anderes wichtiges rhetorisches Prinzip: Um erfolgreich zu sein und eine Chance zu haben durchzudringen, müsse sich die Propaganda an den am wenigsten intelligenten und informierten in der Versammlung wenden. Wenn man den erreichen könne, dann werde man auch alle anderen gewinnen.

Man kann das auch so ausdrücken, daß, wenn eine Masse wie ein Individuum mit einer Art eigenem Bewußtsein auftritt, dieses Bewußtsein dann auf dem niedrigsten gemeinsamen intellektuellen Niveau liegen wird. Der kleinste gemeinsame Nenner, sozusagen.

Klingt das zynisch?

Das ist es auch. Doch sicherlich haben nicht nur Goebbels und die Nazis ihre Propaganda dieser Regel angepaßt. Im amerikanischen Werbejargon spricht man von «the seven year old mind», dem Verstand des Siebenjährigen, an dem sich jede erfolgreiche Werbebotschaft orientieren muß, um den nötigen Effekt zu haben. Der schwedische Musikverleger Stickan Andersson, der Gründer von ABBA, drückte den Sachverhalt noch brutaler aus: «Die Leute sind nicht so dumm wie man denkt. Sie sind noch dümmer.»

Jeder, der etwas Wichtiges zu sagen hat, muß auf dieses erste Gesetz der Massenkommunikation Rücksicht nehmen. In gewisser Weise haben wir bereits im vorigen Kapitel darüber gesprochen. Was Sie auch immer glauben mögen, es versteht nicht einmal ein Publikum aus Professoren mehr als einen kleinen Teil von dem, was Sie sagen. Es ist fast unmöglich, das Auffassungsvermögen von Menschen zu unterschätzen.

Hier hat der Verbrecher Goebbels Recht.

Doch die Folge daraus muß nicht inhuman oder undemokratisch sein.

Wenn die Leute nicht verstehen, was Sie sagen, dann ist das Ihr Fehler. Nicht der Fehler der Leute. Wenn Sie etwas Wichtiges zu sagen haben, dann ist es Ihre verdammte Schuldigkeit, es so zu sagen, daß die Leute es verstehen.

Sogar ein guter Demokrat versucht, die breiteren Massen für seine Sache zu gewinnen.

Wenn man kritisch ist, was das Erfassungsvermögen der Massen angeht, dann heißt das nicht, daß man jeden Menschen in seiner Fähigkeit zu denken herabwürdigt. Sind Sie sicher, daß Sie alles verstehen, was der Elektriker bei Ihnen macht, wenn er eine Parabolantenne anbringt?

Es ist typisch für ungeübte und schlechte Redner, die Fähigkeiten der Zuhörer in dem Bereich, über den zu berichten man gekommen ist, zu überschätzen. Es sind immer Menschen mit einer schlechten Allgemeinbildung, die solche Fachidioten werden, daß sie glauben, alle Welt sei ebenso engagiert und interessiert an der kleinen Tätigkeit, die ihr eigenes Leben erfüllt, wie sie selbst. Und da gibt es keinen Unterschied zwischen dem Rohrreiniger, dem Elektriker oder der Dozentin in Frauenwissenschaften.

Es gibt, darauf werden wir noch kommen, einige wenige Fälle, in denen es direkt lohnend ist, unverständlich zu sein, aber das betrifft immer Menschen, die nichts zu sagen haben oder jedenfalls nichts Wichtiges.

Im Normalfall ist es Ihre Aufgabe, und die kann Ihnen kein anderer abnehmen, so witzig und spannend, so anrührend und aufwühlend zu sein, daß das Publikum zuhört. Sie sind derjenige, der ihnen begreiflich machen muß, daß ihr Wohl und Wehe davon abhängt, daß sie gut zuhören. Es ist Ihre Aufgabe, so verständlich zu sein, daß Sie, ganz unabhängig davon, welche Voraussetzungen das Publikum mitbringt, verstanden werden. Was fremde Arbeitsgebiete und Tätigkeiten angeht, sind wir alle Siebenjährige.

Und die Fremdwörter, braucht man die eigentlich zu etwas anderem, als seine eigene Gelehrtheit zu beweisen? Warum sagen Sie «der narrative Diskurs», wenn Sie doch «die Erzählung» meinen? Warum sprechen Sie von «schülerbezogenen Ressourcenverlegungen», wenn Sie einfach nur sagen wollen, daß Sie bei Schulbüchern und Schulessen sparen wollen? Schöne Worte können natürlich, wie in diesem Fall, benutzt werden, um die Wirklichkeit zu verbergen. Doch diese Methode ist nur selten sinnvoll. Es wäre das Einfachste, ganz über die Sache zu schweigen. Außerdem haben die Leute eine erstaunliche Fähigkeit, genau das aufzufassen, was Sie verhindern wollen, und das Risiko ist ziemlich groß, daß es irgendeinen gemeinen Kerl im Saal gibt, der aufsteht und die schicken Floskeln in Klartext übersetzt.

Die pädagogische Aufgabe, zu vereinfachen und zu erklären, ist nicht zwangsläufig Freund der bösen Mächte. Ein idiotischer politischer Vorschlag kann, wird er so vorgetragen, daß man ihn verstehen kann, genauso idiotisch dastehen, wie er ist – wie in dem Fall «Ressourcenverlegung». Das Problem dabei ist natürlich, daß ein idiotischer Vorschlag, der den Massen gefällt, sich in vereinfachter Form noch besser verbreiten läßt.

Doch in der Mehrheit der Fälle ist es auch für den Experten gut, wenn er seine Einsichten einfach formuliert. Man lernt ungeheuer viel, wenn man versucht, sich so ausdrücken, daß nicht eingeweihte Zuhörer einen verstehen. Kein Gebiet außer der theoretischen Physik ist so verstiegen, daß es sich nicht mit den einfachsten Worten für Siebenjährige erklären ließe. Auf diese Weise wird auch Ihr Denken und Ihre Theorie selbst klarer.

Müssen Sie wirklich auf Platon hinweisen, damit wir verstehen, was Sie meinen? In dem Fall müssen Sie dann auch (wie ich es getan habe, als er in diesem Buch zur Sprache kam) erklären, wer er war.

Wenn man ein guter Pädagoge ist, dann sollte man niemals davon ausgehen, daß ein Name bekannt ist. Ganz egal, ob es um den Sieger im «Big Brother» geht, oder um den Autor des Romans «1984». Manche Redner oder Autoren beherrschen die große Kunst, dem Leser oder dem Zuhörer das Gefühl zu geben, daß er das alles schon wußte, obwohl man ihn in Wirklichkeit diskret mit Informationen versorgt hat.

Ebenso arrogant ist es, unentwegt von Philosophen und Schriftstellern zu reden, die die Zuhörer kaum gelesen haben werden, selbst wenn Sie es selbst tatsächlich getan haben. Und man spricht auch nicht von «Göran» oder «Calle», wenn man Politiker oder andere Personen des öffentlichen Lebens meint, selbst wenn man sie so gut kennt, daß man meint, das Recht zu haben, sie mit Vornamen anzusprechen.

Dann wiederum kann es ebenso gefährlich sein, das Publikum zu unterschätzen, wie es zu überschätzen.

Die Leute verstehen nicht einmal die Hälfte von dem, was Sie sagen. Und sie vergessen gleich wieder, was Sie gesagt haben. Aber gleichzeitig verstehen sie doch ziemlich oft, was Sie sagen wollen. Worauf Sie hinaus wollen. Manchmal wissen sie das sogar besser als Sie selbst. Man sollte davon ausgehen, daß die Leute einen nicht verstehen, aber man darf sich nicht darauf verlassen. Das Publikum wird es Ihnen niemals verzeihen, wenn es merkt, daß Sie glauben, es reinlegen zu können. Das heißt, man sollte wie in allen Lebenslagen davon ausgehen, daß der Empfänger der Botschaft ein Idiot ist. Aber man darf ihn das unter gar keinen Umständen merken lassen.

Mindestens ebenso schlimm wie unverständlich zu sein ist es, wenn man herablassend, therapeutisch oder pädagogisch auftritt. «Die reden so freundlich mit einem, als wäre man ein Idiot», sagt ein aus dem Heim entflohener Rentner in Hasse Alfredsons Monolog. Nicht nur Kinder und alte Menschen hassen das.

Richtige Siebenjährige sind übrigens das am meisten fordernde Publikum, dem man begegnen kann. Die haben den Mut zu verlangen, daß Sie erklären, was Sie meinen. Die sitzen, wenn Sie langweilig sind, nicht artig da und warten darauf, daß Sie fertig sind. Die stellen alles auf eine Weise in Frage, wie es ein erwachsenes Publikum, zumindest in Schweden, nie tut.

Und sie verachten Erwachsene, die sich auf ihr Niveau herablassen.

Die «seven year old minds» anzusprechen, ist eine intellektuelle Herausforderung, die bedeutend mehr Hirnkapazität erfordert, als gebildetere Auditorien nicht zu langweilen.

In guten wie in bösen Zusammenhängen müssen Sie so einfach werden, wie Sie es bislang jedenfalls gar nicht für möglich gehalten haben. Auf jeden Fall wird es Sie ziemlich klug machen, das zu versuchen.

## 23. Lincolns glänzendes Fiasko

Die Frage, wie man die Tendenz des Publikums zu vergessen, Dinge falsch zu verstehen oder nicht zu begreifen, überwindet oder aber ausnutzt, ist heute oft noch komplizierter zu beantworten, als sie es zu der Zeit des Lysias oder des Cicero war.

Von der Schriftkunst bis zum Tonband und dem Video haben zahlreiche Erfindungen das Publikum des Redners größer gemacht als das im Moment anwesende. Und das zur Freude und zum Leidwesen von Pädagogen und Demagogen. Selbst wenn die Zuhörer nicht mitschreiben oder aufnehmen, was wir sagen, ist es etwas anderes, über das Radio oder durch das Fernsehen zu den Leuten zu reden als die Rede Auge in Auge.

Wir müssen auch über mögliche Grenzfälle nachdenken und uns immer die Frage stellen: An oder gegen wen richten wir uns eigentlich?

Ich habe schon ein paar Mal die glänzende Rede von Abraham Lincoln in Gettysburg zitiert. An diesem Punkt pflege ich immer hinzuzufügen, daß diese Rede, als Lincoln sie hielt, eigentlich ein Fiasko war.

Am 18. November 1863 sollte auf dem Schlachtfeld, wo die Armee der Nordstaaten ein halbes Jahr zuvor den Truppen der

Südstaaten in der blutigsten Schlacht, die die Welt vor der Zeit des ersten Weltkrieges gesehen hatte, Einhalt geboten hatte, eine Feierstunde abgehalten werden. Ein Wendepunkt im Krieg um den Fortbestand der USA, die Ausbreitung der Demokratie und die Abschaffung der Sklaverei. Der Hauptredner des Tages war Edward Everett, Politiker, Professor für Griechisch und Rektor der Harvard-Universität.

Everett hatte eine Stunde und 57 Minuten geredet, dann stand Lincoln auf und sprach ungefähr drei Minuten. Die meisten Zuhörer merkten gar nicht richtig, daß der Präsident schon angefangen hatte, und noch ehe sie sich eingehört hatten, war er auch schon fertig. Es gibt kein Foto davon, weil man es nicht schaffte, so schnell die Apparaturen aufzubauen. Der Applaus war mäßig.

Die, die trotzdem hören konnten, was er sagte, vor allem die Journalisten, die in der Nähe des Podiums standen, waren sehr unzufrieden. «Die Wangen eines jeden Amerikaners müssen vor Scham erröten, wenn er die dummen, platten, wäßrigen Äußerungen eines Mannes, den wir vor intelligenten Ausländern als unseren Präsidenten vorzeigen müssen, liest!», meinte die *Chicago Times*.

Doch Lincoln wußte ganz genau was er tat. Ein Mann, der seine ganze Stellung mit Hilfe des gesprochenen Wortes gewonnen hatte, zunächst als Anwalt in der Prärie, dann als sowohl idealistischer als auch raffinierter Volksredner, konnte die Lage gut einschätzen.

Das Publikum vor Ort spielte keine Rolle. Die waren wahrscheinlich schon zuvor von der Sache der Union überzeugt gewesen. Und wenn nicht, dann waren sie sicher von Everetts bombastischer Rede hinweggefegt worden und hatten über seine *Peroratio* gejubelt, die in den Worten kulminierte: «Bis zur letzten Stunde der Zeit, die der Welt zugemessen ist, wird man in den ehrenvollen Annalen unseres gemeinsamen Vaterlandes keine strahlendere Seite finden als die, auf der über die Schlacht von GETTYSBURG berichtet wird!»

Da gab es nun wirklich nichts mehr hinzuzufügen.

Lincoln sprach für ein größeres, nicht anwesendes Publikum. Die Rede war kurz genug, um sofort in allen Zeitungen komplett abgedruckt und übers ganze Land verbreitet zu werden. Gleichzeitig war sie immer noch in der Diktion so sehr «mündlich», daß sie unter ungebildeten Tagelöhnern, die einer offiziellen schriftlichen Proklamation nie Vertrauen geschenkt hätten, vorgelesen werden konnte. Und dann überzeugte sie die kriegsmüden Massen im Norden, daß der Kampf gegen die Sklaverei im Süden auch ein Kampf für ihre eigenen demokratischen Freiheitsrechte war.

So stellt sich die Rede als ein Stück meisterhafter Rhetorik dar. Noch dazu, weil Lincoln als einer der ersten begriff, wie mit einer neuen Mediensituation umzugehen war.

Vergleichbar ist dies mit der Gewohnheit von Ronald Reagan, nicht zu einem Publikum oder gar zu Journalisten zu reden, sondern direkt in die Fernsehkamera und deren Millionenpublikum, ohne sich um die Leute zu kümmern, die sich vielleicht an einem Ort, wo er sich gerade befand, versammelt hatten.

Aber natürlich gibt es da auch Unterschiede. Die meisten Amerikaner und viele andere Menschen können die Rede von Lincoln mehr oder weniger auswendig. Erinnert sich irgend jemand an etwas, was Reagan gesagt hat?

## 24. Die Bedeutung der Größe

Wir kommen noch einmal auf Reagan und die Fernsehrhetorik zurück, und müssen dabei mehrere Aspekte betrachten, die für einen Auftritt Auge in Auge mit dem Publikum schon seit der Antike von Bedeutung sind. Einer davon ist, wie das Publikum aussieht.

Alle erfahrenen Redner wissen, daß es leichter ist zu reden, je größer das Publikum ist. Das ist leider das Gegenteil dessen, wie der nervöse Anfänger die Sache erlebt.

Doch je mehr versammelt sind, desto mehr wird die Masse sich wie eine einzige Person verhalten, desto sicherer wird sie sich nach den Regeln für Massenauftreten verhalten, die man schnell zu beurteilen lernt. Um so wahrscheinlicher ist es, daß jemand an der richtigen Stelle lacht und die anderen mitzieht. Um so sicherer ist, daß sie die Werte teilen werden, von denen Sie glauben, daß sie die besten sind. Desto applaudierwilliger, desto weniger kritisch, desto geduldiger gegenüber längeren Ausführungen sind sie.

Daß Diktatoren so gern zu Massenversammlungen sprechen, hat seine Ursache nicht nur darin, daß sie so viele Untertanen wie möglich erreichen wollen. Daß Popkonzerte zu Massenveranstaltungen gemacht werden, hat nicht nur wirtschaftliche Gründe. Man kann eine kleinere Erweckungsveranstaltung oder eine gewöhnliche Messe stören, aber die Osterandacht des Papstes auf dem Petersplatz ist ein garantierter Erfolg, noch ehe sie begonnen hat.

Man kann fast mathematisch die Auswirkungen der Publikumsgröße auf die Redesituation bestimmen. Das kleinste denkbare Publikum sind sechs Personen. Ist man weniger als sieben, dann kann man ohne besondere Einrichtungen frei miteinander reden. Das ist die maximale Größe für eine funktionierende Arbeitsgruppe, ein Komitee oder eine Regierung. An einem Mittagstisch können sechs Personen ein Gespräch führen, an dem alle teilnehmen.

Ist man zu siebt oder mehr, fällt die Gruppe sogleich auseinander. Die Leute an den verschiedenen Enden des Tisches reden miteinander. Oder man muß einen Wortführer bestimmen und beginnen, sich das Wort erteilen zu lassen. Die Regierung muß, wenn sie größer als sechs Personen wird, aus den eigenen Reihen eine kleinere Überregierung auswählen, ein inneres Kabinett – eben die kleine Runde um den Regierungschef, die eigentlich bestimmt, wo's langgeht. Darüber wird manchmal in Lehrbüchern für Führungskräfte diskutiert, doch es ist auch für die Rhetorik von Bedeutung. Sechs oder mehr Personen kann man als Gruppe ansprechen. Fünf oder weniger muß man individuell ansprechen.

Daß es nur sechs sind, die die entscheidende Grenze ausmachen, hängt, so denke ich, mit einer Beobachtung zusammen, die andernorts gemacht wurde. Sechs ist die größte Anzahl Dinge, Figuren oder Personen, die wir mit dem Auge auffassen oder unterscheiden können, ohne sie bewußt zählen zu müssen. Vielleicht gibt es da kleinere Unterschiede, doch sechs scheint die normale Kapazitätsgrenze zu sein. Ein trainierter Schachspieler kann mit einem Blick die Stellung aller gewöhnlichen Steine, von denen jeder Spieler zwei hat, beurteilten. Doch um die bis zu acht Bauern jeder Farbe, die noch übrig sind, zu erfassen, muß er zählen.

Zwölf oder fünfzehn Personen können immer noch um einen Tisch herum verhandeln, vorausgesetzt, daß sie Regeln und einen Wortführer haben. Doch bei mehr braucht man ein Podium, ein Katheder oder eine Kanzel, um wirkungsvoll reden zu können. Wir müssen darauf warten, daß wir dran kommen, und es muß ganz klar sein, wer über das Ganze bestimmt und die Leitung hat, doch wir können immer noch aus beiden Richtungen Fragen stellen und Antworten erhalten.

Wenn wir mit der Anzahl weiter nach oben gehen, sieht man, daß es kein Zufall ist, daß durchschnittliche Schulklassen um 30 Schüler haben. Mit mehr als 30 kann man keinen Unterricht nach dem klassischen Modell mit Fragen und Antworten und der Aufmerksamkeit und Mitarbeit von allen abhalten. Das gilt auch für Pressekonferenzen oder Planungstreffen.

Bei noch größeren Gruppen funktioniert nur noch die Einwegkommunikation, und die funktioniert eben um so besser, je größer die Gruppe ist. Eine Voraussetzung dafür ist allerdings, daß man die Gruppe vor sich hat. Das Fernsehen ist eine andere Sache, darauf werden wir später zurückkommen.

Für das Publikum spielt es keine Rolle, auf welche Weise unsere Stimme durchdringt, doch ist es für den Redner leichter, die Reaktionen abzulesen und die Kontrolle über die Effekte zu behalten, wenn er ohne Mikrofon spricht. Deshalb hat das ideale Publikum in einem Konzertsaal mit guter Akustik zwischen 600 und 6000 Personen. In einem antiken griechischen Theater konnten es auch 60000 sein.

Doch die Größe der Gruppe hat auch andere, subtilere Wirkungen als nur jene auf die Nerven des Redners oder seine Fähigkeit mitzureißen. Die Wirkung und das Gewicht einzelner Worte scheinen mit der Größe des Publikums zu wachsen.

Es ist sehr wichtig, das nicht zu vergessen.

Am deutlichsten wird das, wenn man an grobe Worte oder sexuelle Anspielungen denkt. Sie können auf diesem Gebiet ziemlich viel sagen, wenn Sie zu zweit sind und sogar zu unbekannten Personen, ohne daß es großes Aufsehen erregt, ganz gleich, ob es in Form von dummen Frechheiten geschieht, Handzeichen in der Autoschlange oder Scherze in der Kaffeepause im Büro. Doch wenn wir mehr als sechs Personen sind, und Sie stehen auf und reden zu uns, ist der Effekt ein anderer.

Schon bei der Dankesrede nach der Abendeinladung wirkt die am Ende des Tisches ausgesprochene Frechheit peinlich, wenn sie über die schmelzende Eistorte hinweg klingt. Das schlimmste Beispiel ist der Mann, der die Schönheit der anwesenden Damen als etwas anführte, das es ihm fast unmöglich mache, sich zu erheben und zu reden.

Auf einem Podium bei einer Rede vor Landfrauen ist schon «Verdammt noch mal» hart an der Grenze.

Ein weibliches Mitglied des Reichstags kam in den 60er Jahren zu großer Berühmtheit, als sie in der zweiten Kammer in einem absolut passenden Zusammenhang die Wortkombination «verdammte Vergewaltiger» aussprach. Wir erinnern uns noch an «Mörder des Satans» und «Kreatur der Diktatur» in ähnlichem Zusammenhang.

In der Situation Auge in Auge steigt der Effekt im Quadrat mit der Anzahl der Anwesenden.

Wie das Beispiel oben zeigt, kann man dieses Phänomen ausnutzen. Ein drastischer Ausdruck vom Rednerpult muß nicht sonderlich drastisch, und nicht einmal besonders einfallsreich sein, um zum geflügelten Wort zu werden.

Der alte, sehr gebildete schwedische Kommunistenführer C. H. Hermansson zähmte die Linksopposition innerhalb seiner Organisation im September 1969 mit dem Ausbruch: «Genossen, irgendeine verdammte Ordnung sollte es in einer Partei schon geben!» Wahrscheinlich hatte er das im Taxi und in der Parteizentrale und an tausend anderen Orten schon vorher gesagt, doch vom Rednerpult aus wurde es zu einem Kraftausdruck, der den Weg in die Herzen der Menschen fand. Er schuf auch einen anderen Ausdruck, indem er mit dem im Privatleben völlig unbelasteten Begriff «Abgrund» arbeitete: «Genossen, links von uns ist nur noch der Abgrund!» Seither war die Rede von den «Abgrundlinken».

Olof Palme, der Abraham Lincoln Schwedens, ist ein anderer großer Meister in diesem Genre gewesen. «Die Kreatur der Diktatur», das angeblich in Anlehnung an «die Kreatur des Kardinals» entstanden war, nachdem er seinen Kindern *«Die drei Musketiere»* laut vorgelesen hatte, ist ein gutes Beispiel für einen Satz, der im Wohnzimmer zu Hause gar nicht bemerkt worden wäre, aber vom Rednerpult aus wie der Blitz einschlug.

Oder denken wir an den ehemaligen Landesvorsitzenden Stig Malm, den Mann der früher die meisten geflügelten Worte im Schwedischen schuf.

Der Kerl war ein rhetorisches Genie. Seine Worterfindungen würden hier in geschriebener Form wahrscheinlich nicht besonders schlagkräftig aussehen, doch vom Rednerpult aus wirkten sie wie Dynamit. Es ist die Ironie des Schicksals, daß er schließlich demselben Prozeß zum Opfer fiel. «Der Fotzenschwarm» war vielleicht ein netter und passender Ausdruck im

Taxi, wo er ihn angeblich gehört hatte, doch vor einem größeren Publikum war es eine Katastrophe.

Man sollte in der Kirche nicht fluchen, und zwar nicht nur, weil es ein heiliger Raum ist, sondern auch weil zu viele andere Leute da sind.

So war das jedenfalls in früheren Zeiten. Heutzutage freilich ist das Risiko wohl geringer.

## 25. Noch Fragen?

Ungefähr dreißig Personen sind also die Grenze, wo man noch sinnvoll mit Fragen des Publikums umgehen kann.

Wenn mehr Leute zugegen sind, dann sollten Fragen vermieden werden.

Sie haben Ihre Rede nach allen Regeln der Kunst oder nach einer eigenen sinnvollen Methode aufgebaut. Sie haben an der Zugänglichkeit und dem Enthusiasmus des Publikums bis hin zu Ihrer glänzenden *Peroratio* gearbeitet, mit der sie dann die Stimmung zu einem Höhepunkt gebracht haben. Kein Augen ist trocken geblieben, kein Herz kalt, kein Geldbeutel verschlossen. Und plötzlich sackt alles auf eine langweilige Arbeitskreisebene. Sie wollten doch, daß das Publikum das Lokal in der Überzeugung oder dem Sinneszustand verläßt, in den Sie es versetzt hatten.

Statt dessen beginnt nun die noch langweiligere Fragestunde.

Wir erinnern uns noch mit Schrecken daran, wie 1970 linke Gruppen umherreisten und Theaterstücke über Streiks und so weiter aufführten. Noch ehe das letzte auffordernde Lied verklungen war, kochte schon der Kampfesgeist im Saal. Und dann fing man an, mehrere Stunden lang die gemachten Erfahrungen zu diskutieren, während die meisten gelangweilt und ermüdet verschwanden, und die wenigen, die noch blieben, anfingen einzusehen, wie langweilig eine maoistische Gesellschaft sein würde.

Wenn die Organisatoren, bei denen Sie reden, um jeden Preis eine Fragestunde wünschen, dann sollten Sie eine zusätzliche *Peroratio*, mit noch stärkeren Argumenten und Effekten, aufsparen, die Sie hinter die letzte Frage setzen oder als Antwort darauf kaschieren können.

Der Hintergrund dessen, daß man in Schweden wenigstens seit den 70er Jahren in großen Versammlungen, wo so etwas überhaupt nicht funktioniert, um jeden Preis Fragestunden anschließen muß, ist die falsche Vorstellung, daß es etwas mit Demokratie zu tun habe, wenn die Leute zu Wort kommen können. Aber man kann kaum mit 100 Leuten gleichzeitig Umgang pflegen. Es werden am Ende doch nur vier oder fünf lautstarke Individuen sein, die anzuhören die anderen definitiv nicht gekommen waren, die aber einen Teil der Zeit in Anspruch nehmen, in der die anderen eigentlich einen bekannten und begeisternden Redner hören wollten.

Bei uns ist das besonders schlimm, weil aufgrund unserer nationalen Schüchternheit überhaupt nur Verrückte und Provokateure in Gruppen mit mehr als 30 Leuten Fragen stellen. Natürlich bedarf es einer gewissen Verrücktheit, um so mit Konventionen und natürlichen Talentvorbehalten zu brechen.

Schade, daß das so ist. Aber es stimmt leider.

Es gibt in den Memoiren von Herbert Tingsten ein lustiges Kapitel, in dem er seine Erfahrungen als vorlesender Professor in Staatsrecht in den 30er Jahren schildert: «Als eine Neuheit brachte ich ein paar Semester lang die Studenten dazu, mich wann immer sie wollten mit Fragen oder Einwänden zu unterbrechen. Dieses Experiment scheiterte. Die wenigen, die die Hand hoben und das Wort verlangt hatten, stellten Fragen, die von Dummheit oder Unwissenheit oder beidem zeugten. Ich bekam den Eindruck, daß die begabteren oder informierteren Studenten sich niemals äußerten, und daß die Korrelation zwischen Keckheit und Einfalt fast total war.»

Tingsten hoffte, daß eine neue Zeit und ein besserer Unterricht an den Schulen das ins Lot bringen würde. Doch meine Erfahrungen als Universitätslehrer und Vortragsredner sagen mir, daß sich da nicht viel verändert hat.

Doch man muß natürlich sagen, daß dies nicht in kleinen Gruppen gilt, also etwa in Schulklassen, Konferenzen oder Studienkreisen. Auch nicht bei der aktiven Teilnahme in Versammlungen mit Tagesordnung und Rednerliste. Doch es gilt für die unerbittlichen Fragen vom Publikum in solchen Auditorien, die doch zu groß sind, als daß man eine vernünftige Zwei-Wege-Kommunikation mit dem Publikum aufrecht erhalten könnte.

Wenn das Unglück einmal geschehen und in einer solchen Gruppe eine Fragerunde losgetreten worden ist, dann erfordert es hohe Kunstfertigkeit, mit den idiotischen Einwürfen, peinlichen Behauptungen, persönlichen Bekenntnissen und philosophischen Fragen weitab vom Thema, die todsicher kommen, umzugehen.

Haben Sie immer einen guten Abschluß parat!

Lassen Sie sich unter keinen Umständen provozieren!

Zorn gegenüber einem der Anwesenden ist das Schlimmste, was man als Redner zeigen kann. Antworten Sie unter keinen Umständen höhnisch. Es ist hingegen kein Fehler, ein wenig überlegen und diskret ironisch zu wirken und so die enorme Überlegenheit auszunutzen, die das Rednerpult mit sich bringt. Wenn Sie bemerkt haben, daß auch dem übrigen Publikum der irrelevante Einwurf des umständlichen Fragestellers auf den Wecker ging, dann können Sie sich möglicherweise die klassische Replik leisten: «Hm. Und was war jetzt die Frage?»

Die meisten Provokationen beantwortet man am besten damit, daß man sich auf die Seite des Provokateurs schlägt und noch ein wenig drauflegt. Der Idiot da unten fragt: «Warum glauben Berliner wie Sie eigentlich immer, daß sie alles wissen?» Richtige Antwort: «Wahrscheinlich deshalb, weil das lebendige Großstadtmilieu einen ziemlich schlau macht.» Oder es fragt Sie jemand in aggressivem Ton: «Wie kann das angehen, daß Sie einen so bedeutenden Schriftsteller wie Dieter Bohlen nicht in Ihrer Literaturgeschichte erwähnen?» Die ehrliche Antwort ist natürlich: «Der Raum ist nur begrenzt, und man muß die ganze Zeit abwägen.» Leider würde aber der Fragesteller Sie dafür hassen, und das Auditorium Sie arrogant finden. Andere Antwort also: «Unter uns gesagt – ich mag Dieter Bohlen nicht. Es gibt nur wenig Leute, die mich so langweilen wie er!» Der Fragesteller, der in neun von zehn Fällen mit Dieter Bohlen verwandt ist, wird Sie nach wie vor hassen, aber der Rest des Publikum ist auf Ihrer Seite.

Das Lustige an diesem Trick, den man gern «übertriebene *Concessio*» nennen kann, ist, daß er sowohl bei dem Teil des Publikum funktioniert, der etwas für Ironie übrig hat, wie auch bei dem, der einfach Spaß an Frechheiten hat.

Wenn Sie im Publikum sitzen und etwas fragen, dann können Sie, wie wir bereits gesehen haben, mit einer gewissen Geschicklichkeit dennoch den Redner auf seinem Podium in Schwierigkeiten bringen. Doch das ist eine Art von Opferhandlung, die wir bereits im Kapitel «Gewinnen, obwohl man verliert» behandelt haben.

Nur in wenigen Ausnahmefällen darf ein Fragesteller vor einem Publikum die Oberhand gewinnen.

Ich habe tatsächlich schon einmal gehört, wie eine Person einen Berater, der über die Entwicklung der Börse sprach und die Aktienkurse vorhersagte, mit der selbstverständlichen Frage aus dem Konzept brachte: «Sind Sie reich?»

Aber wer mit so einem Vortrag herumreist, der ist selbst schuld.

## 26. Wie soll es klingen?

Man kann sich natürlich über alles Sorgen machen, aber Ihre Stimme ist sicher das kleinste Übel.

Das einzig Entscheidende ist, daß Sie zu hören sind.

Wir erinnern uns an die Geschichte von Demosthenes, der einen Sprachfehler hatte und deshalb trainierte, mit Kieselsteinen im Mund zu sprechen und das Rauschen des Meeres dabei noch zu übertönen. Heutzutage gibt es in größeren Versammlungen meist ein Mikrofon. In allen elektronischen Massenmedien spricht man ebenfalls in ein Mikrofon, ob man es nun sieht oder nicht, und irgendwo sitzt immer ein Tontechniker, dessen Aufgabe es ist, dafür zu sorgen, daß Sie durchdringen, ganz gleich, wie laut oder leise Sie reden.

Doch natürlich ist es auch wichtig, laut und klingend zu sprechen. Bei vielen Gelegenheiten Auge in Auge gibt es kein Mikrofon, manchmal funktioniert es nicht, bei Ansammlungen unter hundert Personen und im Haus ist es nicht erforderlich, und wenn die Akustik gut ist, dann ist es immer schöner ohne Mikro, sowohl für den Redner als auch für das Publikum. Sie erhalten immer mehr unmittelbaren Kontakt mit dem Publikum über Ihre eigene Stimme, und es ist leichter, die Reaktionen der Zuhörer abzulesen, ein Lachen abzuwarten, eine Pause zur rechten Zeit zu machen. Und es ist auch leichter zu hören, was Sie sagen.

Vorausgesetzt, daß Sie laut sprechen.

«Frauen haben so schwache Stimmen!», hört man manchmal. Das kann möglich sein, doch die schlimmsten Schreihälse findet man unter Männern. Das hat aber nichts miteinander zu tun, sondern ist wohl eher eine Frage der Kultur. Hören Sie mal auf dieselbe Dame, deren Einwand man bei der Personalversammlung kaum hören konnte, wenn sie dann rauskommt und die Sache mit ihren Freundinnen durchschnattert. Oder wenn sie ihre Ansichten über die Art und Weise Ihres Freundes, mit grundlegenden männlichen Kriegertätigkeiten wie dem Rausbringen des Mülls umzugehen, kommentiert. Natürlich gibt es auch männliche Nuschelpeter, wenn auch weniger.

Es ist noch keinem schwer gefallen, Birgit Nilsson, Margaret Thatcher, Hillary Clinton, Renate Schmidt oder Gudrun Schyman zu verstehen.

Jeder Mensch kann so laut reden, daß man es in einem normalen Konferenzraum versteht, sowohl Frauen als auch Männer. Es ist wohl eher eine groteske Nonchalance, da zu stehen und etwas zu murmeln, so daß einen niemand versteht, und dann noch nicht mal zu fragen, ob man denn verstanden wird.

Und das Dümmste was man tun kann ist, die Stimme zu senken, wenn man unsicher wird. Eine laut und sicher vorgetragene Lüge wird fast immer geglaubt. Eine laut und sicher vorgetragene Wahrheit ebenso. Aber wer soll Ihnen glauben, daß Sie etwas Wichtiges zu sagen haben, wenn Sie es so leise sagen, als würden Sie sich dafür schämen?

Außerdem fühlt man sich ruhiger und sicherer, wenn man etwas fester auftritt.

Es gibt einen Fall, in dem es gut ist, ohne Mikrofon öffentlich leise zu reden, nämlich wenn Sie Grundschullehrer sind und die Aufmerksamkeit in einer unruhigen Klasse steigern wollen, indem Sie die Stimme senken. Das geht, solange Sie noch den Respekt und das Interesse der Mehrheit auf Ihrer Seite haben. Doch in den Situationen, über die wir hier sprechen, liegen die Dinge ganz anders.

Andere Betrachtungen zum Thema Stimme können wir fast vergessen.

«Sprachfehler» existieren zwar, wenn auch nicht in demselben Maße, wie gierige Logopäden beunruhigte Eltern glauben machen wollen. Doch ein Sprachfehler ist fast immer nur für den Redenden selbst ein Problem. Manche Art zu reden ermüdet die Stimmbänder, doch nur, wenn Sie es von Berufs wegen jeden Tag tun müssen. Das ist ein Problem für Lehrer und

Schauspieler, und sie werden an Experten und auf die Spezialliteratur zu diesem Thema verwiesen. Wenn Sie regelmäßig die Stimme verlieren, dann sollten Sie versuchen, den Beruf zu wechseln oder wenigsten aufhören zu rauchen.

Was das Lautbild angeht, das das Publikum erreicht, so glaube ich, daß mich noch nie ein Sprachfehler gestört hat. Das alte Radio, das es in meiner Kindheit in den 50er Jahren gab, war voller sonorer Stimmen, die korrekt sprachen und Nachrichten, Börsennotierungen oder Theaterstücke vorlasen. Doch die beliebtesten Stimmprofile hatten oft Menschen, die ohne Zweifel erniedrigenden und medizinischen Eingriffen unterworfen worden wären, wenn man sie in die Klauen eines der Logopäden gelassen hätte, die wir heute auf Kinder, Einwanderer und Lehrerkandidaten loslassen.

Ähnlich verhält es sich mit dem Problem, das bei ausländischem Akzent oder ländlichem Dialekt auftreten kann. Kinder sind grausam und mobben jemanden, der einen anderen Dialekt spricht. Einige Erwachsene lehnen beim ersten Zusammentreffen Fremde mit ausländischem Akzent ab.

Doch – um zunächst auf den letzteren Fall zu sprechen zu kommen – ich glaube, solange man sich verständlich macht und keine Fehler begeht, die komisch wirken könnten, wird man als Redner nach seiner Kompetenz oder sozialen Stellung beurteilt und kaum nach seinem Akzent.

Königin Silvia wird mehr Vertrauen geschenkt und sie wird mehr geschätzt als eine türkische Putzfrau, die besser Schwedisch spricht und interessantere Erfahrungen aufzuweisen hat. Das ist traurig, liegt jedoch kaum an der Sprachform. Jerzy Einhorn und Theodor Kallifatides, die beide aus Einwandererfamilien stammen, sind faszinierende und in Schweden geschätzte Vortragsredner. Dr. Henry Kissinger hatte als Außenminister der USA niemals Probleme mit seinem deutschen Akzent, obwohl er genau so klang wie die Schreckensfigur Dr. Strangelove in dem durch Peter Sellers berühmten Film «Wie ich lernte, die Bombe zu lieben» einige Jahre zuvor.

Diese Fragen haben natürlich auch etwas mit der schwierigen Frage nach dem Ethos des Redners zu tun, auf die wir später noch zurückkommen werden. Aber rein vom Klang her, ist es kaum je ein Problem. Viele Einwanderergruppen haben zudem den unschätzbaren Vorteil, daß ihre Kultur, wenn es darum geht, das Wort zu ergreifen und für sich zu sprechen, viel freimütiger ist als die mittel- und nordeuropäische.

Mit Dialekten verhält es sich ebenso, so daß sie eigentlich keine Problem bereiten.

Schauspieler werden angehalten, ihre regionale Sprechweise abzulegen. In Schweden ist dies eine Erinnerung aus der Zeit, da die lokalen Dialekte so stark waren, daß man sich untereinander nur mit Schwierigkeiten verstand, während das sogenannte «Reichsschwedisch» von allen verstanden wurde. Zum anderen Teil kann ein stark Dialekt sprechender Hamlet natürlich unser Interesse vom Text ablenken, wenn er um eine Ophelia aus einem anderen Teil des Landes wirbt, die ihrerseits Dialekt spricht.

Die verschiedenen Varianten einer Hochsprache haben auch ihre etwas unterschiedlichen Symbolwerte, weshalb Politiker heute gern versuchen, ihre natürlichen Idiome zu verbergen. Vielleicht nimmt man an, daß sich Verfälschungen der eigenen Persönlichkeit doch lohnen. Ich persönlich finde immer, daß es viel schlimmer klingt, wenn man hört, daß jemand versucht hat, seinen Dialekt wegzuarbeiten – das wirkt falsch und nicht vertrauenswürdig. Die meisten Menschen teilen unbewußt meine Ansicht. Allzu geschulte Stimmen bei Menschen, die nun nicht gerade Opernsänger oder Schauspieler sind, verursachen den meisten Menschen Unbehagen.

Wir haben ja auch gesehen, wie ein Dialekt sogar benutzt werden kann, so zum Beispiel in dem genialen Werbefilm über den kleinen Johannes und seine Windel. Es gibt einfach bestimmte Tonarten, die, vor allem wenn die betroffene Person langsam spricht, Volkstümlichkeit, Sicherheit und Ehrlichkeit suggerieren. Bierwerbung wird mit bestimmten Regionen verbunden, mit einer bestimmten Landschaft und dem dazugehörigen Dialekt; Humor paßt zu einem bestimmten Tonfall, und auch gesunde Nahrungsmittel bewirbt man in einem Dialekt, der Landleben assoziiert.

Es ist interessant, solche Dinge zu beobachten, und es ist natürlich sehr wichtig, wenn man in der Werbebranche tätig ist. Doch für Sie persönlich ist es nichts, über das Sie nachgrübeln müssen. Sie reden so, wie Sie reden. Wenn es ein wenig eigen klingt, dann ist das nur gut. Sprechen Sie rauh oder durch die Nase, lispeln Sie – das alles ist unerheblich.

So lange Sie laut sprechen und wirklich etwas zu sagen haben.

## 27. Der «Beamtenrespirator»

Der gute Redner hält nichts von technischen Hilfsmitteln.

Und das Publikum hält noch weniger davon.

Natürlich gibt es Fälle, in denen es entschuldbar ist – so braucht man eben manchmal ein Mikrofon. Auch die gute alte schwarze Tafel war ein ausgezeichnetes Hilfsmittel im Schulunterricht. Ich glaube, sie ist mit Rücksicht auf die Allergiker verschwunden, die mit dem Kreidestaub nicht klar kamen. Schade, selbst wenn sie natürlich auch starke Lehrerstimmen nach dem ersten Halbjahr der Stimme berauben konnte. Der Ersatz dafür, die weiße Tafel mit den roten oder blauen Filzstiften wird etwas schlechter gesehen, und die Filzstifte trocknen immer aus, weil irgendein Kollege vergessen hat, den Deckel draufzuschrauben. Doch auf der anderen Seite hat sie ähnliche Vorteile und wirkt schonender für den Hals. Die Tafel ist nützlich, wenn sie die Leitlinien in einem interaktiven Vortrag zeigt, wo man unterschiedliche Gesichtspunkte und Besonderheiten anschreibt. Doch eben deshalb ist sie nur für Gruppen unter dreißig Personen sinnvoll, in denen man noch auf diese Weise kommunizieren kann. Für größere Gruppen aber ist sie meist nicht zu sehen.

Dasselbe gilt für Karten, Plakate oder ähnliches.

Das «Flip-Chart» ist eine schlechtere und zudem raschelnde Variante der alten Wandtafel.

Solche rein mechanischen Hilfsmittel sind folglich in kleineren Versammlung zwar von gewissem pädagogischem Wert. In größeren Gruppen aber ist es absolut verboten, sie hervorzuholen.

Für große Auditorien gibt es schließlich noch Dia- und Overheadprojektoren.

Es kann in manchen Zusammenhängen entschuldbar sein, Lichtbilder zu zeigen. Doch es ist niemals – weder in großen noch in kleinen Versammlungen, und zwar unter keinen Umständen – erlaubt, einen Overheadprojektor, auch unter seinem volkstümlichen Namen «Beamtenrespirator» bekannt, einzuschalten.

Dieses entsetzliche Gerät soll angeblich Text zeigen können, an den sich später das Publikum erinnern soll. Doch wenn der Text so groß ist, daß wir ihn lesen können, dann sind es so wenige Worte, daß es keinen vernünftigen Grund mehr gibt, ihn auch noch zu zeigen. Zeitungsartikel und dergleichen können nicht einmal in kleinen Gruppen auf dem Apparat gelesen werden. Und ich habe ja bereits in dem Kapitel «Ich bin kein großer Redner» ausgeführt, was für einen Effekt es hat, wenn man eine Art Plan über seinen Vortrag auf dem Overhead zeigt.

Das gebräuchlichste Diagramm, das gezeigt wird, enthält immer eine Kurve, meist in Blau, meist steigend, die in dieser Form, wo keine Skalen oder Details gezeigt werden können, kein bißchen verständlicher wird. Im schlimmsten Fall wird dann noch eine Kurve in einer anderen Farbe draufgelegt, meist rot und abwärts zeigend, woraufhin die Verwirrung perfekt ist. Das könnte ein rhetorischer Trick sein, um die Karten verdeckt zu halten, jedenfalls wirkt es kaum überzeugend.

Spätestens zu diesem Zeitpunkt haben nämlich alle, die noch nicht eingeschlafen sind, aufgehört zuzuhören.

Bleiben noch dic Dias. Ihre Popularität bei der Personalfortbildung und in Konferenzen wird ja durch die Tatsache bewiesen, daß solche Übungen lange unter dem Begriff «Mißbrauch mit Diaprojektor» liefen.

Man schläft sehr gut bei Diavorträgen, und die erforderliche Dunkelheit im Raum verbirgt zudem sehr effektiv die fehlende Aufmerksamkeit des Publikums. Und natürlich gibt es eine Wechselwirkung zwischen der Dunkelheit und der Schläfrigkeit im Saal, vor allem nach einer langen Nacht mit allem, was so zu einem Kursabend gehört.

Doch es gibt auch Gründe, Dias zu zeigen. Bei Verkaufsveranstaltungen kann es sinnvoll sein, die Ware in riesiger Vergrößerung zu zeigen. Wenn man vor mehr als dreißig Personen unbedingt eine Karte braucht, auf der man etwas zeigen kann, dann muß man sie optisch vergrößern. Wenn man einen Vortrag über Orchideen, den Dickdarm oder nackte Ureinwohner der Tropen hält, dann wird es für das Publikum interessanter, wenn es den Reichtum der Natur im Bild erleben kann.

Doch selbst in diesen Fällen sollte man ein paar Dinge bedenken. Wie fanden Sie selbst es als Kind, wenn Onkel Oskar am zweiten Weihnachtstag seinen Projektor rausholte, um der ganzen Verwandtschaft die Dias von seiner Bergtour mit Tante Kerstin zu zeigen? Nicht ein Bild, das farbenprächtige Orchideen, Darmwindungen oder nackte Neger zeigt, kann heute noch mit dem mithalten, was alle Ihre Zuhörer jeden Tag im Fernsehen sehen, ja, was sie an diesem Abend im Fernsehen hätten sehen können, wenn sie zu Hause geblieben wären, anstatt herzukommen und Ihnen zuzuhören. Bieten Sie ihnen etwas anderes!

Überdies könnten die meisten Dinge, die man per Lichtbild zeigt, besser, deutlicher und schärfer auf einem ausgeteilten Papier gezeigt werden – Kurven, Karten, Text zu dem Gedicht, das analysiert werden soll. Ich bin erstaunt darüber, daß Redner und Vortragende so selten die bombensichere Möglichkeit nutzen, ihre Vorträge zu illustrieren. Das Publikum wird schon noch Zeit finden, Sie anzuschauen.

Gleichzeitig hätten die meisten Sachen, die heutzutage noch auf ausgeteilten Papieren stehen, ebenso vom Podium aus gesagt werden können. Oder man hätte die Vorlesung weglassen und so Zeit und Geld sparen können, indem man dem Publikum sofort das Papier gegeben hätte. Mit einem Vortrag, der sich so leicht auf einem Papier zusammenfassen läßt, stimmt sowieso irgend etwas nicht.

Musikuntermalung von einem funktionierenden Tonband ist auch in Ordnung, wenn man nun mal nicht selbst singen kann.

In der Antike waren «pädagogische Hilfsmittel» unbekannt. Sie bilden eine eigentümliche mechanische Zwischenstufe zwischen dem normalen Umgang mit dem Publikum und den modernen elektronischen Massenmedien, die diese veralteten Ausrüstungsstücke eigentlich hätten überflüssig machen müssen. Witzigerweise sind sie abgesehen von der ehrbaren Tafel ungefähr zu derselben Zeit aufgetaucht wie Film, Radio und Fernsehen, und zwar offenkundig aus einer gewissen Verzweiflung heraus, da man meinte, die Bildmedien würden den redenden Menschen verdrängen. Als ob nicht das Fernsehen selbst vor allem redende Menschen enthielte! Ohne einen Diaprojektor im Studio zu haben!

Doch «pädagogische Hilfsmittel» genießen dennoch ein unerklärliches Prestige unter Lehrerausbildern und anderen Menschen, die theoretisch mit der Kunst zu reden zu tun haben. Aus irgendeinem Grund wird es als gut angesehen, diese Hilfsmittel zu benutzen. Je mehr solcher seltsamen Dinge man einsetzen konnte, desto mehr Punkte bekam man zu meiner Zeit auf der Pädagogischen Hochschule vom Methodiklehrer. Die Hilfsmittel zeugten von Können und von progressiver Gesellschaftsauffassung. Ein englisches Verb wurde einfach besser, wenn es über den Overheadprojektor kam. Und so scheint man in vielen Kursen und Konferenzen immer noch zu denken.

Doch alle unfreiwillig komischen Versuche, mit dem Fernsehen auf diese Weise konkurrieren zu wollen, vom Beamtenrespirator bis hin zu der weichsten Variante – dem heutzutage hoffentlich vergessenen Flanellograph – sind im Großen und Ganzen sinnlos. Ihre vornehmste Aufgabe scheint zu sein, den Redner vergessen zu lassen, welch' schlechte Figur er macht, wie spät es ist und daß er ein Publikum hat.

Das beste Mittel zur Konkurrenz mit dem Fernsehen, das Sie einsetzen können, sind Sie selbst – ein lebendiger Mensch.

Selbst im Fernsehen treten die populärsten, überzeugendsten und mitreißendsten Figuren ohne die kleinsten Filmeinlagen auf, als Moderatoren in Talkshows und Spielshows. Sie sind die am meisten beneideten Helden unserer Kultur, nicht die Wirtschaftsprofessoren, die zu irgendwelchen Diagrammen reden. Obwohl man diese im Fernsehen wenigstens gut erkennen kann.

## 28. Die Lacher auf seiner Seite haben

Einmal ganz abgesehen von offensichtlich unpassenden Gelegenheiten wie Beerdigungen, Kriegsausbrüchen und Fabrikschließungen, ist es keineswegs immer richtig, das Publikum zum Lachen zu verleiten. Wir haben ja schon die wichtigste Maxime des Sophisten Gorgias zitiert: «Wir bekämpfen den Ernst des Gegners mit Witz und seinen Witz damit, ernsthaft zu sein.»

Mit einem anerkannten Witzbold in der Reihe vor uns, kann es angeraten sein, über diese Maxime nachzudenken, vor allem, in einem ernsthaften Land.

Ich habe schon viele bekannte Politiker kennengelernt, die, sowie die Kameras abgeschaltet waren, schlagfertig und witzig waren, doch sowie das Licht der Öffentlichkeit wieder eingeschaltet war, verwandelten sie sich wieder in die alten steifen, hölzernen Langweiler. Manche sieht man am Rand des Fernsehbildes lachen und scherzen, um dann während der Pressekonferenz auszusehen, als würden sie an einer Gesichtslähmung leiden.

In Schweden, aber auch in Deutschland verbindet man aus irgendeinem Grund Langweiligkeit mit Kompetenz und Ehrbarkeit mit Drögheit. Nichts im wirklichen Leben berechtigt zu dieser Auffassung, doch je nachdem, wie weit man es in der Öffentlichkeit bringen will, muß man über die Sache nachdenken.

Schon im alten Rom gelang es Cicero, einen Rivalen, der gerade zum höchsten Würdenträger der Republik gewählt worden war und bei dieser Gelegenheit etwas Amüsantes sagte, mit dem Nebensatz zu verunglimpfen: «Wir haben einen lustigen Konsul bekommen.»

Auch in nicht politischen Zusammenhängen und ohne lustige Vorredner geschieht es manchmal in unserem Land, daß das Publikum mit einer echten Schlaftablette von Redner rechnet, ja, sie sogar regelrecht verlangt. Das kann beim Thema Kultur der Fall sein, wo das lutherisch geschulte Publikum das Ganze als eine Art Medizin für die Seele betrachtet, die nicht wirkt, wenn sie nicht schlecht schmeckt. Man muß leiden und es so richtig langweilig haben, ungefähr als ginge es um eine Fastenkur oder eine Einheit auf dem Trimmrad. Das kann beim Thema Wissenschaft der Fall sein, vor allem in der philosophischen Fakultät oder angrenzenden Bereichen wie Psychologie, Soziologie oder der Nationalökonomie, wo das Publikum sofort tiefste Zweifel anmeldet, wenn man einmal alles sofort begreift, was da geredet wird, und beim Zuhören einfach Spaß hat.

Das kann manchmal sogar so weit gehen, daß die Leute mit Ihnen lachen und jubeln, während Sie vortragen, aber dann rausgehen und sowohl Sie als auch sich selbst für den Leichtsinn verachten, zu dem Sie sie verführt haben.

Einen guten Wirtschaftswissenschaftler darf man nicht verstehen, denn sonst könnten ja alle Menschen ihre eigene Meinung zu Defiziten und Rentenfragen haben.

Doch in den meisten Fällen ist es trotzdem richtig zu versuchen, die Lacher auf seiner Seite zu haben.

Die *Rhetorica ad Herennium* zeigen die Anwendungsmöglichkeiten für das Lachen in der Einleitung, *Exordium*. Das ist auch der Ort, wo Lachen vom Publikum den größten Nutzen bringt. Zum einen macht man die Zuhörer sich selbst und seinem Thema gegenüber geneigt. Zum anderen kann man den Zauber einer Rede brechen, die irgendein besonders ernsthafter Vorgänger gehalten hat.

Cicero arbeitet viel mit Komik, sogar in Mordprozessen und an jeder Stelle der Rede, vor allem, wie wir gesehen haben, in der *Refutatio*, um die Sachargumente der Gegenseite zu schwächen. Ein gutes Lachen scheint das Leben einiger seiner Klienten buchstäblich verlängert zu haben. Auch Quintilian empfiehlt Lachen auf das wärmste, so lange die Redner innerhalb der Grenzen des *Decorum* bleiben. Doch sein langer Katalog über mögliche Witze gehört zum Langweiligsten in seinem Werk. Das hat seine Ursache in einer anderen Eigenschaft von rhetorischen Witzen und Witzen überhaupt, auf die wir später noch zu sprechen kommen werden.

Beim Publikum Fröhlichkeit zu wecken, ist viel leichter, als man meint. Wenn man überlegt, wie langweilig es fast immer ist, einer Rede oder Debatte hierzulande zuzuhören, dann ist es fast schockierend zu sehen, wie wenig es bedürfte, um etwas Leben in die Sache zu bringen.

Eine große Menschenmenge ist auch hier leichter zu beeinflussen als eine kleine. Bei vielen Anwesenden gibt es immer jemanden, der an der richtigen Stelle lacht, und wenn erst einmal ein Anfang gemacht ist, wird es nur lustiger, gemeinsam mit mehreren zu lachen. Hilfreich wird einem auch hier die eigentümliche Tatsache, von der auch bereits im Zusammenhang der «Bedeutung von Größe» die Rede war, nämlich daß die Kraft des Wortes mit der Anzahl der Zuhörer wächst. Das gilt nicht nur für sexuelle Anspielungen, böse Wörter und Dummheiten, sondern auch für Witze.

Wenn man bedenkt, was uns in dieser Hinsicht von Politikern und anderen geboten wird, oder einfach nur, worüber man gelacht hat, als man das letzte Mal bei einer Festtagsrede oder bei einer Mieterversammlung war, dann wird einem schnell klar, daß die Latte hier ziemlich niedrig liegt. Der Witz wäre niemals durchgegangen, wenn er bei der Arbeit in der Kantine gemacht worden wäre.

Im Wahlkampf 1976 wurde der Sieger, der Führer der Zentrumspartei Thorbjörn Fälldin, der ansonsten die Grenzen der Langweiligkeit bis zum äußersten ausgelotet hatte, in seiner Siegesansprache von einer Menge Porzellan unterbrochen, das von einem Tisch fiel. Daraufhin schaffte er es, den Satz anzuschließen: «Also, das war auf jeden Fall nicht meine Schuld, wirklich nicht.» Und alle lachten hemmungslos, als wäre das der lustigste Einfall, den jemand im ganzen Wahlkampf gehabt hätte.

Vielleicht war es das ja auch.

Es macht natürlich nichts, wenn das, was man zu sagen hat, wirklich witzig ist.

Es kommt aber auf die Pause an, und ob man es wagt, auf das Lachen zu warten. Das Publikum braucht Zeit, um Ihren Witz zu kapieren, und zwar in einem großen Saal viel länger als an einem Eßtisch. Außerdem ist es möglich, daß das durchschnittliche Publikum so wenig darauf vorbereitet ist, daß etwas lustig sein könnte, daß es besonders lange dauert, bis es begreift, daß man wirklich lachen darf.

Ferner muß man wissen, was man macht, wenn das Lachen nicht kommt. Hat man denselben Vortrag schon mehrere Male gehört, dann weiß man in der Regel Bescheid. Dann kommt es nur darauf an, daß man die zuverlässigsten Lacher auffordernd ansieht. (Sehen Sie in den Saal hinunter!) Doch beim ersten Mal kann man einfach nicht wissen, ob etwas als witzig empfunden wird. Manchmal wieder kann man dieselbe Rede schon zehnmal gehalten haben, immer mit Jubel an der gleichen Stelle, und weiß doch nicht, warum die Leute gerade da lachen und nicht an einer anderen Stelle. Aber die Fröhlichkeit muß davon nicht getrübt sein.

Doch sicher ist für einen Stand-up-Comedian die Zeit, in der er eine neue Nummer erprobt, ganz schrecklich.

Die beste Reaktion ist wohl, daß man einmal gründlich in sein Manuskript schaut und dann ruhig weitermacht.

Und denken Sie daran, nichts wird dadurch witziger, daß man es im Falsett oder mit einer verstellten Stimme sagt, selbst wenn das Publikum manchmal peinlich berührt über solche Scherzkekse lacht, die auf diese Methode zurückgreifen, wenn der Witz nicht durchgeht.

Natürlich ist es unmöglich, einen Rat zu geben, was ein Publikum witzig finden könnte. Es muß sich aus Ihrem Thema ergeben. Zudem ist es, wie all die toten Witze zeigen, die Quintilian erwähnt, in höchstem Maße kultur- und zeitgebunden, worüber das Volk lacht. So lassen Witzfilme aus den 40er oder 50er Jahren die jüngere Generation völlig kalt.

Doch es gibt ein paar allgemeine Dinge, die man bedenken kann. Wir lachen zum Beispiel über Leute, die von ihrem hohen Roß heruntersteigen, wie in der *Humiliatio*, über die wir im Zusammenhang mit der Einleitung, *Exordium*, gesprochen haben. Doch auch hier muß man sich natürlich fragen, was es für Sie und Ihre Sache bedeutet, wenn die Leute sich über Sie lustig machen. Am besten wäre es, wenn Sie das mit Selbstironie tun können, so daß Sie einerseits Ihre Autorität bewahren und doch damit scherzen. Wir lieben den Schwergewichtsboxer, der sagt «und da wurde ich ganz schwach», den Milliardär, der sich fragt, «ob ich mir das leisten kann», oder den Erfolgsautor, der darüber klagt, wie furchtbar es ist, schreiben zu müssen.

Daß wir darüber lachen, beruht auf einer genialen, wenn auch nicht ganz leicht zu erfassenden Beobachtung, die Mitte des 19. Jahrhunderts von dem großen pessimistischen Philosophen Schopenhauer formuliert wurde: «Das Lachen entsteht immer aus der plötzlich fehlenden Kongruenz zwischen einem Begriff und dem realen Objekt.»

Das bedeutet einfacher ausgedrückt: Wir lachen, wenn uns klar wird, daß das, was wir sehen, überhaupt nicht mit dem übereinstimmt, was gesagt wird oder was die allgemeine Auffassung und Sitte ist.

Oder noch einfacher: Wir lachen, wenn wir sehen, wie etwas wirklich ist. Deshalb lachen wir auch, wenn wir jemanden sagen hören, wie etwas ist, wenn das im Gegensatz dazu steht, was wir über die Sache sagen wollen.

Wir lachen über Sex und Betrug in dem Maße, in dem es nicht zu unserer Gewohnheit oder Begriffswelt gehört. Wir lachen, wenn jemand etwas sagt, was man über den König, die Kultur oder die Fortbildungsarbeit im Job «nicht sagt». Doch nur, wenn es auch wirklich wahr ist. Oder wahr sein könnte.

Wir lachen über den ängstlichen Schwergewichtsboxer, weil wir alle in der Situation, von der er erzählt hat, Angst hätten. Wir lachen über den wirtschaftlich unsicheren Milliardär, weil wir alle wirtschaftlich unsicher sind, und weil Milliardäre normalerweise nie über die Existenz ihres Riesenvermögens reden, nicht einmal auf scherzhafte Weise, wie es dieses sympathisch selbstironische Exemplar getan hat. Wir lachen über den Literaturdozenten, der zugibt, daß er es nicht geschafft hat, den «Ulysses» von James Joyce durchzulesen, oder zu verstehen, wovon er handelt, weil wir es selbst nie geschafft haben, und uns außerdem schon gedacht hatten, daß der Professor blufft, wenn er es behauptet.

Wir lachen sogar darüber, wenn Thorbjörn Fälldin das herunterfallende Porzellan kommentiert, einfach weil Politiker sonst herunterfallendes Porzellan nicht zu kommentieren pflegen. Das gehört sozusagen nicht zu ihrer Welt, und dennoch ist das Dasein voller Chaos und herunterfallendem Porzellan.

Es ist somit nicht so, wie der ebenso einflußreiche wie humorlose russische Literaturhistoriker Bachtin in seinem grotesk langweiligen Buch über die Geschichte des Lachens behauptet, daß die Dinge einfach nur lustig werden, weil sie nicht zusammen passen oder wenn man sich seltsam benimmt und bei einem gerade «Karneval» herrscht.

In Wirklichkeit wird nichts dadurch lustig, daß man sich einen komischen Hut oder eine Pappnase aufsetzt.

Früher einmal liebten die Leute Clowns, weil sie verbotene Sachen öffentlich sagten und machten. Die groteske Schminke diente dazu, daß man im Gewimmel des Marktplatzes auch zu sehen war. Heutzutage ist ein Kind, das nicht sofort total verängstigt ist und anfängt zu weinen, wenn es von weißgeschminkten Onkeln und Tanten angefaßt wird, wahrscheinlich schwer gestört. In amerikanischen Gruselfilmen hat sich diese Erkenntnis schon durchgesetzt, doch das Kinderfernsehen macht mit diesen Schrecklichkeiten immer noch weiter in dem Glauben, daß Kinder dumm sind und das witzig finden.

Wir lachen über und mit Donald Duck, nicht, weil er sich schlägt, oder weil er ein komisches Tier ist, sondern weil seine übertriebene gezeichnete Welt uns den absurden Zug in unserer eigenen erkennen läßt.

Wir lachen, wenn jemand etwas entlarvt und uns zeigt, wie die Wirklichkeit eigentlich aussieht.

Aber man lacht natürlich auf eigene Gefahr. Die Menschen oder Institutionen, von denen man auf diese Weise zeigt, wie sie eigentlich aussehen, werden einem das nie verzeihen.

Auf der anderen Seite ist vom Rednerpult aus nur sehr wenig in dieser Richtung erforderlich, wenn man etwas erreichen will.

Der Effekt tritt schon ein, wenn man über etwas in anderen, gebräuchlicheren Begriffen redet, als es üblicherweise der Fall ist. Ich habe für dieses Phänomen noch keinen antiken lateinischen Namen gefunden, doch den gibt es bestimmt.

So hörte ich einmal einen Professor der Kriminologie seine Vorlesung über Lombroso, einen Denker des 19. Jahrhunderts, mit den Worten einleiten: «Ich werde jetzt ein wenig über den Vater der Kriminologie sprechen. Und man muß sagen, nur wenige haben so einen schlimmen Vater gehabt!» Das funktionierte in diesem Zusammenhang ausgezeichnet, denn wir bekamen einen Blick dafür, wie etwas wirklich aussah, in diesem Fall sowohl die abgedroschene Phrase über den «Vater von irgendwas» und der damit gemeinte Wissenschaftler.

Vielleicht spielt hierbei auch die ewige Verlockung der Psychologie hinein, den Hang zu Kriminalität der Delinquenten auf dessen Eltern zu schieben.

Dieser Fall erklärt auch, warum Humor so schnell veraltet und dann gar nicht mehr lustig ist. Was zu sagen verboten ist oder was eine andere Wirklichkeit enthält, ändert sich ja mit den Jahren. Vorausgesetzt, daß das Entlarven wirklich funktioniert, wird es ja schnell zu einer allgemein geäußerten Auffassung von der Wirklichkeit, und dann ist es überhaupt nicht mehr lustig.

Deshalb funktionieren die Witze des Quintilian nicht mehr. Und deshalb sind die alten Filmkomödianten heute nur noch peinlich. Frechheiten und schmutzige Lieder, über die die Menschen aus der Generation meiner Eltern sich noch vor Lachen krümmten, wirken heute nur noch plump. Ich kann mich nicht erinnern, daß ich in letzter Zeit jemanden unter fünfzig einen klassischen schmutzigen Witz erzählen hörte, Gottseidank.

Eine andere Sache ist jedoch, daß richtig guter Humor und historisch richtig entscheidende Entlarvungen als große Wirklichkeitsschilderung überleben. Boccaccios *«Decameron»*, Cervantes' *«Don Quichote»* und Bellmans Lieder haben alle überlebt und sind noch berühmter geworden, haben sich entwickelt von Lacherfolgen zu subtil menschlichen Bildern des Lebens zu ihrer Zeit. Doch das ist eine andere Sache, die zu den Privilegien der geschriebenen Literatur gehört.

Die Rhetorik ist die Kunst des Augenblicks. Ein Dichter spricht wahrscheinlich für die Ewigkeit, doch ein Redner ist vor allem an den nächsten Minuten und an den am nächsten Sitzenden interessiert. Die antiken Reden, die uns überliefert sind, sind nicht als unterhaltsame Lektüre bewahrt worden, sondern als Vorbilder in der Kunst, andere auf kurze Sicht zu beeinflussen. Für den Dichter ist das Lachen ein Weg zur Ewigkeit. Für Sie ist es etwas, was Sie im Augenblick nutzen wollen.

Deshalb wollen wir mal sehen, wie das vor sich gehen kann.

Ganz gleich, ob man Lachen erzeugen will, um seiner eigenen Sache zu dienen oder einen Gegner lächerlich zu machen oder nur, damit die Anwesenden es lustig haben, so kann man doch eine Beobachtung heranziehen, die ich selbst während meiner fast dreißig Jahre währenden Tätigkeit als Lehrer, Vorleser und öffentlicher Redner gemacht habe. Ich habe sie nie irgendwo gedruckt gesehen, doch meine Kollegen sind meist auch meiner Ansicht. Sie müssen selbst sehen, was Sie daraus machen können.

In einem Theatersaal oder einem Klassenzimmer oder wo man sich nun gerade mal versammelt, sitzen die, die man am leichtesten zum Lachen bringt, immer vom Podium aus gesehen vorne links. Meist sind das, man vergebe mir diese Verallgemeinerung, eine oder mehrere recht junge Damen. Diese müssen Sie auffordernd ansehen und auf das Lachen warten, wenn Sie Ihren ersten Witz losgelassen haben. Die werden auf den Zug aufspringen und dann den Rest des Auditoriums mitreißen. Auch lachfreudige Männer, soweit es sie in unserem ernsthaften Land gibt, setzen sich tatsächlich dort hin.

Die Beobachtung kann noch weiter ausgedehnt werden.

Ihr zuverlässigster Stoßtrupp, nämlich diejenigen Leute, die auf eine seriöse und verkniffene Weise in jeder Lage auf der Seite des Vortragenden sind, sitzen hingegen vorne rechts. Benutzen Sie diese, falls Schwierigkeiten auftauchen sollten. Wählen Sie deren winkende Hände, wenn Sie schon eine Fragestunde halten müssen.

Am entgegengesetzten Ende des Saales, ganz hinten links, treffen Sie auf die widerspenstigen Zuhörer. Wenn es ein Klassenzimmer ist, dann wird dort der nervigste Schüler sitzen. Im Konzertsaal oder im Theater finden Sie dort den betrunkenen Troublemaker.

Die grundseriöse Opposition finden Sie hingegen hinten rechts oder ganz hinten. Das sind Leute, die im besten Fall nichts sagen, doch wenn sie das Wort ergreifen, werden sie sich ohne Frage als der entgegengesetzten Meinung zugehörig erweisen, Sie werden etwas wissen, was Sie nicht wissen, aber hätten berücksichtigen sollen, sie werden eine andere Wissenschaftsmethode vertreten oder mit dem Schriftsteller, über den sie gerade vom Podium aus hergezogen haben, eng verwandt sein. Oft sitzen sie da und ziehen unerfreuliche Grimassen in Ihre Richtung. Wenn Sie sich bisher gewundert haben, warum, dann wissen Sie es jetzt. Lassen Sie diese Leute nicht zu Wort kommen, wenn Sie nicht müssen!

Diese Ordnung kann natürlich durch Ehrenplätze für die Veranstalter oder andere Mitwirkenden, die dann in der ersten Reihe sitzen, verschoben werden, doch oft setzen sich diese von Ihnen aus gesehen nach rechts, um so Platz zu machen für die Kichernden auf der linken Seite.

Wenn Sie in einem Klassenzimmer sind oder in einem Vorlesungssaal, dann sitzt der Schülersprecher oder der Studentenbeirat in der zweiten oder dritten Reihe ganz links. Ganz hinten rechts, hinter der qualifizierten Opposition, sitzt ein völlig stiller Typ, der, wie sich herausstellen wird, wenn es sich um einen Kurs mit schriftlichen Prüfungen handelt, fast genauso belesen über das Thema ist wie Sie, der aber lieber sterben würde, als sich herabzulassen, sich darüber zu äußern.

Vielleicht gibt es eine einfache Erklärung für diese Erscheinung.

Alle nach außen gerichteten und der Sache gegenüber positiv eingestellten Menschen setzen sich nach vorn im Saal, die negativ eingestellten ganz nach hinten – das ist nicht weiter erstaunlich. Was rechts und links angeht, glaube ich, daß das etwas mit den Baunormen zu tun hat, damit, wie Klassenzimmer, Aulen und Konferenzzimmer gemeinhin konstruiert sind. Die Fenster liegen fast immer links, also rechts vom Rednerpult aus gesehen, um denen, die mitschreiben wollen, das richtige Licht zu verschaffen, zumindest der Majorität, die rechtshändig ist. Folglich ist die Tür fast immer auf der entgegengesetzten Seite. Diejenigen, die sich sicher fühlen und ehrgeizig sind, gehen bis auf die andere Seite zum Fenster. Deshalb haben wir sowohl die durchdachte Kritik als auch die energische Unterstützung auf dieser Seite. Und die Gewohnheit, sich so hinzusetzen, schlägt sogar in den völlig vom Tageslicht befreiten Tagungsräumen durch, die man in den 70er Jahre für so eine gute Idee hielt. Die unsicheren, aufgedrehten oder nervösen Zuhörer bleiben so nahe an der Tür wie möglich.

Vielleicht.

Warum der Schülersprecher in der zweiten Reihe links sitzt, verstehe ich nach wie vor nicht. Doch wenn ein Leser dafür eine gute Erklärung hat, möge er mir doch über den Verlag bitte schreiben; ich bin sehr interessiert.

## 29. Sex sells?

Does sex sell?

Das hängt davon ab, was Sie sagen wollen. Eine Zeitung verkauft natürlich mehr Exemplare, wenn sie den männlichen Käufern weismachen kann, daß darin richtig knallharter Sex zu sehen ist. Doch gleichzeitig muß der Umschlag so seriös aussehen, daß man im Laden danach fragen kann. Dasselbe gilt für Filme und Bücher.

Nach dem Satelliten-Fernsehen zu urteilen, das aus anderen Ländern mit liberaleren Marktregeln als unseren kommt, verkauft man mit groben sexuellen Anspielungen sogar Autos, Haarshampoo und Versicherungen.

Doch in dem Zusammenhang, in dem Sie auftreten, Auge in Auge mit dem Publikum oder im Fernsehinterview, ist es wohl eher nicht so. Und warum sollte man es dann riskieren? Wann haben Sie das letzte Mal gehört, daß Edmund Stoiber, Carl Bildt, Tony Blair, der Papst oder der amerikanische Präsident auf dem Rednerpult eine Zote von sich gab?

Es gibt viele Gründe, die dagegen sprechen.

Zunächst einmal eine Tatsache, die wir schon mehrfach angesprochen haben. Worte werden größer mit der Anzahl der Anwesenden. Am ungefährlichsten sind sie auf einer gedruckten Buchseite, und das meiste ist auch noch in Ordnung, wenn bis zu fünf Leute um Sie herum sitzen, mit denen Sie einigermaßen bekannt sind. So ist es für mich überhaupt nicht schwer, hier «Pimmel» zu schreiben. Und es ist auch für Sie nicht schwer, das zu lesen. Aber sollte ich diese Seite vor einem Publikum laut vorlesen, würde ich diese Stelle wahrscheinlich überspringen.

Quintilian ist in diesem Punkt knallhart, und vermutlich hat er recht. Cicero geht mit großer Vorsicht vor, selbst an der Stelle, wo er Clodia des unzüchtigen Lebens mit jungen Männern bezichtigt. Ebenso als er andeutet, was ihr Bruder Clodius angeblich mit Caesars Ehefrau und anderen vornehmen Römerinnen beim Fest der Bona Dea, der Guten Göttin, angestellt haben soll. Der Todfeind von Bill Clinton, der Staatsanwalt und rechtsgerichtete Moralist Kenneth Starr, stand unaufhörlich selbst wie ein auf Sex fixierter Lüstling da, der sich um jeden Preis in den pornografischen Details wälzen wollte, die er aus dem Leben des Präsidenten ausgegraben hatte. Das Kunststück ist, wie Ciceros es tut, alles anzudeuten, ohne Klartext zu reden.

Dies ist wieder einer der Fälle, in denen sich die *Paralipsis* ausgezeichnet für unsere Zwecke eignet.

Man macht sich ziemlich lächerlich, wenn man zur Unzeit öffentlich sexuelle Anspielungen macht. Erinnern Sie sich auch an einen dummen Lehrer, der das immer tat?

Es gibt natürlich Grenzen, in denen es ein netter Scherz ist, mit Zweideutigkeiten zu kommen. Wie ich im vorigen Kapitel schon sagte, bietet das Verbotene wunderbare Möglichkeiten zu einem Lacher. Aber es ist auch eine Tatsache, daß Sex nicht mehr zum Verbotenen gehört, aber dennoch peinlich wirken kann. Sie können plötzlich als ein jämmerlicher, erotisch verhungerter Klemmi dastehen.

Also, warum sollte man das Risiko eingehen?

Selbst mit mehr ernstgemeinten Äußerungen über Sex sollte man sehr vorsichtig sein. In allen rhetorischen Richtungen ist Gudrun Schyman fast unglaublich geschickt. Sie ist die Teflon-Frau der schwedischen Politik, an der nichts hängen bleibt, vorausgesetzt, daß sie es vor der Aufdeckung vor die Fernsehkameras und Mikrofone schafft. Doch in einer denkwürdigen Rede berührte sie tatsächlich eine Grenze, als sie ihre Rollen aufzählte, und zu «Mutter» und «Parteivorsitzende» auch noch «Geliebte» hinzufügte.

Es ist natürlich überhaupt kein Fehler, ein Sexualleben zu haben und das auch wichtig zu finden. Clinton und Kennedy scheinen daran mindestens so viel gedacht zu haben wie an die Politik. Doch sie begnügten sich damit, es, so gut es ging, privat zu halten. Das Problem ist einfach, daß wir außer im Privatleben nie – wie befreit wir auch sein mögen, nicht am Mittagstisch in der Kantine oder wo sonst auch immer – darüber zu reden pflegen, wie groß unser Interesse an Sex ist. Ich weiß nicht genau, wie Frauen es damit halten, doch wenn man über so etwas mit männlichen Freunden redet, dann geht es meist darum, Probleme zu vergleichen. Man würde auch in der engsten Freundschaft niemals eine Konversation mit dem Satz «Mein Gott, was haben wir es geil im Bett» einleiten. Und andererseits wachsen Worte eben auch. «Geliebte», vom Rednerpult aus gesprochen, klingt wie «Nymphomanin», auf dem Papier geschrieben. Und drittens macht das ungefähr denselben Eindruck, als wenn ein Lehrer die Sprache der Jugendlichen zu sprechen versucht, um zu zeigen, daß er tatsächlich auch mal mit von der Partie war.

## 30. Grobe Worte

Der Pessimist Schopenhauer hat neben seiner Definition von Humor und Lachen auch ein anderes wichtiges Prinzip für die moderne Rhetorik formuliert: «Eine Grobheit besiegt alle Argumente.»

Das ist leider richtig.

Versuchen Sie selbst einmal, einen Gegner zu überzeugen, der nur sagt: «Blödes Gerede!»

Verunglimpfend und grob zu reden, ist eine rhetorische Methode mit weitem Anwendungsbereich, vom Schulhof über das Fernsehstudio bis hin zum Parteikongreß und der Kulturdebatte. Doch gleichzeitig ist es ein Trick, der viel Nachdenken und Fingerspitzengefühl erfordert, damit man sich nicht gehen läßt und so sich selbst an den Pranger stellt.

Es sieht alles sehr einfach aus. Der Gegner hat mit harten Fakten, brillanten Schlußfolgerungen, wasserdichten Lügen oder unangenehmen Wahrheiten vorgelegt. Mit einem Schlag schneiden Sie den Faden ab und holen die Lacher und die Grölenden auf Ihre Seite, indem Sie etwas sagen wie: «Ich antworte nicht auf die Fragen von Faschisten!» Oder: «Sie und Ihre Elitekameraden!» oder: «Verdammte Leitkultur!» Die oben bereits zitierte «Kreatur der Diktatur» gehört natürlich auch hierher, wie auch «irgendeine verdammte Ordnung muß es ja geben».

Die Aussagen müssen nicht unbedingt einen Fluch enthalten, aber es ist in der Regel kein Fehler.

Denken Sie nur daran, daß die Kraft des Wortes mit der Anzahl der Anwesenden wächst.

Dieses Phänomen ist nicht auf die Politik beschränkt. Die berühmteste aller öffentlichen wissenschaftlichen Debatten, und zwar die über den Darwinismus, wurde zwischen Thomas Huxley und dem Bischof von Oxford ausgetragen und wurde kaum mit den besten Argumenten gewonnen. Erst als Huxley auf dem Rednerpult betonte, er hätte lieber einen ehrenvollen Affen zum Ahnen als einen lügnerischen Bischof, bekam er das Publikum auf seine Seite!

Das kann so leicht aussehen.

Aber das ist es wirklich nicht.

Ingmar Bergman verunglimpfte den Theaterkritiker Bengt Jahnson, indem er sagte: «Schau mal genau hin, verdammt noch mal!», nur um ihm dann buchstäblich die Zähne einzuschlagen. Doch der Lyrikdebütant, der im Interview erklärt, er werde dem Rezensenten der *Frankfurter Allgemeinen Zeitung* bei nächster Gelegenheit die Zähne einschlagen, macht sich nur lächerlich und wird aus dem Kulturleben weggeeist. Der Verteidiger von O.J. Simpson brachte die Jury dazu, über die DNA-Beweise hinwegzusehen, indem er unter anderem behauptete, die Klägerseite hätte Hilfe von «nationalsozialistischen Völkermord-Rassisten» bekommen. (Ein Zeuge hatte in einem privaten Zusammenhang das Wort «Nigger» benutzt.) Ein noch so buntgefärbter Fluch jedoch gegen einen noch so zweifelhaften Beweis macht die Sache für einen durchschnittlichen Gelegenheitsarbeiter, der des Inzest angeklagt ist, sicherlich schlimmer.

Grobheiten können nämlich nur in einer ganz speziellen Lage der Debatte eingesetzt werden. In allen anderen Fällen wirken sie lächerlich und schlagen unweigerlich auf Sie selbst zurück. Es ist wie ein Spiel mit drei Rollen: der Redner, der, von dem geredet wird, und der, zu dem geredet wird.

Der Redner, also Sie, muß sich gegenüber dem, über den geredet wird, also Ihrem Gegner, in der überlegenen Position befinden, und Ihr Gegner muß sich wiederum in der überlegenen Position zu jenem, zu dem geredet wird, also dem Publikum, befinden. Die Geschicklichkeit eines Höhergestellten kommt immer gut an, wenn der, den er schlägt, ein wenig über uns steht.

Wenn der Gegner Ihnen sozial überlegen ist, dann werden Sie nur eifersüchtig und pathetisch wirken. Ist er Ihnen und uns sehr stark unterlegen, dann wecken Sie Sympathien für ihn. Dieser Trick ist dann anzuwenden, wenn ein Fragesteller aus dem Saal bessere Argumente als Sie hat und droht, das Machtgleichgewicht zu wenden.

Wenn die Zuhörer immer noch davon überzeugt sind, daß Sie derjenige sind, der mehr weiß, dann wirkt es schmeichelhaft, wenn Sie auf dem Weg hinab zum volksnahen Niveau an dem Fragesteller vorbei gehen und «verdammtes Scheißgelaber» sagen. Cicero kann als gewählter Konsul vor dem Senat und dem Volk zu dem besiegten Gegner Catilina sagen: «Was für einen privaten Schmutz gibt es eigentlich, der nicht deinen Körper gebranntmarkt hat? Welche heimliche Scham kennen wir, die nicht an deinem Ruf klebt?» Ein Professor in Philosophie kann einem feindlichen Dozenten in aller Öffentlichkeit «Humbug», «Pfusch» und «Kleinkrämerei» vorwerfen. Der Premierminister kann im Fernsehen behaupten, daß der Vorsitzende der Opposition ein «falsch programmiertes Gehirn» habe. Wenn Sie hingegen in der schlechteren Position sind, dann wirkt der Gebrauch solch grober Worte wie etwas lauteres Hundegebell.

Als Göran Persson in einer Livesendung eine arme kleine Tante aus den Tiefen seiner eigenen Partei mit: «Das behauptet ihr Kommunisten immer» mundtot machte, war das für ihn eine Katastrophe.

Verunglimpfung und vulgäres Auftreten als Methode in Debatten funktionieren nur, wenn Sie ein wenig – nur ein wenig – soziales Oberwasser haben.

Aber dann funktioniert es verdammt gut!

## 31. Das Ohr und das Lächeln der Politiker

Schon die antiken Autoren der Rhetorik zeigten Interesse für Gesten und Bewegungen, also für das, was wir heute Körpersprache nennen. Während der Renaissance, als die Buchdrukkerkunst dies möglich gemacht hatte, gab es sogar Bildserien mit unterschiedlichen Handbewegungen, die man ausführen, und bestimmten Körperpositionen, die man einnehmen konnte, um verschiedene Gefühle oder Ermahnungen auszudrücken.

Doch heute führen solche Bildserien vor allem dazu, daß man einsieht, wie ungeheuer kulturgebunden solche Dinge sind. Das ist genauso, wie ein Nicken in unserer Kultur «Ja» bedeutet, während es in anderen für ein Nein steht.

Das ist auch in etwa das, was man aus den modernen, vor allem amerikanischen Lehrbüchern zur Körpersprache finden kann. Zum Teil sind sie furchtbar amerikanisch und passen deshalb nicht so gut in die europäische Öffentlichkeit. Und man kann die politische Zugehörigkeit des Autors aus den Bildern ablesen. Politiker, die der Autor mag, werden zum Meister in Sachen Körpersprache erklärt, während die anderen, die der Autor nicht mag, für allzu steif und übertrieben in ihren Bewegungen erklärt werden.

Außerdem gibt es oft in Darstellungen der Körpersprache einen blöden missionierenden Ton. Die vermutete natürliche Sprache des Körpers wird im Kontrast zu der verderblichen, intellektuellen gesprochenen Sprache gestellt. Über den Körper kommen die guten Gefühle und die Wahrheiten heraus und werden auf jene, von Intellektualität befreite Weise dargestellt, von der wir wissen, daß Kinder, Naturvölker und therapeutische Berater sie beherrschen, und zwar im Unterschied zu steifen, schrecklichen männlichen Machthabern.

Leider spricht so rein gar nichts für diese These.

Nur höchst intellektuelle und selbstdisziplinierte Menschen halten einen Mimik-Künstler länger als ein paar Minuten aus.

Körpersprache besteht eigentlich aus zwei verschiedenen Sachen. Es gibt Gesten, die angeboren und deshalb allgemein menschlich sind. Und es gibt andere, die erlernt und deshalb kulturgebunden sind.

Die Bedeutung der angeborenen Gesten ist uns zumeist nicht bewußt. Die Bedeutung der erlernten erfassen wir hingegen sogleich, vorausgesetzt, daß wir zu der Kultur gehören, die sie hervorgebracht hat. Somit sind es die letzteren, die für den Redner interessant sind. Die ersteren sind vor allem für das Publikum interessant, um den Redner zu durchschauen. Deshalb sollte vielleicht auch der Redner sich darüber Gedanken machen, um zu vermeiden, durch sie entlarvt zu werden.

Lassen Sie uns ein paar Beispiele ansehen.

Wer den schwedischen Premierminister Göran Persson ab und zu im Fernsehen gesehen hat, der wird bemerkt haben, daß dieser in der letzten Zeit aufgehört hat, sich ins Gesicht zu fassen oder am Ohr zu ziehen, wenn er über Steuerfragen oder dergleichen redet.

Es muß wohl jemand mit ihm darüber geredet haben.

Sich ins Gesicht zu fassen, während man redet, ist nämlich eines der sichersten Zeichen dafür, daß man lügt. Es ist eine Angst- oder Schutzbewegung, die Unsicherheit ausdrückt, den Wunsch, sich und seinen Gesichtsausdruck zu verstecken. Das ist bei allen lügenden Menschen in der ganzen Welt gleich.

Es soll das sogar bei unsicheren Affen geben.

Wenn Ihre Freundin nach Hause kommt und erzählt, wo sie gewesen ist, und sich dabei mit dem Zeigefinger die Schläfe reibt, wenn der Chef mit Ihnen darüber spricht, daß Ihr Gehalt nicht erhöht werden kann, und sich dabei das Kinn reibt, wenn der Finanzminister sagt, daß die Einsparungen auf keinen Fall die Ärmsten der Gesellschaft treffen werden und sich dann am Ohrläppchen zieht – dann ist es Zeit, mal genauer nachzudenken.

Das gilt auch umgekehrt. Wenn diese Einsicht erst einmal über den Wissenschaftskanal des Fernsehens verbreitet worden ist, lernen die Machthaber natürlich, solche Gesten zu vermeiden. Die in Ihrem Publikum, die die Sendung gesehen oder dieses Buch gelesen haben, wissen jetzt auch davon. Fassen Sie sich also deshalb nie ins Gesicht!

Etwas bekannter, aber von geringerer rhetorischer Bedeutung, ist die exklusive weibliche Geste, sich «zu putzen». Frauen zeigen unabhängig von ihrer Kultur oder Nationalität völlig unbewußt sexuelles Interesse für eine neue Bekanntschaft, indem sie eine Haarlocke beiseite schieben oder auf irgendeine Weise ihre Kleidung richten. Sagt man.

Um so wichtiger ist das Lächeln und alles, was dazu gehört. Dabei ist es absolut von der jeweiligen Kultur abhängig, wieviel Lächeln wir erwarten oder ertragen. Das angelernte amerikanische, die Zähne zeigende Riesenlächeln breitet sich immer mehr aus. Doch gleichzeitig gibt es etwas, was wir nicht kontrollieren können, nämlich die Augen. Ehrlich gesagt kann ich nicht sagen, wie der Unterschied zwischen einem lächelnden und einem nicht lächelnden Auge aussieht, aber ich sehe es sofort. Sie auch. Im Fernsehen sowieso. Doch eigentümlicherweise erkennt man es auch in großen Räumen noch so weit hinten, wo man es eigentlich physisch gar nicht mehr erkennen kann. Eine mir flüchtig bekannte Frau, die oft öffentlich redet, ist bekannt für ihre «gemeinen Augen». Ich finde, daß sie eigentlich ein ausgesprochen netter Mensch ist. Doch was die Leute sehen, und ihr natürlich nicht sagen, ist, daß die Augen und das Lachen nicht zusammen passen. Ein eingelerntes Theaterlächeln in Kombination mit einem eiskalt starrenden oder ängstlichen Blick macht einen furchteinflößenden Eindruck. Wie eine geschminkte Leiche. Amerikanische Lächler und ein europäischer Lehrjunge wie Tony Blair scheinen die Fähigkeit zu besitzen, wirklich, zumindest für den Augenblick, sich selbst einreden zu können, daß das, was sie gerade machen, superlustig und ganz nett gemeint ist. Doch in unserem Land bleibt das Lächeln oft in der unteren Gesichtshälfte stecken.

In dieser Situation spielt es auch kaum eine Rolle, was Sie zu sagen haben. Das Publikum sieht und erinnert nur den bösen Blick. Haben Sie, wenn Sie auf die Bühne gehen, das Gefühl, im Lotto gewonnen zu haben? Nicht? Dann lächeln Sie lieber nicht und seien Sie statt dessen natürlich steif und langweilig. Das ist dann viel unterhaltsamer.

Viele Redner nehmen sich gern ein «Kuscheltier», um ruhiger und sicherer zu werden. Wenn man einen Gegenstand in der Hand hält – einen Bleistiftstummel, einen Zeigestock, unseren Spickzettel, eine Brille, einen Füller, ein Buch, ein Stück Tafelkreide – wird man auf der Bühne erstaunlicherweise viel ruhiger und sicherer.

Die populärpsychologische Erklärung dafür ist, daß es eine Erinnerung aus der Zeit der Mammutjäger ist, sicher zu sein, wenn man eine Waffe in der Hand hat. Populäre Handbücher sehen diese Sache ziemlich eng. Ich selbst muß sagen, daß ich als Zuhörer nie darüber nachgedacht hatte, ehe man mich darauf aufmerksam machte. Und ich habe auch nie bemerkt, daß dieses Verhalten jemand anders stören würde. Es ist doch vielmehr richtig süß und sympathieweckend, sich vorzustellen, daß das scheinbar so sichere Jonglieren des Kernkraftingenieurs mit der Kreide seine kleine Methode ist, sich sicher zu fühlen.

Und das Gute daran ist, daß das «Kuscheltier» nicht einmal erschreckend oder aufsehenerregend sein muß. Es muß kein Krummsäbel oder ein zwei Meter langer Zeigestock sein, nein, der eigene Spickzettel oder ein kleiner Stift reichen völlig aus. Nach ein paar Minuten kann man normalerweise den Gegenstand sogar weglegen. Ein paar großzügige Gesten können einen ähnlichen Effekt haben, wenn man erst ein wenig in Schwung gekommen ist. Und die fangen auch das Publikum ein.

Aber damit sind wir schon beim nächsten Abschnitt.

## 32. Die Hände von General de Gaulle und die Brille von Anwalt Bailey

Es versteht sich von selbst, daß die Bedeutung von Gesten und Körpersprache sehr stark mit dem Medium und dem Rahmen einer Veranstaltung wechseln kann. Die größte Wirkung haben Gesten und Gesichtsausdrücke aus der Nähe betrachtet und in kleinen Versammlungen, wo man sie wirklich sehen kann. Und im Fernsehen natürlich.

Auge in Auge mit dem Publikum gilt für Gesten das Gegenteil von dem, was für die Kraft des Wortes gilt. Je größer die Versammlung, desto größere Gesten sind erforderlich, damit sie gesehen werden. Dadurch waren beispielsweise Hitler und Mussolini auch von einer weit entfernten Volksmenge aus gesehen überhaupt nicht klein, ebenso wenig, wie heute der Papst oder ein Schlachtenbummler mit seinen ausladenden Gesten lächerlich wirkt. Das Problem heute ist aber die Fernsehübertragung, bei der man einerseits in einen privaten Raum hineinwirkt, zugleich aber eine vielköpfige unsichtbare Volksmenge zu zähmen versucht. Das ist ein Grenzfall der medialen Wirksamkeit, den wir später noch behandeln werden.

Eine der dümmsten Ansichten über Körpersprache ist die Behauptung, daß Nordeuropäer eine weniger ausdrucksstarke Körpersprache als andere hätten, oder daß sie ihnen sogar einfach fehle. Natürlich gibt es auch bei uns einen reich entwickelten Strauß an bewußten und unbewußten Signalen, die wir aussenden. Nur sind die Bewegungen nicht so ausladend und für Außenstehende schwerer zu sehen und zu deuten, als das vielleicht in südlicheren Ländern der Fall ist. Doch zu behaupten, wie hätten keine Körpersprache, ist genauso dumm, als wenn man sagt, Asiaten verfügten über keinen lebendigen Gesichtsausdruck.

Dennoch könnten wir, obwohl unsere Kultur recht zurückhaltend veranlagt ist, auf dem Gebiet der Rhetorik etwas gewinnen, wenn wir etwas mehr gestikulieren würden. Natürlich soll man nicht mit den Armen wedeln und sich Verhaltensweisen und Bewegungen zulegen, die man selbst und die Umgebung unnatürlich finden würde. Aber man muß auf der Bühne nicht steifer wirken, als man es sonst ist.

Allerdings ist das gerade die Art, die sich viele Redner hierzulande zu eigen machen.

Die Geste von Bill Clinton, wo er mit dem rechten Zeigefinger winkte, wenn er etwas Wichtiges sagen wollte, wirkte sogar im Fernsehen sehr gut. Winston Churchill hielt manchmal auf eine sehr charakteristische Weise seinen Ärmelaufschlag mit der einen Hand fest umschlossen, wenn er etwas Wichtiges sagte. Wahrscheinlich war das eine beruhigende «Kuscheltiergeste», doch sie verlieh gleichzeitig den Eindruck von Gewicht, Direktheit und Autorität. Tony Blair schwingt am Ende eines jeden Satz den Kopf nach vorn, um seinen Worten Nachdruck zu verleihen. Olof Palme war zumindest in der Öffentlichkeit ein Erlebnis mit seinem ungewöhnlich lebendigen Repertoire an Gesten.

Nicht nur in juristischen Zusammenhängen kann man einiges aus der Schilderung von Hasse Alfredson von 1962 über die Anwaltslaufbahn seiner Hauptperson in *«Ernst Semmelmans Erinnerungen»* lernen:

*«Außerdem konnte ich mit einer Brille umgehen. Ich hatte das heimlich geübt. Ich konnte sie ganz weit vorn auf die Nase setzen und dann über die Kante sehen und sagen: ‹So?›, so daß es klang, als hätte ich ein paar besonders schwerwiegende Fingerabdrücke in der Hinterhand. Ferner konnte ich sie mit der ganzen Hand über die Augen schieben und sie mit einem schnellen: ‹Was Sie nicht sagen!› abnehmen. Ich konnte sie in der einen Hand herumdrehen, indem ich sie am Bügel hielt, und sie dann plötzlich zusammenfalten und damit auf den Angeklagten zeigen, so daß der ganze Saal vor Erschrecken*

*zusammenfuhr. Ich beherrschte ganz einfach den Trick mit der Brille. Ein phantastischer Vorteil.»*

Das Lustige ist, daß ich tatsächlich eine Videoaufnahme aus dem Jahr 1995 besitze, als der legendäre Verteidiger F. Lee Bailey während des Simpson-Prozesses genau diese Dinge beim Verhör mit dem Polizeizeugen Mark Fuhrman macht.

Ermahnende Zeigefinger, Armbewegungen, um in Richtung Zukunft zu weisen oder das Publikum zu umarmen, raffinierte Brillentricks, resigniertes Achselzucken angesichts der nutzlosen Argumente der Gegenseite, gespieltes Unbehagen angesichts ihrer Dummheit, so zu tun, als würde man ein Staubkorn vom Ärmel wischen, wenn es um die herablassende Haltung der Oberschicht geht, laut und leise mit dem Zeigefinger anzeigen, indem man nach oben und nach unten weist, scheinbar entschuldigend die Handflächen nach oben zu kehren, und so weiter und so fort, das alles ist in Deutschland ebenso anwendbar wie in anderen Ländern. Auf jeden Fall verschafft es Ihnen einen Vorteil gegenüber den anderen hölzernen Figuren.

Doch wie gesagt: nur so lange sich das auch natürlich anfühlt oder wenigstens diesen Eindruck erwecken kann.

General de Gaulles Handbewegungen in den Fernsehreden während seiner Zeit als Präsident Frankreichs in den 60er Jahren sahen auf der Mattscheibe imponierend aus. Doch, selbst wenn er sie wahrscheinlich ganz natürlich eingesetzt hatte, machte Knut Stahlberg, der Korrespondent des schwedischen Fernsehens in Paris, einen albernen Eindruck, als er mit denselben Gesten auftrat wie der General. Es wirkte ein wenig so, als hätte er eine Uniform an, die zu groß sei. Oder wie ein Schwede, der Samba tanzen soll.

Noch schlimmer ist es, wenn Sie einen Kurs in Körpersprache besucht und gelernt zu haben, natürlich zu wirken. Es gibt nur wenige so furchtbare Dinge wie einen Redner, der sich so bewegt, wie man es uns auf der Pädagogischen Hochschule, im Theaterkurs oder im Spiegelseminar beigebracht hat. Alles, was bewußt und gelernt aussieht, ist furchtbar. Wenn man es dann noch schafft, eine Dosis von dieser therapeutischen «Wärme» hineinzulegen, die man in solchen Kursen auszustrahlen lernt, dann ist die Katastrophe perfekt.

Es gibt Schauspieler, die auch als Redner in allgemeinen Angelegenheiten glänzend sind. Aber wir haben auch viele gesehen, die einen kümmerlich-künstlichen Eindruck machen, wenn sie plötzlich mit Hilfe der Kunstgriffe, die sie gelernt haben, sich selbst darstellen müssen.

Dieses Problem ist verwandt mit den fertigen Modegesten, die sich heute über die Massenmedien ausbreiten, wie es in der Nachkriegszeit die Modewörter getan haben. Dort ist es schlimm genug, wenn sie in Mode sind, doch absolut katastrophal, wenn sie schon auf dem absteigenden Ast sind. Zeigefinger und Mittelfinger in die Luft zu strecken, um Anführungsstriche anzudeuten, wirkte geschickt, als wir es zu Beginn der 80er Jahre zum ersten Mal sahen. Dann aber wurde eine Landplage daraus und schon bald wirkte es nur noch doof.

Wenn man auf der sicheren Seite sein will, vermeidet man solche Albernheiten.

Die Hand ein wenig über dem eigenen Kopf flach in die Luft zu halten, um anzudeuten, daß die Verantwortung in dieser Sache höher ist als man selbst beeinlussen kann, ist doppelt falsch, denn einerseits heißt das, daß man die Schuld von sich weist, andererseits ist das eine Modegeste, die noch angestaubter ist als die «Zitatfinger».

Ähnlich verhält es sich mit den Fingerzeichen, die in Südeuropa uralt sind, aber inzwischen, nachdem sie den Umweg über die USA und England genommen haben, auch in Deutschland gebräuchlich geworden sind.

Den «Stinkefinger» hierzulande in einer Debatte anzuwenden, ist ebenso albern, wie ein Sexschimpfwort in einer fremden Sprache zu verwenden, wo es einen Einheimischen schokkieren würde. Außerdem gibt es bei solchen Sachen immer Schwierigkeiten mit der Übersetzung. Man kann sich vorstellen, daß in Deutschland ein Signal, das aus dem Kreisen der Finger mit einem V-Zeichen an der Schläfe besteht, bedeuten würde: «Der spinnt.» Doch für den Südeuopäer bedeutet das: «Ruf mich um zwei Uhr an!»

Ein Spezialfall, der mit dem verwandt ist, was ich zuvor über Lachen und Humor gesagt habe, ist die ungeheuer steife und hölzerne Körpersprache der nordeuropäischen Politiker. Es ist scheinbar immer noch lohnend, als ländlich, trocken und hölzern zu erscheinen. Wir assoziieren damit Ehrlichkeit und Zuverlässigkeit. Mit dieser Körpersprache können Sie vielleicht Versicherungen verkaufen. Doch sie funktioniert überhaupt nicht, wenn Sie eine Werbung für Hygieneprodukte machen, Kurse für Existenzgründer halten oder eine neue religiöse Lehre propagieren wollen. Auch in anderen Fällen macht es sich in der Regel gut, wenn Sie wenigstens ein bißchen loslassen und etwas mehr Schwung in die Sache bringen als gewöhnlich.

Eigentlich gibt es ansonsten nicht viel zu der Sache zu sagen. Es ist bedeutend wichtiger, was Sie zu sagen haben, und wie Sie es sagen.

Die Handbücher für Tafelreden und Verkaufsreden, die auf dem Markt sind, zeigen alle ein lebendiges Interesse an Körpersprache. Das meiste, was dort gesagt wird, ist ziemlich dumm. Oft beziehen sich die Zeilen darauf, wie man den Eindruck von Sicherheit in einem Maße erweckt, wie es von keinem Redner verlangt wird. Ein typisches Buch dieser Art, amerikanischen Ursprungs, rät uns unter anderem: Fassen Sie nicht Ihren Jackenaufschlag an! Berühren Sie nicht Ihre Brille! Schaukeln Sie nicht auf das Publikum zu! Wedeln Sie nicht mit dem Zeigefinger! Lehnen Sie sich nicht über das Rednerpult!

Der Autor hätte mal Winston Churchill, Herbert Wehner, Tony Blair, Bill Clinton oder Olof Palme in Aktion sehen sollen.

Außerdem dürfen wir, wenn man diesem Lehrbuch Glauben schenken will, kein Wasser trinken, keinen Stift halten, uns nicht herabbeugen und ins Manuskript sehen und nicht auf dem Podium herumlaufen. Hingegen dürfen wir gern die Hände in die Hosentaschen tun, weil das so lässig aussieht!

Zur Sicherheit sollte ich vielleicht darauf hinweisen, daß gerade die Hände in den Taschen seit Urzeiten die einzige nervöse Geste sind, die unbedingt vermieden werden sollte. Nicht zu vergessen, sich ins Gesicht zu fassen.

Wasser zu trinken, um sich ungerührt zu zeigen, während das Publikum über den jüngsten Witz lacht, den man gemacht hat, oder während man sich eine vernichtende Antwort auf eine dumme Publikumsfrage ausdenkt, ist eine ausgezeichnete Geste. Sie kann auch als die Spannung steigernde Pause in der *Narratio* oder dergleichen benutzt werden. Wenn man den Eindruck von Ruhe, Nonchalance und Sicherheit erwecken will, dann ist eine Mineralwasserpause, vielleicht im Zusammenhang mit dem Öffnen der Flasche und dem Nachfüllen des Glases eine der besten Methoden, die es gibt. Und über die Uhr, Bewegungen auf dem Podium und dergleichen haben wir ja schon gesprochen.

Trotzdem kann es natürlich sein, daß der Autor des Buches ein geschickter Verkäufer ist, denn es ihm ja scheinbar gelungen, seinen Text an den Mann zu bringen.

## 33. Hitler, der Spiegel und das Publikum

Ich persönlich stehe den meisten Formen von organisiertem Training auf diesem Gebiet sehr skeptisch gegenüber. Es geht im Grunde doch darum, man selbst zu sein und zu wagen, es zu sein.

Vermeiden Sie auch die bestialischen Übungen, die unter dem Namen «Spiegelübungen» im Arbeitsleben grassieren! Das bedeutet, daß die Teilnehmer mit oder ohne Publikum eine Rede halten, die auf Video aufgenommen wird. Dann wird das Elend abgespielt und der Redner wird der doppelten Tortur ausgesetzt, daß er sich selbst versagen sieht, und auch noch die Meinung der anderen dazu anhören muß.

Hitler soll angeblich seine Gesten vor dem Spiegel eingeübt haben. Aber er war eben leider Hitler. Wenn die Sache überhaupt stimmt. Für die meisten *normalen* Menschen hat eine solche Qual auf jeden Fall katastrophale Folgen. Ich bin schon als Vortragender in anderen Sachen auf Kursen eingeladen gewesen, auf denen so etwas gemacht wurde, und soweit ich erkennen konnte, waren die Teilnehmer nach der Behandlung eindeutig schlechter. Ich habe niemals die Diskussionsrunde im Frühstücksfernsehen, an der ich über ein Jahr lang jede Woche teilgenommen habe, gesehen, auch nicht, wenn meine Familie sie aufgenommen hatte oder eine Sendung wiederholt wurde. Und keiner meiner beiden Mit-Akteure schien das zu tun. Ich sehe mich nie selbst im Fernsehen an.

Warum sollte ich mir nicht gönnen, weiterhin zu glauben, daß ich aussehe wie Tom Cruise, mich bewege wie Clint Eastwood und klinge wie Denzel Washington?

Es geschieht nicht nur aus Feigheit, daß ich mich weigere, meine eigenen Auftritte anzuschauen. Abgesehen von der psychischen Plage ist es eine Tatsache, daß man kein besserer Redner davon wird, wenn man seine eigenen Gesten von außen beurteilt. Das lenkt das Interesse nur vom einzig Wesentlichen ab, nämlich den Reaktionen des Publikums. Ist man im Fernsehen aufgetreten, dann darf man gern hinterher gut zuhören, was die Familie oder andere kritisch eingestellte Personen zu dem, was sie gesehen und gehört haben, zu sagen haben. Meine Tochter hat mich dabei einmal auf eine ausgeprägte Angewohnheit hingewiesen, mir in Gesicht zu fassen, die ich mir daraufhin abgewöhnt habe.

Und bei normalen Auftritten Auge in Auge hat man ja die ganze Zeit die Antworten des Publikums zur Hand. Lachen sie, wenn man es will, dann hat man es richtig gemacht. Applaudieren sie mehr als gewöhnlich, hat man es richtig gemacht. Sagt jemand hinterher, daß man das Publikum auf seiner Seite hatte, dann hat man es richtig gemacht. Machen sie hinterher, was man wollte, dann hat man es richtig gemacht.

Wenn nicht, hat man es falsch gemacht.

Zu lernen, vor einem Publikum zu spielen und auf es einzugehen, ist eine Frage von *trial and error*, eine rein experimentelle Tätigkeit. Eine sichere Methode des Scheiterns ist, als Lehrer oder Vortragender zu versuchen, sich in die Psyche des Publikums oder der Schüler einzudenken und sich zu fragen, wie man selbst auf die Sachen reagieren würde, die man plant und tut. Das Publikum denkt ganz einfach nicht so wie Sie, es reagiert nicht wie Sie. Oder vielleicht mangelt es uns auch ganz einfach an der nötigen Phantasie, uns selbst so zu sehen, vor allem, wenn wir uns auf Video bewundern müssen.

Versuchen Sie es mit einem lebendigeren Auftreten. Versuchen Sie, auf der Bühne auf und ab zu gehen. Das schafft Aufmerksamkeit. Beachten Sie, was dort unten geschieht, draußen im Saal, anstatt darüber nachzudenken, welchen Eindruck Sie machen. Versuchen Sie, etwas fallen zu lassen und sehen Sie, was dann geschieht. Oder seien Sie einmal kurz still und beobachten Sie die Reaktionen im Saal.

Eigentlich ist das doch genau die Art und Weise, wie Sie auch im Privaten auftreten. Es ist tausend Mal leichter, sich mit Ihrem Partner zu einigen, indem Sie seine Reaktionen und seinen Gesichtsausdruck beobachten, anstatt über Ihren eigenen nachzudenken.

Wenn Sie reden, ist das Publikum Ihr Partner.

Alles in allem redet man am besten, wenn man das ganze Publikum einfach als eine Person ansieht, mit der man redet. Das ist derselbe Rat, den man in der Film- und Theaterdramaturgie gibt: Lassen Sie eine Volksmenge agieren, als sei es eine Person mit eigener Persönlichkeit und eigenem Willen!

Das ist genau, was eine Volksmenge oder ein Publikum ist – eine Art «Person» mit einem kollektiven Willen, die ganz anders auftritt, als die Mitglieder es jeweils gesondert tun würden.

Ein Lehrerkollege sagte einmal zu mir: «Es ist doch seltsam, das alle Übungsgruppen sich oft stärker voneinander unterscheiden, als die Individuen es innerhalb der Gruppe zu tun scheinen.» Das ist ein Paradoxon, das viel über die Redesituation sagt. Publikumskontakt heißt nicht, die Menschen von Anfang an anzustarren, sondern daß man sie sieht – zumindest nach einer Weile – sie beobacht und ihre Reaktionen abliest. Genau wie bei jedem anderen menschlichen Kontakt.

Das, was einen langweiligen und ungeübten Redner auszeichnet, ist nicht, daß er viele Fehler machen wird, sondern daß er an seine eigenen Reaktionen denkt, anstatt die des Publikums zu beobachten.

Einer der wenigen vernünftigen Ratschläge für nervöse Anfänger, die ich auf einem Kurs gehört habe, betrifft eben dies. In einer größeren Versammlung gibt es immer jemanden, der Ihnen gegenüber positiv eingestellt ist oder der ganz einfach einen richtig guten Tag hat. Er wird lächeln und es wird so aussehen, als würde er an Ihren Lippen hängen. Sehen Sie in dieses freundliche Gesicht! Wenden Sie sich nur ihm zu mit dem, was Sie zu sagen haben! Lesen Sie seine Reaktionen ab!

Zumindest, wenn Sie nach Ihrem zitternden *Exordium* ein wenig in Schwung gekommen sind.

Wahrscheinlich wird er ganz vorne links sitzen.

Der etwas geübtere Redner kann sich dann an die Aufgabe machen, den Langeweiler da hinten am Fenster zu überzeugen, der aussieht, als hätte er Zahnschmerzen. Reden Sie zu ihm, überreden Sie ihn, versuchen Sie, ihm wenigstens eine kleine positive Reaktion abzugewinnen!

Leider sind uns keine Publikumreaktionen auf die Reden aus der Antike überliefert. Doch zumindest in der ersten Rede von Cicero gegen Catilina im Senat, will die Forschung Reaktionen des Publikums schon verarbeitet sehen. Cicero zielt in dem überlieferten Text schon recht früh auf einen Höhepunkt:

*«(...) und doch werde ich dich erkennen lassen, was diese Männer hier von dir denken. Verlass die Stadt, Catilina, befreie das Gemeinwesen von seiner Furcht, gehe in die Verbannung, wenn dies das Wort ist, worauf du wartest!»*

Pause. Anscheinend war geplant, daß die Senatoren Beifallsrufe äußern sollten zu dem Beschluß, den Oppositionsführer ohne Gerichtsverfahren außer Landes zu jagen. Doch offenkundig blieb es ziemlich still. Der erwartete Beifall blieb aus. Die Senatoren sind nicht einverstanden, entgegen der Verfassung auch einen noch so terroristisch veranlagten Kollegen aus dem Land zu werfen. Doch Cicero wäre sich selbst nicht treu, wenn er sich nicht rasch gefaßt hätte, um dann ungefähr zu sagen:

*«Was ist, Catilina? Erkennst du, bemerkst du das Schweigen dieser Männer? Sie erheben keinen Einspruch, sie schweigen. Was wartest du noch auf ihr ausdrückliches Wort, wenn du aus ihrem Schweigen ihren Willen erkennst?*

*Freilich hätte ich dasselbe zu diesem trefflichen Jüngling Publius Sestius oder zu dem tüchtigen Marcus Marcellus gesagt, so hätte der Senat schon längst an mich, den Konsul, in ebendiesem Tempel mit vollstem Rechte gewaltsam Hand angelegt. Bei dir aber, Catilina, billigen es die Senatoren, indem sie ruhig bleiben; sie beschließen es, indem sie es geschehen lassen, und sie schreien es hinaus, indem sie schweigen.»*

Cicero tobt weiter und wendet die öffentliche Meinung am Ende zu seinen Gunsten. Doch solche Situationen zu analysieren, gehört in den Oberkurs.

## 34. Caesars Toga, Chruschtschows Schuh und Lincolns Toilettenpapier

Man kann beobachten, daß geschickte Redner mit dem Ziel, eine Debatte zu gewinnen, oft unbewußt die Körpersprache und die drastischen Gesten anwenden, die viele Amateure sich zu eigen machen. Und ich betone nochmals, es ist alles erlaubt, solange es funktioniert.

Hier geht es vor allem um Fälle, in denen man wie beim Gebrauch von Grobheiten eine Schockwirkung erzielen kann, indem man einen Moment lang das Prinzip des *Decorum* aufgibt.

Ciceros Erzfeind Marcus Antonius stammte aus einer Familie großer Redner. Leider ist uns keine Probe seiner eigenen Redekunst überliefert. Doch zumindest jener Auftritt ist berühmt, als er im Jahre 44 v. Chr. nach dem Mord an Caesar auf dem Forum zum römischen Volk sprach und als Höhepunkt die blutige und durchbohrte Toga des Diktators zeigte, was von Quintilian mit professioneller Anerkennung gewertet wurde. Der Historiker Plutarch überliefert diese Geschichte etwas ausführlicher, und Shakespeare schmückt sie in der Antonius-Rede in seinem Drama *«Julius Cäsar»* noch einmal weiter aus.

Diese Shakespeare-Rede wird in Darstellungen wie dieser immer zitiert, und ist ein guter Beweis für Shakespeares rhetorische Versiertheit aus der Lateinschule. Doch es muß darauf hingewiesen werden, daß es sich nicht um eine antike Rede handelt. Es ist eher unwahrscheinlich, daß ihre feinsinnige Ironie in dem Treiben auf dem Forum ihre Wirkung erzielt hätte, nicht einmal wenn sie mit der Bravour eines Marlon Brando in der klassischen Verfilmung aus dem Jahre 1953 vorgetragen worden wäre. Die Geste mit der blutigen Toga und ihre schockierende Wirkung auf die Volksmenge sind hingegen überliefert.

Oder Nikita Chruschtschow – kein Wort dieses populären, volkstümlich schlagkräftigen Sowjetführers ist so in Erinnerung geblieben wie die Geste im Oktober 1960 als er in den Vereinten Nationen seinen Worten dadurch Nachdruck verlieh, daß er seinen Schuh auszog und damit auf seine Bank donnerte!

Wer das tut, der bringt auf jeden Fall die Gegner zum Schweigen. Er zeigt durch die offene Verachtung des *Decorum* und der Heiligkeit des Platzes, wer hier wirklich die Oberhand hat.

Sogar Abraham Lincoln griff zu jedem Mittel, wenn es erforderlich war. Als junger Verteidiger war er einmal in Begriff, einen Prozess zu verlieren, als der Staatsanwalt mit einer anrührenden Rede offenbar einen tiefen Eindruck auf die Jury gemacht hatte. Lincoln hatte sein eigenes mit Fakten versehenes Schlußplädoyer bereits gehalten. Doch der Staatsanwalt folgte dem Rat des Gorgias, den Ernst des Gegners mit Witz zu bekämpfen, und konnte so die Verteidigung gegenstandslos machen. Plötzlich verzieht Lincoln das Gesicht als litte er unter Krämpfen. Er sieht sich verzweifelt um, entdeckt vor sich auf dem Tisch eine Zeitung, reißt ein paar Blätter heraus, knüllt sie zusammen und verschwindet mit gekrümmtem Oberkörper aus dem Saal. Alle lachen, und als er mit erleichterter Miene zurückkehrt, ist die Darstellung des Staatsanwalts völlig vergessen. Lincolns Klient wird freigesprochen.

Im Fernsehen, wo alles in derselben intimen Nahaufnahme zu sehen ist wie in dem kleinen Gerichtssaal in Illinois, ist die Bedeutung der Gesten und der Mimik noch stärker diskutiert worden. Eine skeptische Grimasse oder der Eindruck schweren gefühlsmäßigen und intellektuellen Leidens während einer Antwort der Gegenseite, können, sofern sie von der Kamera eingefangen werden, mindestens genauso vernichtend wirken wie die schlagkräftige Antwort, mit der Sie eigentlich kommen wollten.

Doch damit sind wir schon im rein massenmedialen Bereich und dem Aufschwung, den das gleichzeitig intim und direkt wirkende Medium Fernsehen für die uralten rhetorischen Tricks und Fertigkeiten bedeutet.

## 35. Elementare Fernseh-Rhetorik

Das Fernsehen hat das Interesse für die Rhetorik als praktische Wissenschaft wieder entfacht. Doch gleichzeitig verändern die neuen Medien natürlich auch die Bedingungen der Kommunikation.

Seit es Fernsehen gibt, ist schon viel Böses über seine Wirkung auf die Gesellschaft gesagt worden. Dasselbe wurde zuvor über Radio und Filme gesagt. Ja, schon als die Buchdruckerkunst erfunden wurde, hieß es, die gedruckten Bücher würden die Gesellschaft oberflächlicher machen. Die richtig vornehmen Humanisten und Mäzene des 15. Jahrhunderts wie Cosimo de Medici weigerten sich lange, solch eine Unkultur in ihre Handschriftensammlungen einzuschleppen.

Das heißt nicht, daß das Fernsehen die Hoffnung erfüllt hätte, die man an das neue Medium als volksbildendes und informatives Element gestellt hatte.

Wenn man einen laut gelesenen, gut argumentierenden Text im Fernsehen mit einem in Buchform gehaltenen Text zum selben Thema vergleicht, dann ist klar, daß der Text im Buch gekürzt werden müßte, daß man sich dennoch an Teile nicht erinnern würde und daß er wahrscheinlich insgesamt im Medium Fernsehen nicht funktionieren würde. Andererseits kann sich das Fernsehen nicht mit dem alten Radio messen, das ja in gewisser Weise eine Fortsetzung der guten alten Methode war, gelehrte oder unterhaltende Literatur zu konsumieren: laut für sich allein oder in der Gruppe gelesen.

Doch das alles birgt nur dann ein Problem, wenn man glaubt, daß die Information des Fernsehens das geschriebene

Wort ersetzen wird, oder daß die Menschen weniger lesen würden, seit sie das Fernsehen haben.

Glücklicherweise ist nichts davon der Fall.

In der computerisierten Informationsgesellschaft wird mehr gelesen als je zuvor. Wir produzieren mehr beschriebenes Papier als je, und wenn wir gerade nicht lesen, dann starren wir, wie ich es gerade tue, auf Bildschirme mit elektronisch produzierten Buchstaben.

Außerdem produziert das Fernsehen, was Debatten, politische Aussprachen und Rhetorik im Allgemeinen angeht, eben die Verhältnisse, die auf dem antiken Markt herrschten, auf der Agora in Athen und dem Forum in Rom. Unser Bild von der antiken Kultur wird in hohem Maße verzeichnet, wenn wir nicht verinnerlichen, daß es eine mündliche Kultur war, ähnlich wie die, die uns täglich im Fernsehen begegnet.

Es sind, unter uns gesagt, doch keine Tiefsinnigkeiten oder intellektuell stringenten Argumentationen, die Cicero in seinen berühmten Reden abliefert. Die Tiefsinnigkeiten, die er und seine Umgebung zu bieten hatten, wurden in weniger öffentlichen, oder anders gesagt, weniger massenmedialen Formen ausgetauscht. Schon damals.

Eine Serie berühmter Wahldebatten 1858 in Illinois zwischen Abraham Lincoln und dem der Sklaverei gegenüber positiv eingestellten Senator Douglas wird oft als ein Beispiel für die avancierte rhetorische Kultur der damaligen Zeit im Vergleich mit der politischen Oberflächlichkeit in den modernen Massenmedien verglichen. An sieben Orten versammelten sich große Volksmengen, an einem Ort waren es zwanzigtausend Personen, oft bei schlechtem Wetter, um die beiden Kandidaten debattieren zu hören. Drei Stunden dauerte jede Diskussion.

Aber ist das so ein großer Unterschied zu einem unterhaltungssüchtigen Fernsehpublikum? Einerseits bekamen die Leute Unterhaltung geboten in Form von ungeheuer lebendigen und geschickten Reden. Andererseits sind die berühmten

Aussagen von Lincoln, die aus diesen Debatten überliefert sind, keineswegs irgendwelche tiefsinnigen Analysen zur Lage, sondern harte und erfindungsreich drastische Einzeiler, die ihren Platz in jeder Talkshow finden könnten, was den Wert der Debatten im Kampf für die Abschaffung der Sklaverei natürlich nicht mindert. Ferner dauerten die Veranstaltungen insgesamt ungefähr jene Zeitspanne, die einem modernen Fernsehpublikum zugemutet wird, wenn es um Parteibotschaften im Wahlkampf geht – denken Sie nur an die Debatten zwischen Schröder und Stoiber.

Es wird mit Recht darauf hingewiesen, wie kurzlebig Fernsehdebatten sind. Was in der Talkshow von gestern eigentlich gesagt wurde, ist für immer fort und vergessen, wenn es nicht jemand auf Video aufnimmt. Doch auch das meiste von den Debatten zwischen Lincoln und Douglas ist fort, abgesehen von jenen Passagen, die von Zeitungsreportern im Publikum mitstenografiert wurden.

Es wird immer geklagt, daß das Fernsehen all' das, was Politiker im Bundestag oder auf Treffen ausführlich vortragen, auf höchstens fünfzehn Minuten herunterkürzt. Doch wenn man bedenkt, wie die meisten von ihnen klingen, dann mag man das kaum als Verlust betrachten. Die überlieferten Reden von Cicero sind bedeutend länger, doch sie stammen auch aus Gerichtsverhandlungen. Die Schlußplädoyers im Prozeß um O.J. Simpson hatten auch ungefähr diesen antiken Umfang, zum Teil waren sie noch länger. Man darf ja auch nicht vergessen, daß Cicero seine Reden hinterher nachbesserte. Die längste von ihnen, die Verteidigungsrede für Milo, die wir mehrere Male zitiert haben, ist eine echte Umarbeitung. In Wirklichkeit war dies nämlich einer der wenigen Prozesse, den Cicero verlor. Die überlieferte Rede aber ist eine gigantische Übung in juristischem *esprit d'escalier* – dem Geist der Steigerung.

Wenn wir uns den antiken politischen Agitationsreden vor Volksmengen zuwenden, dann muß man feststellen, daß sämtliche Textproben, die uns erhalten blieben, nur von zweifelhafter Echtheit sind. Doch sie erzählen vor allem von dem allgemein gut entwickelten rhetorischen Vermögen, und auch hier schien die ideale Zeitspanne ungefähr eine Viertelstunde gewesen zu sein. Lincolns als Manuskript erhaltene Reden – nicht nur jene von Gettysburg, sondern auch diejenigen, mit denen er auf dem Markplatz Wähler und Gegner für sich gewann – sind oft sehr kurz, sozusagen fast im Fernsehformat.

Aber wenn das Fernsehen auch die rhetorische Ursituation des antiken Marktes wieder hergestellt hat, so gibt es natürlich auch einschneidende Unterschiede.

Es ist etwas völlig anderes, ob man sich an ein lebendig gegenwärtiges Publikum wendet, oder an ein Massenpublikum im Fernsehen. Im Studio sieht alles anders aus und klingt auch anders.

Wir wollen hier nur ein paar ganz einfache Beispiele betrachten, um dann im nächsten Kapitel die subtileren Probleme, und wie man sie löst, zu behandeln.

Das Fernsehen verändert die Persönlichkeit des Redners und auch seine rein physische Erscheinung. Im Alltag denken wir gar nicht daran, wie ungeheuer wichtig für unser Bild und unsere Meinung über eine Person, und vor allem einer öffentlichen Person, deren äußere Haltung und körperliche Erscheinung ist. Große Menschen, wie Lincoln, strahlen eine gewisse Autorität und Sicherheit aus, die im Fernsehen unter Umständen nicht bemerkt würde. Und inwieweit seine Häßlichkeit bei näherem Hinsehen im Fernsehen seine Karriere behindert oder im Gegenteil herzerweichend gewirkt hätte, werden wir nie erfahren.

Wer Helmut Kohl oder Carl Bildt einmal im wirklichen Leben begegnet, der wird bemerken, daß sie erstaunlich groß gewachsen sind und deshalb ganz anders wirken als im Fernsehen.

Ein sehr bekannter Verbrecher, der zu seiner Zeit ein Experte darin war, im Fernsehen Mitleid zu erregen, soll in Wirklichkeit riesig und brutal gewirkt haben. Doch auf der Mattscheibe sah er klein, wehrlos und mitleiderregend aus.

So ist auch die Tatsache, daß in der Nachkriegszeit Galauniformen, mit Federn verzierte Hüte und priesterliche Prachtgewänder fast gänzlich verschwunden sind, wohl kaum ein Ausdruck der Demokratisierung.

Sogar der Papst tritt inzwischen ohne Tiara, Sänfte und wedelnde Straußenfedern auf. Alle diese Insignien waren dazu da, Herrscher, Berühmtheiten und religiöse Würdenträger bei Militärparaden, Massenveranstaltungen und Messen auf weite Entfernung und über die Köpfe der Massen hinweg erkennbar zu machen. Im Fernsehen sieht das Massenpublikum die hohen Tiere aus nächster Nähe. Deshalb müssen diese Leute kamerawirksam zeigen, wer der Leithengst oder auch die Leitstute ist.

Die letzten, die sich noch auf die alte Weise ausstaffierten, waren die Diktatoren der Zwischenkriegszeit und ihre Helfershelfer. Doch heute sind Sturmhauben und besondere Kleidungsmerkmale weitgehend verschwunden.

Das soll jedoch nicht heißen, daß Kleider und Accessoires in der Mediengesellschaft ihre rhetorische Bedeutung verloren hätten. Im Gegenteil – das werden wir gleich sehen.

## 36. Voltaire trifft Winnie Puh

Das Fernsehen hat vor allem die Rhetorik intimer gemacht. Alle Regeln für den Aufbau der Rede und das Einwirken der Argumente gelten immer noch, doch Körpersprache, Wortwahl und Gesichtsausdruck werden plötzlich von einem Massenpublikum aufgefaßt, als würden alle an einem privaten Gespräch zu Hause im Wohnzimmer teilnehmen.

Eine schaurig schöne pädagogische Illustration dieses Phänomens konnte man in der großen Wahldebatte zwischen Olof Palme und Thorbjörn Fälldin in Göteborg 1976 erleben, die oft als der Wendepunkt angesehen wird, nach dem Schweden zum ersten Mal seit den 30er Jahren eine bürgerliche Regierung bekam. Wer bei dem Zusammentreffen zugegen war, hatte zumeist den Eindruck, daß Palme sowohl intellektuell als auch rhetorisch über den etwas trägen Fälldin den Sieg davon trug.

Das Fernsehpublikum hingegen sah Fälldin als Sieger an. Oder besser gesagt, er gewann Sympathien mit seiner hölzernen Erscheinung, während Palme neben ihm so beweglich und höhnisch wirkte.

In der Veranstaltung riß Palme das Publikum mit seiner Eleganz, seinen Gesten und der überlegenen Ironie auf dem Podium mit. Vor dem Fernseher wirkte das wie ein Benehmen, das man zu Hause am Kaffeetisch als ungebührlich betrachtet hätte. Die streiten ja! Nein! Solche Konflikte wollen wir hier nicht haben!

Und was für ein intellektueller Besserwisser dieser Palme ist! Benimmt man sich so gegenüber einfachen Leuten? Wenn der sich so in der Kaffeepause bei der Arbeit oder auf Schwiegermutters Namenstag betragen würde, dann würde er im hohen Bogen rausfliegen! Gottseidank ist da ja noch der nette Fälldin, der nicht um jeden Preis auf sich aufmerksam machen möchte!

Das war, wie jemand sehr treffend formulierte, als würde man eine Debatte zwischen Voltaire und Winnie Puh verfolgen.

Im Fernsehen gewinnt immer Winnie Puh!

Fälldins Redekunst war allenfalls durchschnittlich. Er redete als lese er aus einem Ausschussprotokoll vor, das in Unordnung geraten war. Dabei waren ihm rhetorische Tricks keineswegs fremd. Beachten Sie Anapher, *Apostrophe*, Kumulation und eine infernalische Form der *Paralipsis* im folgenden typischen Auszug aus der berühmten Debatte:

*«Wenn das deine Überzeugung ist, Olof Palme, wenn du für kommende Generationen eine bessere Gesellschaft schaffen willst, wenn du ihnen die Kernkraftgesellschaft gibst, wenn das deine Überzeugung ist, dann steh hier auf und sage es! Ich*

*stelle nicht deine Überzeugung, deine Ehre, deine Moral in Frage, ich will nur wissen, ob du so überzeugt bist, daß du es hier sagen kannst.»*

Je öfter man das liest, desto unbegreiflicher wird es. Doch das Prinzip des Lysias gilt knallhart im Fernsehen, und in diesem Fall schlug es wie der Blitz in den Wohnzimmern ein.

Vor allem der Tonfall Fälldins war richtig. Der Vertrauen einflößende norrländische Dialekt, die steife Körpersprache, die herzzerreißende Unbeholfenheit. Es ist eine Tatsache, daß wir in Privatangelegenheiten Dummheit mit Ehrlichkeit assoziieren. Ich glaube überhaupt nicht, daß Fälldin ein dummer Mensch war, doch in der Nahaufnahme schaffte er es, als der dumme Bauer aus der Nachbarschaft dazustehen, der es nicht schafft, zu sagen, was das Holz kostet, das er uns geliefert hat.

Legen Sie nun noch das berühmte «infame Lächeln» von Palme drauf, als er Fälldin wirklich erwischt und in die Falle gelockt hatte. Das ist nichts, was ein Publikum im Saal sieht, aber wie schlimm wirkt das auf der anderen Seite des Kaffeetisches vor dem Fernseher! Man kann durchaus Wirkung erzielen, indem man gequält aussieht, wenn der Gegner etwas sagt, aber man weiß nie, wie eine Miene wirkt, ehe man es ausprobiert hat. Palmes Lächeln konnte im wirklichen Leben sehr charmant sein. Aber im Fernsehen war es tödlich.

Ich habe Palme auf Veranstaltungen erlebt, ehe er Premierminister wurde, und das war fantastisch. Er besaß die vollkommen souveräne Fähigkeit, das Publikum zu gewinnen und die Lacher auf seine Seite zu bekommen. Charisma, Intelligenz und Charme. Wahrscheinlich war er der letzte große Live-Redner, den wir in der schwedischen Politik hatten. Doch sein ganzes Leben lang hatte er Schwierigkeiten damit, daß seine guten Seiten auf dem Bildschirm nicht rüberkamen. Wer Palme haßte, der hatte ihn zumeist ausschließlich im Fernsehen gesehen. In gewissem Maße wird sein Problem mit den Medien wahrscheinlich auch zu seinem Tod beigetragen haben.

Allerdings weckte auch schon Abraham Lincoln mit seiner Intelligenz und seiner rhetorischen Geschicklichkeit bei seinen Gegnern ähnliche Gefühle, und erlitt in einer Welt völlig ohne elektronische Medien dasselbe Schicksal wie Palme.

Diese Entwicklung hat auch gute Seiten, denn man muß betonen, daß Figuren wie Hitler, Goebbels und Mussolini im Fernsehen völlig unmöglich wären. Die verführerische rhetorische Kunst dieser charismatischen Personen wirkt, zusammengestaucht auf Fernsehformat und zusammengeschnitten zu kleinen Fetzen mit Geschrei, Grimassen und übertriebenen Gesten, falsch und unbegreiflich. Deshalb sehen und verstehen wir dieses Phänomen heute auf eine Weise, wie es der damaligen Zeit und den Zeitgenossen nicht möglich war.

Das Fernsehen macht die Rhetorik nicht weniger intellektuell. Doch verändert das Medium die Bedingungen und kehrt das oben skizzierte Prinzip von der Bedeutung der Größe um. Wir befinden uns plötzlich wieder in der kleinen Versammlung, wo man nicht einmal ein Rednerpult und einen Wortführer braucht. Gleichzeitig ist die Kommunikation noch einseitiger ausgerichtet als bei einer Massenveranstaltung mit Tausenden Zuhörern. Um es noch komplizierter zu machen, haben wir oft die Kombination aus einem Publikum im Studio, das nach gewöhnlichen Versammlungsregeln, und einem Massenpublikum zu Hause, das nach den Fernsehregeln funktioniert.

So heißt das erste Prinzip der Fernsehrhetorik, daß man sich entscheiden muß, zu wem man reden will.

Das ist ganz einfach.

Ronald Reagan, «the great communicator», war angeblich deprimierend schlecht in Versammlungen und Pressekonferenzen. Doch ebenso wie Lincoln in Gettysburg wußte Reagan natürlich, was er tat. Er sprach leise und lächelnd in die Fernsehkameras, und nur dorthin. Die Anwesenden im Raum waren nebensächlich. Da draußen war das Publikum, vor den Fernsehgeräten.

Genauso wandte sich Bill Clinton mit seiner glänzenden *Refutatio* in der Lewinsky-Affäre nicht an die versammelten Reporter und schon gar nicht an die Mitarbeiter, an die die Rede offiziell gerichtet war. Er redete sich in die Herzen der Fernsehzuschauer.

Wenn man die Möglichkeit hat zu wählen, dann ist es im Fernsehen ein Vorteil, ohne Publikum reden zu können und mit so wenig Studiomitarbeitern wie möglich. Eine gute und flotte Debatte, in der sogar die Kameraleute hörbar gut unterhalten waren, kann durchaus mit sauren Kommentaren aus dem Kontrollraum verfolgt werden, wo man das, was rausging, als zweifelhafte Gemeinheiten empfand.

Natürlich ist es nicht so, daß man als Zivilperson und in gewöhnlichen Zusammenhängen in die Kamera reden sollte. Sprechen Sie den an, mit dem man Sie reden läßt – genau wie am Kaffeetisch. Es ist die Aufgabe der Kameraleute und Tontechniker, Sie zu finden. Aber vergessen Sie nicht, daß auch kleine Dinge, die im Studio bedeutungslos wirken, als ungeheuer wichtig über den Bildschirm gehen. Das können Sie auf der anderen Seite natürlich auch ausnutzen gegen jemanden, der das noch nicht kapiert hat und so die Debatte im Studio gewinnt, nur um sie dann im Kontrollraum und vor allem in den Wohnzimmern zu verlieren.

Deshalb werden Gesichtsausdrücke, Lächeln, Details der Kleidung und dergleichen immer wichtiger. Aber vielleicht gar nicht mal auf Kosten des Wortes. Die großen Gesten hingegen, die Körperhaltung und vor allem die Ausstrahlung, die Autorität und Publikumskontakt ausmachen, kurz: alles, was man Charisma nennt, verliert zunehmend an Bedeutung.

Das ist noch ein weiteres wichtiges Argument gegen die «Spiegelübungen» per Video, die beim Rednertraining im Beruf eingesetzt werden. Bei einem solchen Video wird man sich immer daran messen, wie man im Fernsehen wirken sollte, und nicht, wie man es in der Situation Auge in Auge tun würde, was ja der eigentliche Anwendungsspielraum der

Übung ist. Schon zu einer Gruppe in der Größe einer Schulklasse zu sprechen ist etwas völlig anderes, als die Kaffeetischästhetik des Fernsehens. In ein Manuskript zu schauen und am Anfang erst einmal damit herumzurascheln kann vor tausend erwartungsvollen Zuhörern bei einer Manifestation gegen den Rassismus in der Berwaldhalle oder auf dem Parteitag in Nürnberg sehr effektvoll sein, doch im Fernsehen ist es eine Katastrophe.

Wie aber kann man selbst die neue Mediensituation ausnutzen?

An Ihrem Aussehen können Sie natürlich nichts Grundlegendes verändern. Kleider und Accessoires werden wir unter der Überschrift «Ethos» behandeln. Die Frage, ob wir uns einer Gesellschaft annähern, wo Leute, die aussehen wie Palme und Lincoln, als öffentliche Personen unmöglich werden, können wir den Medienforschern überlassen. Aber es sollte doch bemerkt werden, daß weder Margaret Thatcher noch Rita Süßmuth je hinter irgendwelchen Bikinimodels zurückstehen mußten. Von Moderatoren und Politikern erwarten wir einfach etwas anderes als von den Sternchen in «Baywatch». Und sollte ein Politiker mal als besonders gutaussehend hervorgehoben werden, dann heißt das noch lange nicht, daß die Leute ihn dann auch wählen.

Außerdem kriegen im Fernsehen alle Leute dicke braune Schminke über Falten, Wunden und Winterblässe.

Was die rein mündliche Fernsehrhetorik angeht, haben wir am Beispiel Fälldin schon gesehen, wie das Prinzip des Lysias auch dort sehr wirkungsvoll ist. Nur ganz wenige Leute nehmen Fernsehereignisse auf. Vielleicht gibt es im Massenpublikum irgendeinen elenden Übeltäter, der einen Fehler in den Fakten bemerkt, der im Enthusiasmus auf dem Forum Romanum oder auf dem Petersplatz untergegangen wäre, doch glücklicherweise haben diese Leute es auch recht schwer, in der Mediengesellschaft gehört zu werden. Sonst könnten manche Geschichtsprogramme kaum gesendet werden.

Das, was von den Fakten her eher vage, aber dafür witzig formuliert ist, hat im Fernsehen glänzende Möglichkeiten. Ebenso die kurze, volkstümlich drastische, vom Wortschatz her aber eher schlichte Ausdrucksweise.

Fälldin sagte in einer Reichstagsdebatte vor der Wahl 1976: «Kein Staatsratsposten kann so attraktiv sein, daß ich es mit meiner Überzeugung nicht so genau nehmen werde.» Nur wenige Leute, er selbst womöglich auch nicht, verstanden, was er mit «nicht so genau nehmen» meinte, und es fragte auch niemand, was «Überzeugung» (in Sachen Kernkraft) nun genau beinhaltete. Und selbst, wenn man es verstanden hätte, so wäre diese Äußerung doch vage bis hin zur Bedeutungslosigkeit geblieben. Eins der ersten Dinge, die Fälldin nach der Wahl tat, war, mit den Moderaterna, der konservativen Partei, in dieser Frage einen Kompromiss einzugehen, um Premierminister werden zu können. Aber vorher hatte dieser Satz ungeheuer ehrbar geklungen, als er im Fernsehen ausgestrahlt wurde. Und haben die Grünen in Deutschland vor der Wahl 1998 nicht auch sehr viel konsequenter in puncto Kernkraftpolitik geklungen, als sie später dann in der Regierung auftraten?

Fälldin war ein Naturtalent, oder besser gesagt ein Naturphänomen, das in einer günstigen Situation plötzlich da war. Und etwas von der Schlagkraft seiner Argumente war auf das, was die Griechen sein *Ethos* genannt hätten, zurückzuführen. In gewisser Hinsicht können wir auch von ihm lernen. Die lakonisch kurzen Sätze wirken drastisch. Die Toleranz seltsamen Wörtern gegenüber ist im Fernsehen größer, als wenn sie von der Bühne herab gesprochen werden.

Ebenso verhält es sich mit etwas geschliffeneren Schlauheiten und Aphorismen, was man im internationalen Medienzusammenhang *one-liners* (Einzeiler) nennen würde, die auf Massenveranstaltungen Auge in Auge oft untergehen, im Radio oder im Fernsehen jedoch ungeheuer wirkungsvoll sind. Und im Fernsehen ganz besonders. Es sind nicht die schönen Begründungen oder die vielen Beispiele, die in einer Fernsehdebatte den Ausschlag geben. Es ist besser, mit der richtigen Antwort zu warten – man ist ja auf Sendung – während jemand anders die Zuschauer ermüdet. Und dann zuzuschlagen.

Die immer beklagte Kürze ist eigentlich etwas, was wirklich formulierungsgeschickte Politiker und Debatteure zu ihrem Vorteil auszunutzen verstehen.

Ein anderer Unterschied zwischen dem Fernsehen und dem Sprechen vor einem realen Publikum, ist, daß da andere Regeln für die Einleitung, *Exordium*, gelten. Denn hier müssen wir natürlich Interesse und Neugier der Menschen wecken, damit sie weiter zuschauen und nicht den Kanal wechseln oder den Fernseher ausschalten. Wir dürfen folglich nicht zu Anfang mit dem Manuskript herumfummeln und verwirrt wirken. Hier gelten leider alle üblen Ratschläge aus den amerikanischen Handbüchern. Wir müssen den Zuschauer damit locken, daß wir etwas Wichtiges und Spannendes für ihn bereit halten. Diese Forderung hat hier Vorrang vor der Notwendigkeit, den Zuschauer oder Zuhörer wohlwollend zu stimmen. Am besten versucht man natürlich, beides zu schaffen.

Im modernen Werbefilm sieht man deshalb meist eine interessante Kombination aus der subtilen Eröffnung der klassischen Rhetorik, *Insinuatio*, und den Methoden der Filmdramaturgie, die Neugier wecken sollen.

Ganz entgegen dem Ratschlag aus vielen neuzeitlichen Redehandbüchern, aber ganz im Einklang mit der antiken Rhetorik, verbirgt man auch in der Fernsehreklame sein Anliegen, wenngleich man dann gründlicher als unbedingt erforderlich daran geht, die Neugier zu wecken. Man findet kaum einen modernen Werbefilm, der damit eingeleitet wird, daß man von seinem Anliegen spricht, nämlich, wer man ist und was man verkauft.

Schließlich sollte man auch hier beachten, wie ein Teil des *Decorum*, das mit «das Prinzip des Netten» übersetzt werden kann, im Fernsehen immer wichtiger und zwingender wird. Grobe Wörter können in etwas größerem Ausmaß toleriert werden, zumindest in einigen Programmen, genau wie es auch in einem intimeren Kreis der Fall ist. Aber wie in diesem kleinen Kreis wirken Streit, Ironie, Argumentationen, Schreien und Toben von Nahem besehen sehr unangenehm. Vor allem unter Leuten, die wir gern hoch achten möchten. Die Gegenwart des Fernsehens scheint sogar die vorher so unterhaltsame Diskussionskultur im Unterhaus des englischen Parlaments gezähmt zu haben.

Aggressivität kann Sie zu einem Favoriten bei den Programmleitern und Talkshowarrangeuren machen, vor allem, da man so etwas im deutschen Fernsehen so selten sieht. Sie können sich zu einem gewissen Erfolg im Fernsehen diskutieren, wenn Sie sich mit einer Reihe drastischer Kommentare oder wirklich origineller *one-liners* ausstatten.

Aber wenn es wirklich mal heiß hergeht, dann ist es immer Winnie Puh, der den Sieg davon trägt.

## 37. Fernsehrhetorik für Fortgeschrittene I

Wenn man studieren will, wie die Regeln der klassischen Rhetorik an die typische moderne Fernsehsituation angepaßt werden können, dann sollte man sich zum Beispiel den Auftritt von Hillary Clinton im Januar 1998 bei Matt Lauer im Frühstücksfernsehen auf NBC ansehen.

Ihr Mann, der Präsident, war beschuldigt worden, ein sexuelles Verhältnis mit der 21jährigen Praktikantin im Weißen Haus Monica Lewinsky zu haben und sie dann auch noch gedrängt zu haben, in dieser Sache zu lügen. Wie er am Abend zuvor in geradezu klassisch-rhetorischer Manier diese Vorwürfe zurückgewiesen hatte, haben wir bereits behandelt.

Jetzt ist also Hillary an der Reihe. Lassen Sie uns dabei noch einmal darauf hinweisen, daß Sie einen beruflichen Hintergrund als Staranwältin im stark rhetorisch ausgerichteten amerikanischen Rechtswesen hat.

Sie trägt ein strenges, dunkles Kleid, einfache Kette, Brosche, vorsichtiges Makeup. Nichts, was Aufsehen erregen oder als Versuch, gedeutet werden kann, einen gewissen Eindruck erwecken zu wollen. Aber doch korrekt, streng, weiblich, vertrauenerweckend.

Die Reihenfolge der Fragen stammt vom Moderator ist aber wahrscheinlich vom Stab von Hillary und Bill Clinton gutgeheißen worden. Mit Rücksicht auf die Zuschauer und die Spannung fängt Lauer mitten in dem saftigen Skandal an. Hier soll niemand den Kanal wechseln! Hat der Ehemann seine Beziehung zu Miss Lewinsky im Detail beschrieben?

Hillary muß mit ihrer *Refutatio* bereits im *Exordium* anfangen. Aber es ist natürlich auch in ihrem Interesse, daß niemand wegzappt. Sie sagt, sie wisse alles, was es zu wissen gebe, soll heißen: daß nichts Unziemliches passiert sei. Sie verspricht, daß, «da diese Geschichte aufgerollt werden wird, alle mehr Informationen erhalten werden». Sie hütet sich davor, die Beschuldigungen der Anklage zu wiederholen.

Der Interviewer ist stur. «Hat er Ihnen gesagt, was diese Beziehung wirklich beinhaltete?» Anscheinend eine Frage, mit der Hillary gerechnet hat, denn sie nutzt die Gelegenheit, Hoffnungen Ausdruck zu geben: «Ja, und wir werden das auch sagen, wenn der richtige Zeitpunkt dafür da ist, Matt!» Diese Art der Apostrophierung des Fragenden wirkt in unserer Öffentlichkeit immer noch ein wenig ungewohnt, ist im amerikanischen Nachrichtenfernsehen allerdings fast obligatorisch. Wenn es um Dinge geht, die ihr Mann bei seiner Arbeit gesagt hat, nennt sie ihn routinemäßig auch hier «der Präsident». Doch dann geht sie zu einem offenkundig vorbereiteten *Exempel* über, das die doppelte Funktion hat, Sympathien für das Paar zu wecken und die Kläger in einen Topf mit den allerschlimmsten Neidhammeln zu werfen. Jetzt ist der Titel verschwunden, und es wird der Ton einer anspruchslosen *Humiliatio* angeschlagen: «Bill und ich sind von einigen Menschen, die hinter diesen Vorwürfen stecken, schon für alle möglichen Dinge angeklagt worden, sogar für Mord.»

Interviewer: «Wissen Sie, Mrs. Clinton, ob Ihr Mann jemals Miss Lewinsky ein Geschenk gemacht hat?» (Das Publikum und alle anderen wissen, daß er ihr ganz sicher einen Band mit Gedichten von Walt Whitman geschenkt hat – nicht unbedingt ein erotisches Geschenk, aber immerhin.)

Hillary entscheidet sich dafür, dieser völlig ungefährlichen Frage aus dem Weg zu gehen. Wir werden bald erfahren, warum. Jetzt spricht sie statt dessen in allgemeinen Worten von Bills Großzügigkeit gegenüber allen Menschen.

Der Interviewer kann nicht umhin, weiter zu fragen, aber vielleicht ist auch das geplant: «Sie sagen, daß er großzügig ist, heißt das, daß es möglich ist, daß er Monica Lewinsky Geschenke gemacht hat?» (Diese Sache ist, wie gesagt, von niemandem zuvor bestritten worden.)

Hillary antwortet nach kurzem Nachdenken strahlend:

*«Ich glaube, das ist möglich. Natürlich. Wenn Sie meinen Mann kennen, dann wissen Sie, daß er ein Mensch ist, der sagt: ‹Ach, der gefällt Ihnen?› Ich habe schon gesehen, wie er seinen Schlips abgenommen und weggeschenkt hat!»*

Ein *Exempel*, das wahrscheinlich sehr gut vorbereitet war, um dann an passender Stelle eingeflochten zu werden. Es erklärt das Verhalten des Präsidenten und wirft noch mehr Glanz auf seine Person, und ist dazu noch nicht einmal weit hergeholt. Selbst die nächste Frage wird noch derselben Sache gelten, und die Antwort schmückt das dankbare Thema noch weiter aus, ehe Hillary, die jetzt ganz diskret das Kommando über das Interview übernommen hat, in Manier der Herennius-Rhetorik die Perspektive auf die ersten *Loci communes* erweitern kann:

*«Ich glaube, daß alle mal kurz innehalten und bedenken sollten, was wir tun. Und das gilt nicht nur für die Vorwürfe gegen meinen Mann, sondern auch für die Taktik, die dafür benutzt worden ist, und die intensive politische Aktivität, die jetzt stattfindet!»*

Der Interviewer sagt, man werde sogleich auf die Methoden des Staatsanwalts Starr zu sprechen kommen, was vermutlich überhaupt nicht das war, worauf Hillary hinauswollte. Aber sie hat auf jeden Fall ihre Passage untergebracht. Es folgen einige weitere Fragen, die Miss Lewinsky gelten, über die Hillary schnell hinweg geht, um dann der scheinbar lebensgefährlichen Frage zu begegnen, ob die Vorwürfe ein «ein ebenso großer Schock für Sie wie für andere» waren. Wenn sie jetzt «ja» antwortet, dann heißt das ja, daß sie zusammen mit dem ganzen Volk von Bill betrogen worden sein könnte. Antwortet sie «nein», dann heißt das, daß sie wußte, womit der alte Bock sich so die Zeit vertrieb.

Hillary antwortet: «Und für meinen Mann!» Daraufhin entwickelt sie eine rührende Schilderung des gemeinsam erlebten Schocks der beiden Eheleute in der Woche zuvor. Im Fernsehen, und vor allem in einem Interview, was die beste Methode ist, die Spannung bei den Zuschauern zu erhalten, kann man die traditionelle Anlage einer Rede nicht beibehalten, und es können immer wieder kurze Momente der *Narratio* auftauchen.

Nach Fragen über das Verhalten des Personals im Weißen Haus und Hillarys Entsetzen über die Vorwürfe gegen ihren Mann, erhält sie Gelegenheit, ein weiteres vergleichendes Exempel einzubringen, das sie in ihrer Ehre kränkende Video eines unbekannten rechten Politikers, «in dem mein Mann des Mordes und des Drogenmißbrauchs» beschuldigt wurde. Die Botschaft lautet: Wir haben das alles schon mal erlebt! Warum sollte man das hier jetzt glauben?

Der Interviewer fragte: «Ist das hier die schmutzigste Aktion des Jahrhunderts?»

Hillary gibt einen wahrscheinlich spontanen *one-liner* zurück. «Ich weiß nicht, ob es die schmutzigste Aktion des Jahrhunderts ist, aber sie ist ganz schön heftig.»

*Humilatio* in Form der *Litotes*, des Understatements.

Woraufhin Hillary im Licht des vorangegangenen Exempels an die Tätigkeit des aktuellen Klägers anknüpft. Das jedoch ohne einen Namen zu nennen. Es ist schließlich der Interviewer, der gezwungen ist, den Namen Kenneth Starr auszusprechen, was das Ganze noch glaubwürdiger macht, woraufhin Hillary großzügig anmerkt: «Aber es geht nicht um eine Person. Es geht um das ganze Unternehmen.»

Nach einer Weile kommen wir dann zu dem folgenden *one-liner*, der sowohl eine Ausdehnung, *Amplificatio,* ist, und der Aufruf des Besten aller *Loci*, nämlich des gemeinsamen nationalen Interesses: «Und Sie müssen wissen, daß ich heute hier bin, nicht nur, weil ich meinen Mann liebe. Ich bin auch hier, weil ich mein Land liebe und an es glaube!»

Die nächste Frage über die Ehe des Paares wird ein noch größerer Triumph: «Wir sind seit zweiundzwanzig Jahren verheiratet, Matt.» Pause, und dann: «Und ich habe gelernt, daß die einzigen Menschen, die in einer Ehe etwas bedeuten, die zwei sind, die sie eingehen!»

Das wirkt hier auf dem Papier vielleicht nicht so beweiskräftig, doch in der Situation – und über den Bildschirm verbreitet – war es unglaublich stark. Eben dieser Ausschnitt aus dem Interview wurde an diesem Tag noch Hunderte von Malen gesendet, auch im europäischen Fernsehen.

Und nicht genug damit: «Und aufrichtig gesagt, glaube ich, daß es ein Teil eines Versuchs ist, die Ergebnisse der letzten zwei Wahlen zu zerstören.»

Hier, und erst hier, wenn der Boden bereitet ist, kommt die These, die in dem Interview festgeklopft werden soll. Sie lautet: «die umfassende Verschwörung von rechts, die gegen meinen Mann angezettelt wurde, seit dem Tag, an dem er erklärte, daß er für das Amt des Präsidenten kandidieren werde.»

Die Fortsetzung besteht größtenteils aus Wiederholungen von dem, was bis hierher bereits etabliert ist, zum Teil, weil man das bei mündlicher Kommunikation immer wieder machen muß, zum Teil, um neu zugeschaltete Zuhörer auf dem laufenden zu halten. Doch Hillarys neue rührende Beispiele für Bills Güte und die Verleumdungen, denen er ausgesetzt war, sind auch für den spannend, der die ganze Sendung gesehen hat.

Dann kommen wir zur Tochter Chelsea, über die es am Ende heißt: «Ich möchte wirklich allen Menschen danken, daß sie ihr ermöglichen weiterhin einfach eine ganz normale Studentin im ersten Jahr am College zu sein!» In einer bescheidenen Abweichung bedauert Hillary, daß die Verleumdung nicht nur Chelsea «betrifft». «Da ist meine Mutter. Da ist Bills Stiefvater. Da sind unsere Brüder, unsere Schwägerinnen. Da sind wir alle.» Wozu in gewisser Weise das ganze amerikanische Volk gehört!

Die eigentliche *Refutatio* ist vorüber. Hillary hofft. Auf einen besseren Ton in der notwendigen politischen Debatte zwischen Menschen, die unterschiedliche Ansichten hegen. Sie hofft auf den Erfolg des neuen Ausbildungs- und Kinderbetreuungsprogramms, das sie und ihr Mann entwickelt haben. Die Schlußfrage handelt davon, inwieweit Hillary nach fünf Jahren in Washington und im Weißen Haus findet, ob «es das wert sei».

Das ist die Einladung zu einer perfekten *Peroratio*. Doch im Fernsehen muß man an dieser Stelle privater werden. Die großen Worte und Gesten, Gott und das Vaterland, die rhetorischen Figuren und Gleichnisse, die wir in anderen Reden gesehen haben, sind bei einem Interview im Fernsehen undenkbar. Nach einer Weile erreichen wir den Kernpunkt. «Das war es wert», denn:

*«Ich glaube, daß es dem Land besser geht, weil mein Mann sein Präsident ist. Ich glaube, daß die Wirtschaft, die Kriminalstatistik und viele soziale Probleme endlich auf eine kluge*

*Weise behandelt werden. Und wir haben ja auch schon Ergebnisse gesehen!»*

Natürlich greift sie hier die besonderen Stärken Clintons auf, und dieser Passus scheint auswendig gelernt zu sein, das sieht man, wenn man das Video hinterher anschaut. Doch nach dem vergleichsweise traditionellen rhetorischen Stück mit Anapher und Schlußpunkt, begibt sich Hillary schnell auf das alltägliche intime Niveau mit einem herzzerreißenden Beispiel von einem Hotelportier, der doch ausgerechnet gestern Abend zu Hillary an den Fahrstuhl gekommen ist und für Bills Einsatz gedankt hat: «Sagen Sie dem Präsidenten, daß er sich durchsetzen soll! Wir brauchen ihn. Er steht auf unserer Seite. Er ist auf der Seite des amerikanischen Volkes!»

Dies ist keine regelrechte *Prosopopoeia.* Doch gleichzeitig ist es das doch. In der Person des, wie wir alle begreifen, farbigen Portiers, spricht das amerikanische VOLK. Auf gewisse Weise ist somit die Frage der Sexualmoral des Präsidenten mit der Frage der Lebenshaltung der breiten Volksschichten verknüpft.

Daraufhin folgt ein weiterer Schritt zum Intimen und ein positiver Ton. ES ist es wert, wegen der Hoffnung, die Bill den Menschen gegeben hat. Es gibt Leute, die gemein und häßlich sind, aber darüber muß man stehen. «Man muß das Gute mit dem Schlechten nehmen, und bisher hat das Gute absolut überwogen.»

Fröhliches positives Lächeln. Der Einschub mit den intimen Parallelen in Umgangssprache ist vorüber. Oder nicht? Die guten Stücke daraus, die geschickt eingefügten *one-liners* werden den ganzen Tag lang wieder und wieder über die Nachrichtenkanäle in den ganzen USA gehen. Die Werbe- und Rhetorikanalytiker, von denen das ganze Land voll ist, sind sich in ihren Kommentaren einig: Hillary hat alles richtig gemacht. Und wie um noch eins draufzusetzen, tritt der Staatsanwalt Kenneth Starr etwas später am Vormittag offenkundig wütend und schlecht gelaunt im selben Kanal auf. Er wirkt wirklich von Rache besessen und in konspirativer Stimmung.

Natürlich hat Hillarys Rolle oder *Ethos* als Bills treue Ehefrau eine große Bedeutung für die ungeheure Glaubwürdigkeit, die sie in dieser Sache ausstrahlt.

Es ist schon gesagt worden, daß Bill Clinton vielleicht nicht als der größte der amerikanischen Präsidenten in die Geschichte eingehen wird, aber doch als der mit der besten First Lady.

Ich selbst war jedenfalls, nachdem ich dieses Interview gesehen hatte, absolut von Bills Unschuld überzeugt.

Daß wir heute wissen, daß der Präsident in Wirklichkeit das eine und andere mit Miss Lewinsky gemacht hatte, vermindert nicht den starken Eindruck von Hillarys Auftritt. Im Gegenteil. Und inwieweit sie selbst guten Glaubens war oder nicht, ist vielleicht eine juristische, aber kaum eine die Rhetorik betreffende Frage.

Dann muß man hinzufügen, daß die weiteren Auftritte des Präsidenten, als er später die Affäre mit Miss Lewinsky vor der Nation eingestand, zum Geschicktesten gehören, das auf diesem Gebiet je geleistet worden ist, mit der zentralen These: «Ja, ich hatte ein Verhältnis mit Miss Lewinsky, das unpassend war. Ja, das war ganz falsch ...». Und dann die *Refutatio*, die davon erzählte, wie er versucht hatte, seine Familie zu schützen. Aber das Erstaunlichste ist doch, daß er noch besser in den Bändern vom Verhör rüberkam, die einen Monat früher aufgenommen worden waren, und deren Sendung im Fernsehen seine Gegner per Gerichtsbeschluß durchsetzten. Der private Ton allein im Zimmer mit dem Leiter des Verhörs und der Jury wirkte im Fernsehen ebenso privat. Die schmutzigen Details, die vor einem normalgroßen Publikum vernichtend gewesen wären, wurden zu Geheimnissen, die er mit uns teilte. Zum Erstaunen aller wuchs das Vertrauen erneut. Zumindest für den Moment.

Davon war ich jedenfalls überzeugt, nachdem ich das Interview gesehen hatte. Und das war ja auch wiederum der Zweck der Darstellungsweise gewesen.

## 38. Fernsehrhetorik für Fortgeschrittene II

Einen anderen Bereich der Fernsehrhetorik bildet der Werbefilm.

Wir haben schon einmal über den geradezu klassischen Film mit dem «kleinen Johannes» und seiner nassen Windel gesprochen. Mein Favorit in den letzten Jahren ist der Werbefilm für das Leichtbier «Norrlands Guld».

Die Bierbranche hat gewisse Eigenheiten, zumal in Schweden, wo es nur das Leichtbier im Supermarkt zu kaufen gibt, während das sogenannte «Starkbier», im Alkoholgehalt etwa einem durchschnittlichen deutschen Bier entsprechend, ausschließlich in den staatlichen Alkoholgeschäften zu haben ist. Norrlands Guld wirbt in dem Film also für Leichtbier, doch glauben nur echte Idioten, daß es dabei wirklich um Leichtbier, dieses trostlose Produkt, geht. Wer will denn schon dick werden und andauernd aufs Klo müssen, ohne es dabei wirklich lustig zu haben? Natürlich sollen wir an das Starkbier der Firma denken oder wir sollen es jedenfalls instinktiv wählen, wenn wir mit dem Korb in der Hand in der Bierabteilung des Alkoholladens vor den Kisten stehen, weil wir uns dunkel daran erinnern, daß es mit dieser Marke etwas Angenehmes auf sich hatte. Hier geht es nun um einen ganz und gar männlichen Adressatenkreis – der ganze Gegensatz zu dem quengeligen kleinen Johannes und seinen Windeln. Deshalb ist es interessant zu sehen, wie das Grundmuster auch bei geschlechtsspezifisch unterschiedlichen Signalen doch dasselbe ist.

Dieser Werbefilm scheint ungeheuer erfolgreich gewesen zu sein, weil die Leute das Produkt wirklich gekauft haben. Das dünne Bier amerikanischen Typs hat seinen Marktanteil gesteigert, indem man im Film schwedische Töne anschlug:

1. *Exordium.* «Liebes Tagebuch ...» Der Erzähler, der natürlich das Sicherheit suggerierende Norrländisch spricht, vertraut seinem Tagebuch an, daß er in der Stadt im Café «Leonardo»

war. So heißen die Cafés, Mittagsbars oder Pizzerien gleich neben den zweitgrößten Straßen. Ein prächtiger Kerl in blauer Baseballmütze. Der norrländische Dialekt strahlt, genau wie in Thorbjörn Fälldins Fall, eine Vereinigung von Ländlichkeit und Zuverlässigkeit aus. Aber auch eine sanfte Männerart. So, wie wir es ja im tiefsten Innern sind. Das, was man auf Amerikanisch «Great Big Softie» nennt. Das ist also die männliche Variante der Dialektszene mit dem kleinen Johannes. Es geht um eine voll entwickelte, durch und durch vertrauenerwekkende Persönlichkeit, die idealtypisch für dieses *Ethos* steht.

Die Eröffnung ist, wie in allen funktionierenden Fernsehwerbefilmen, immer noch das Subtile, *Insinuatio*, wobei wir keine Ahnung davon haben, wohin es geht.

2. *Narratio.* «Ich habe ein amerikanisches Automatenspiel gespielt, und die anderen haben Fernsehen geglotzt.» Bildschnitt. Der Fernsehschirm erscheint. Da wird eine mörderische, den Hells Angels ähnelnde Popband mit Ketten, langen Haaren und halbnackten Oberkörpern gezeigt. Ein Politiker wird auf dem Bildschirm sichtbar: «Wir wollen vor dieser Band warnen! Die sind verrückt.» Der Politiker spricht mit finnischem Akzent, obwohl sein Name schwedisch ist. Und er gehört zu einer konservativen Partei, denn sonst würde er wahrscheinlich nicht vor einer Rockband warnen. Doch gleichzeitig hat man diese konservative Seite in ihm durch den finnischen Akzent ausgeglichen – finnische Einwanderer gehören nur selten zur Oberklasse oder zu einer konservativen Partei, und die Kleidung des Mannes ist auch recht einfach. Das Wesentliche ist die Warnung, und das Ganze klingt ja auch ein wenig lustig. Denn was passiert dann? Natürlich, die Tür geht auf, und die Schreckensband marschiert im Gänsemarsch ins Leonardos hinein.

Immer noch keine Ahnung, wie sich das Ganze entwickeln soll. Doch es fängt an, richtig spannend zu werden. Ja, genau, das starke Spannungsmoment soll uns daran hindern, weiterzuzappen. Wie um Himmels willen wird die Sache ausgehen?

3. *Probatio*. Die Band betritt das Lokal. Der Bandleader geht zu einem Tisch und greift sich die Leichtbierdose des Erzählers. Norrlands! Er knüllt sie zusammen, trinkt einen Schluck und sagt: «Ist das in Ordnung, wenn wir ein bißchen spielen?»

Der Besitzer des Cafés kommt zitternd und ängstlich aus der Tür zur Küche und sagt: «Ja, aber macht langsam, bitte.»

Wie wird es ausgehen?

4. *Refutatio*. Haben Sie gedacht, daß die Sache mit Gewalt enden würde? Wenn man Norrlands getrunken hat, das nette Bier für vertrauenswürdige Männer? Nein, jetzt schwenkt die Kamera zu der kleinen Bühne, die es im Leonardos offenbar gibt, und da steht die Schreckensband und singt und spielt, und zwar keinen Hardrock oder Metal, sondern irgendeinen alten Schlager über Liebe und Zärtlichkeit. Genau, wie man zuvor das Vertrauen einflößende Ethos des Erzählers eingesetzt hat, so wendet man jetzt den unerhört wirkungsvollen Trick an, mit den Erwartungen der Leute hinsichtlich des *Image* von jemandem zu spielen. Aber umgekehrt wäre das nicht möglich gewesen, auf den Erzähler müssen wir uns verlassen können. Daß die Band sich als ganz anders erweist, als wir dachten, macht sie zwar in ihrem *Ethos* weniger zuverlässig, doch es stärkt die Position des Erzählers, zumal sich erweist, daß die Jungs ebenso sind wie er und in Bierfragen auf seiner Seite stehen.

5. *Peroratio*. Immer noch Musik. Die Typen im Leonardos sehen sich und ihre Norrlands-Bierdosen verliebt an. Die dünne Flüssigkeit wird in Gläser gefüllt. Der Erzähler, zu seinem Tagebuch: «Ich glaube, daß sie Norrlands mögen, weil sie manchmal einfach sie selbst sein wollen.»

Netter kann man gar nicht werben für ein dünnes Bier.

Dinge, die man nur in Worten über den antiken Markt schreien konnte, kann man im Fernsehen scheinbar ohne Worte zeigen. Aber der Mechanismus ist derselbe, selbst wenn das *Decorum* wichtiger geworden, und die Notwendigkeit, gleich vom Anfang an Spannung zu erzeugen, hinzugekommen ist.

## 39. Pathos und Pathetik

An diesem Punkt müssen wir die beiden Fälle näher betrachten, die die klassische Rhetorik *Ethos* und *Pathos* nennt.

In Griechenland war man der Auffassung, daß der Erfolg des Redners und seine Fähigkeit zu überzeugen, nur zum Teil auf dem Wort, *Logos*, beruhten. Abgesehen vom gesprochenen Text waren die Persönlichkeit des Redners und das Vermögen, Gefühle zu wecken, entscheidend – eine Kombination, die unter den etwas unklaren Begriffen *Ethos* und *Pathos* zusammengefaßt wird.

Der letztere Begriff ist am leichtesten in moderne Verhältnisse zu übersetzen.

*Pathos* ist auch in unseren Sprachen nach wie vor ein lebendiges Wort, das in der Praxis ungefähr gleichbedeutend mit «Leidenschaft» verwendet wird. In der Rhetorik wird das Wort ganz allgemein in der Bedeutung «Gefühl» benutzt, also wenn man versucht, das Publikum durch eine emotional aufgeladene Darstellung zu beeinflußen.

Alle Rhetorik und alle rhetorischen Kniffe zielen darauf, beim Publikum Gefühle zu wecken. Wenn wir von *Pathos* reden, meinen wir den Einsatz der eigenen Gefühle durch den Redner als Mittel der Beeinflußung. Wir meinen die Leidenschaft des Redners in der Sache und seine Art, Gefühle mit Worten und Gesten zu zeigen.

Moderne Handbücher für Redner betonen nachdrücklich, wie wichtig es sei, sich für das Thema, über das man spricht, engagiert zu zeigen. Dieser Gedanke scheint den antiken Autoritäten jedoch nie gekommen zu sein. Das liegt daran, daß die antike Rhetorik entweder in Fällen gilt, da man politischer Redner in eigener Sache ist oder eine in einem Rechtsverfahren stark engagierte Partei oder ein Festtagsredner, der diese Funktion freiwillig übernommen hat. Die Philosophen, die über gelehrte Sachfragen disputierten, engagierten sich natürlich auch bis zur Grenze des Erträglichen für ihre Sache. Erst mit dem Aufkommen des neuzeitlichen Schulwesens, der modernen Personalausbildung und dem Listenwahlsystem, mit dessen Hilfe auch die trübsten Tassen noch ihren Platz im Reichstag finden, ist die Existenz völlig unengagierter Redner zum Problem geworden.

Ganz allgemein betrachtet ist es natürlich gut, wenn man sich stark für sein Thema engagiert. Wir erinnern uns alle gern an einen Vortragenden, der über indoeuropäische Wortstämme, DNA-Moleküle oder die Verwandtschaft der Vögel mit den Dinosauriern so reden konnte, daß wir drauf und dran waren, unser Leben für diese Sache hinzugeben. Aber wir haben auf der anderen Seite auch Langweiler erlebt, deren Engagement so stark war, daß es unmöglich war, sie zu stoppen. Die Ausführung der älteren Damen in unserer Verwandtschaft über jeden Arztbesuch und die jüngste Wiederholung der Erinnerungen der älteren Herren in unserer Verwandtschaft an den Krieg lassen keine Wünsche in Sachen Leidenschaft mehr offen. Ganz zu schweigen von ihren akademischen und kulturwissenschaftlichen Entsprechungen.

Leidenschaft ist eine Voraussetzung dafür, sich engagieren zu können, bietet jedoch leider keine Garantie.

Ein besonderes Problem dabei ist das Ausdrücken von Gefühlen.

Quintilian behauptet, daß man ein Publikum oder eine Jury dazu bringen kann, Gefühle des Zorns oder der Trauer zu teilen, indem man sie ihnen zeigt. Auch als berufsmäßiger Redner sollte man sich selbst die erforderlichen Gefühle suggerieren, um sie dann in der Öffentlichkeit weitergeben zu können. Doch das ist etwas, das Quintilian recht kurz behandelt, und auch das nur unter dem Stichwort *Peroratio*, dem Redeschluß, der, wie wir bereits gesehen haben, gern etwas hochgestimmt oder gefühlslastig ausfallen darf.

Es ist auch ein Unterschied, sich Gefühle nur zuzuschreiben oder sie wirklich zu zeigen. Im letzteren Fall gilt eine

Regel aus der Filmdramaturgie: «Laß nie eine Person auf das weiße Tischtuch weinen. Laß statt dessen das Publikum weinen!»

Das Adjektiv zu *Pathos* ist «pathetisch», und das ist das Letzte, was wir sein wollen oder uns leisten können, wenn wir das Publikum vom Ernst und von der Tragik unserer Situation überzeugen wollen.

Unterschiedliche Gefühle sind auch unterschiedlich gut. Es gibt eine Oberschicht der Gefühle, von der alle geblendet werden, wie auch ein Lumpenproletariat, mit dem sich niemand abgeben möchte.

Enthusiasmus ist niemals falsch. Ja, ist einfach notwendig. Wenn es irgend geht, seien Sie positiv und optimistisch.

Jemanden, der einen Mißstand anprangert als «Schwarzmaler» zu bezeichnen, ist ebenso wirkungsvoll. Als Bildungsminister oder Chef des Sozialamts ist es lebensnotwendig, diese Volte zu beherrschen. Sie schafft natürlich auch die Voraussetzungen für den Betrug mit dem Wechsel des Modus. Doch es ist auch eine ganz legitime Art, sowohl bittere Pillen als auch gefährliche Projekte annehmbar zu verpacken. Ein ehrlicher Politiker sieht allen Schwierigkeiten und Gegnern als «Herausforderungen» entgegen. Der Professor, der über mittelalterliche Gräber Siziliens spricht, beweist, wenn er ein guter Pädagoge ist, daß die Entdeckung, daß König Roger II. seinen Sarkophag aus rotem Stein anfertigen ließ, ungeheuer aufregend ist. Hillary Clinton findet, daß all das Gute, das Bill und sie geschafft haben, alle Herausforderungen und Leiden wert war, denen sie ausgesetzt waren. Unzählige Psychologen leben davon, daß sie behaupten, daß Unglück und Krisen, die uns im Leben ereilen, eigentlich eine Entwicklung sind, für die wir dankbar sein sollten.

Auch Hoffnung in allen Ausformungen ist immer gut, vor allem in der *Peroratio*. Selbst in den dunkelsten Stunden. Wir hoffen auf eine bessere Welt nach dem Erdbeben, verbesserte Sicherheit auf See nach der Fährkatastrophe, bessere politische

Moral nach dem Betrugsskandal. Hillary Clinton freut sich über die neue Hoffnung, die ihr Ehemann der Nation gegeben habe. Churchill weiß nach Frankreichs Fall und seit alle Alliierten ihn im Stich gelassen haben dennoch, daß der Gerechte über Hitler siegen wird.

Fröhlichkeit ist, außer in Grabreden, gleichfalls fast immer richtig, und zwar vor allem im *Exordium*, doch auch oft in der *Refutatio*. Es ist, wenn die Versammlung groß genug ist, nicht einmal verboten, über eigene Witze zu lachen, immer vorausgesetzt, daß das Publikum es zuerst tut. Geteilte Freude ist doppelte Freude. Hingegen grenzt es natürlich an unzulässiges Pathos, wenn man angesichts einer offenkundigen Niederlage mit zornrotem Gesicht sagt: «Ich mußte wirklich lachen, als ich die Meinungsbarometer gesehen habe!» In dem Fall ist es viel besser, zu erklären, daß dies eine wichtige Lektion sei, über die man sich freue, weil eine solche Erfahrung die Partei nur stärker mache. Und genau das machen die Profis ja auch.

Trauer und Tränen sind schwieriger. Es ist völlig in Ordnung zu sagen, daß man von Trauer überwältigt ist, das ist manchmal sogar effektiv. Am Besten ist es jedoch, wenn man für andere weinen will, möglichst aus Mitleid. In der *Peroratio* der Rede für Milo sagt Cicero, daß er die Rede abbrechen müsse, weil seine Stimme sonst vor Tränen ersticken würde. Wir erinnern uns an den Trick aus dem Abschnitt über die rhetorischen Figuren, wo wir dies *Aposiopesis* oder *Interruptio* genannt haben. Sehr wirkungsvoll!

Doch irgendwo kommt man an eine Grenze.

Auf keinen Fall ist es ratsam, selbst zum Taschentuch zu greifen, vor allem nicht in eigener Sache. Der japanische Finanzmanager, der auf allen Fernsehschirmen der Welt weinte und um Entschuldigung bat, stärkte nicht gerade das Vertrauen in den Yen.

Diejenigen von uns, die die 70er Jahre erlebt haben, als man angeblich Sympathien dadurch gewinnen konnte, daß man öffentlich und privat Gefühle zeigte, wissen, daß es wirklich seinen Grund hatte, wenn Mama uns streng erklärte, daß «große Jungs nicht weinen». Es gibt nichts, was für eine Frau oder ein Publikum so abstoßend wäre wie die Tränen eines Mannes. Manche Frauen haben hingegen im Privatleben mit Hilfe von Tränen derartige Erfolge erzielt, daß sie auch in Personalversammlungen oder Konferenzen diese Methode strapazieren. Dort aber funktioniert sie nicht. Im Gegenteil.

Doch dieses Problem ist in unseren Zeiten der Gleichstellung allmählich verschwunden.

Wenn Sie selbst von etwas Unangenehmen betroffen sind, wirkt Ihre Erzählung viel stärker, wenn sie sachlich und leise vorgetragen wird.

Kein Ausformen könnte die Erzählungen der Opfer einer wirklichen Katastrophe schrecklicher machen als sie ohnehin sind.

Wenn das, was Sie heimsucht, nicht so tragisch ist, wie Sie denken, helfen hingegen auch keine Beteuerungen und keine Tränen. Der Effekt kehrt sich dann um. Man wirkt pathetisch. Oder einfach lächerlich.

Furcht und Schrecken kann man natürlich ausdrücken oder spielen. Man sollte nicht darauf verzichten, vor den Konsequenzen einer Sache für die Gesellschaftsmoral oder unsere Brieftaschen zu warnen, wenn ein entsprechender Vorschlag der Gegenseite angenommen würde. Doch es ist und bleibt problematisch. Auf gar keinen Fall darf man das *Decorum* mißachten – alles, was schön ist und sich ziemt. Wenn Sie das Publikum ängstigen, dann laufen Sie Gefahr, daß am Ende Sie derjenige sind, vor dem man Angst hat.

Lernen Sie aus der Werbung! Ein gewöhnlicher Werbeblock im Fernsehen enthält Vorschläge, wie man allen möglichen menschlichen Unglücken abhelfen kann – von Schuppen, Zahnverlust und Inkontinenz bis zu Feuchtigkeitsschäden im Haus, sozialer Ausgrenzung und Einsamkeit. Aber in welchem Grad werden diese Dinge geschildert? Und wie?

Die Antwort lautet, daß sie fast überhaupt nicht geschildert werden. Es ist das gute Resultat und die Lebensfreude, die dadurch geschenkt werden, wie etwas geschildert wird.

Abgesehen von der Methode der Werbung, immer nur das positive Ergebnis der Lösung des Problems zu schildern, bietet uns die klassische Rhetorik noch einige andere Tricks, die wir bereits berührt haben. Zum Beispiel *Incrementum*, die unvollendete Steigerung: «Wenn wir uns schon über gewöhnlichen Mord entsetzen, was sollen wir denn da über das Verbrechen sagen, dessen sich Thomas Quick schuldig gemacht hat?» Bei einem allgemein bekannten Umstand ist es gut, wenn man es dem Publikum selbst überlassen kann, die widerwärtigen Details für sich einzufügen, dann werden sie diese schon mal nicht mit Ihnen und Ihrem Anliegen verbinden.

Ebenso kann man sich eines einfachen Vergleichs bedienen, in dem man selbst für die schönen Gedanken sorgt und das Publikum für die häßlichen: «Jetzt denken Sie mal an die Warenvielfalt und den Lebensstandard in den seit langem kapitalistischen Ländern Westeuropas mit ihren Waschmaschinen und Geschirrspülmaschinen, ihrer Rechtssicherheit, ihren Fernsehapparaten sogar im Gefängnis, sauberem Wasser aus dem Hahn, automatisierten Fabriken ohne Schmutz und Umweltgiften, breiten Straßen, Autos für jeden und hygienisch verpackten Fleischwaren im Überfluß in den Läden, und vergleichen Sie das dann mit dem, was der Sozialismus in Osteuropa hinterlassen hat, zum Beispiel im ehemaligen Jugoslawien.»

Das ist ein Trick, aber eben viel verführerischer und überzeugender als eine noch so ausführliche Schilderung des Archipel Gulag.

Was ich über Trauer und Tränen gesagt habe, das gilt noch mehr für Wut.

Es kann sowohl wirkungsvoll als auch notwendig sein, das Publikum aufzurütteln, indem man von seiner eigenen Wut über das, was man als Mißstände und Ungerechtigkeit empfindet, berichtet. Brandreden sind seit jeher ein Hauptgebiet der

Rhetorik. Die Hetze gegen andere Volksgruppen zum Beispiel wäre nicht verboten, wenn sie nicht so ungeheuer wirkungsvoll und gefährlich wäre. Hitler arbeitete sich und das Publikum zu wahnsinniger Wut hoch. Das war abstoßend, aber leider sehr effektiv. Und das gleiche kann ja auch für eine Sache gelten, die wir als ganz legitim betrachten. So spricht der Revolutionär gegen die Ausbeutung, der Papst predigt gegen die Sünden oder der Redner der konservativen Partei läßt sich über die Besteuerung des Mittelstandes aus.

Beachten Sie dabei aber ein paar wichtige Regeln. In allen Beispielen, schlechten wie guten, gilt unser *Pathos* und die Haßpropaganda abwesenden Personen. Das sind Menschen, Gruppen, Taten oder Ideen, gegen die Redner und Publikum gemeinsam Front machen. Wenn wir jedoch einen der Anwesenden angreifen – wie den Beklagten in einem Gerichtsverfahren oder unseren politischen Gegner in einer Debatte – dann muß der Angriff in Gesten wie in Worten so frei von Affekt wie möglich sein.

Gezeigte Wut, die am besten immer gespielt sein sollte, damit man sie kontrollieren kann, muß, um zu funktionieren, immer auf ein «Wir» gegen ein «Die» gegründet sein.

Es ist eine insgesamt wichtige rhetorische Regel, in jeder Lage, in der man überzeugen will, die Sache aus «unserer» Perspektive, das heißt der des Redners und des Publikum, zu sehen.

Der Finanzminister sagt, wenn er seinen Job versteht, nicht zu den Fernsehzuschauern: «Sie müssen den Gürtel enger schnallen». Er sagt: «Wir müssen den Gürtel enger schnallen». Es sind «wir», die über «unsere Verhältnisse gelebt» haben. «Wir» müssen als öffentliche Hand sparen. Churchill hat tatsächlich nichts anderes zu bieten als «Blut, Kampf, Tränen und Schweiß», doch geht es ihm um «unsere Sache», und «wir wollen zusammen vorwärts schreiten, mit vereinten Kräften».

Beim Einsatz von Wut ist die «Wir»-Perspektive mehr als ein rhetorischer Trick. Sie ist unerläßlich.

Als der schaurig geschickte farbige Staranwalt Johnnie Cochrane während des Höhepunktes seines Schlußplädoyers seine Faust wütend auf die Schranke zur Geschworenenbank donnern ließ und Wut und Verachtung freien Lauf ließ, um die farbige Jury auf seine Seite zu bekommen, galt der Ausbruch nicht den Klägern, sondern einem nicht anwesenden Zeugen, dem Kriminalkommissar Fuhrman und seinen weißen Polizeikollegen: «Nationalsozialistische Völkermord-Rassisten!» So soll Cicero auch geklungen haben, wenn er in den letzten Reden gegen Catilina sprach, als der Gegner Rom bereits verlassen hatte. So klang Hitler, wenn er über Rassen sprach, die er verabscheute. Ob gut oder böse – spielt keine Rolle, es funktioniert in jedem Fall. Doch man sollte sich darauf beschränken, seine Wut nur in Worten zu beschreiben. Sie sollten zumindest nicht stärkere Reaktionen zeigen als das Publikum.

Komplett verboten ist hingegen, gegen das Publikum oder irgendeinen im Raum Anwesenden Wut zu zeigen.

Wie ich schon beim Abschnitt über die dummen Fragen aus dem Publikum gesagt habe, dürfen Sie niemals zeigen, daß Sie wütend sind! Das gilt übrigens für alles menschliche Zusammensein. Lassen Sie sich nicht provozieren.

Niemand macht, was Sie wollen, nur weil Sie wütend werden. Im Privatleben ist das genauso. Da müßten Sie dann auf Gewalt zurückgreifen, und dann brauchen Sie ja auch keine Wut mehr.

Wut ist dazu da, Adrenalin freizusetzen und Ihnen Kraft zum Kämpfen zu verleihen. In einer rhetorischen Konfrontation hat sie keine Funktion.

Mona Sahlin richtete in ihrer Verteidigungsrede ihre Wut gegen einzelne anwesende Journalisten: «Leif Kavi, das ist doch wohl Ihr Name», und dann gegen die ganze Gruppe: «Ich fühle mich beschmutzt, aber ich frage mich auch, wie Sie, die doch ein Teil dessen waren, was ich hier geschildert habe, wie Sie sich fühlen, das möchte ich doch gern mal wissen!» Verständlich, aber taktisch äußerst unklug.

Wut ist nur möglich, wenn sie sich gegen wehrlose Untergebene richtet, wie zum Beispiel in der Armee. Doch auch in dem Fall erfüllt sie keine Funktion. Die müssen Ihnen ja ohnehin gehorchen. Wut steigert nur die Rachegelüste der Angesprochenen.

Hillary Clinton hätte viel mehr Gründe gehabt als Mona Sahlin, wirklich wütend auf die Massenmedien zu sein. Doch sie ließ kein Wort darüber verlauten. Sie beteuerte Bills Unschuld, doch akzeptierte rasch das Bedürfnis der Medien «alles wissen zu dürfen» und war den anwesenden Journalisten gegenüber fast reizend und freundlich. In sehr stillem Ton und ohne Namen zu nennen, verurteilte sie die «Konspiration» des Klägers. Das *Pathos*, das sie zeigte, galt dann statt dessen ihrer Liebe zu ihrem Mann und ihrer Hoffnung für die Zukunft des Landes.

Jeder Anklang von Eifersucht oder Schadenfreude ist auf dem Rednerpult oder im Fernsehstudio ebenso katastrophal wie im Privatleben. Eifersucht und Schadenfreude sind das Proletariat der Gefühle. Sie können sich nur erheben, wenn Sie unterlegen sind. Sie zu zeigen, heißt, pathetisch zu werden und einzugestehen, daß man ein Verlierer ist.

Das hier ist natürlich ein echtes Problem für Leute, die mit Rechtsfragen zu tun haben, und eine große Quelle der Freude, für alle, die Ungerechtigkeit säen wollen. Die schonungslose Eifersucht der Unterschicht ist seit Ciceros Zeiten einer der dankbarsten aller *Loci communes*. Fähige Reformpolitiker wie Palme oder Kennedy haben hier eine viel bessere Wirkungsmöglichkeit als diejenigen, die selbst Opfer der Mißstände sind, die sie abschaffen wollen. Wenn Sie Ihrem Geschäftsführer beikommen wollen, dann ist es rhetorisch wirkungsvoller, darauf hinzuweisen, daß er die Aktienbesitzer bestohlen hat, als mit den schlechten Regelungen für die Arbeiter zu kommen. Und es ist viel dankbarer, sich darauf einzuschießen, daß die Absprachen hinter dem Rücken der Gewerkschaften erfolgt sind, als über das grotesk hohe Gehalt zu meckern, das der Geschäftsführer bekommt.

Aristoteles führt in seiner Rhetorik einen seltsamen Diskurs über gerechte Eifersucht und gerechten Zorn. Er behauptet, wahrscheinlich ganz zu Recht, daß wir mehr auf den eifersüchtig sind, der sein Vermögen selbst geschaffen oder aus eigener Kraft Karriere gemacht hat, als auf den, der seine Stellung ererbt hat. Doch er findet das moralisch vollkommen richtig, denn es sei natürlich, seine Stellung zu erben, aber kaum, sie selbst erarbeitet zu haben.

Was als moralisch und natürlich angesehen wird, verändert sich eben mit der Zeit. Doch vielleicht bieten sich viele Möglichkeiten, wenn wir nur gewissenlos genug sind, mit der Eifersucht des Publikums zu spielen. Boris Becker ist eine vielversprechende Beute in den Medien. Man kann sich darüber auslassen, ob Rudolf Scharping zu aufwendig reist, aber kaum darüber, daß die englische Königin dies tut. Vielleicht trifft das auch auf Sie zu. Die Leute hören nicht gern, wie fleißig Sie waren. Es ist absolut nicht falsch, als *Humiliatio* darauf hinzuweisen, daß die Tatsache, daß Sie da als erfolgreicher Mikrobiologe oder als Millionärsgattin stehen, nicht auf beinharter Arbeit beruht, sondern auf Glück und glücklichen Umständen.

Aber damit sind wir schon beim *Ethos*.

## 40. Ethos und Autorität

*Ethos* ist ein extrem schwammiger Begriff. Schon Quintilian schweift bedenklich ab, wenn er die Sache erklären will, und das, obwohl es zu seiner Zeit noch viel einfacher war. Für die Anhänger der platonischen Philosophie mußten Dinge aus eigener Kraft existieren, weil man über sie reden konnte. *Ethos* meint die Eigenschaften, die ausmachen, daß der Redner durch seine Persönlichkeit Vertrauen erweckt. Doch welche das genau sind und wie das genau geschieht, darüber war man sich in der Antike gar nicht klar, und auch heute erhält man viele unterschiedliche Erklärungen für das Phänomen.

In den modernen Sprachen hat *Ethos* die Bedeutung von kollektivem Gewissen, Gruppengeist oder Volksseele. Ein polnischer Zeitschriftenredakteur bat mich Ende der 70er Jahre, als der Kommunismus noch in voller Blüte stand, ihm einen Autor zu empfehlen, der das Ethos der modernen schwedischen Arbeiterklasse verkörpere. Im Herbst 1998 ist in Italien ein Buch erschienen, das den Titel «Ethos der Italiener» trägt. In einer englischen Parlamentsdebatte im Fernsehen hörte ich einen Abgeordneten darüber reden, wie das «Ethos» einer religiösen Schule aufs Spiel gesetzt werden könne, wenn man durch das Gesetz gezwungen würde, Lehrer anzustellen, die die Grundwerte der Schule nicht teilten.

Die griechische Grundbedeutung des Wortes bei Aristoteles ist «Moral», und das Wort ist natürlich mit unserem Modewort «Ethik» verwandt, das ja auch eigentlich «Moral» bedeutet, selbst wenn wir es heute anwenden, als hieße es etwas anderes – wir nehmen es ein wenig schwammiger und vornehmer. In der Antike hatten die Begriffe «Ethik» und «Moral» auch die Bedeutung von «Sitten und Gebräuche», was den Begriff *Ethos* noch unklarer macht.

Quintilian entscheidet sich schließlich dafür zu sagen, wenn *Pathos* die zufälligen vorübergehenden Gefühle seien, dann stehe *Ethos* für die tiefen, langwährenden Gefühle. Hier sind wir bei dem, was wir heute «Engagement» nennen würden. Es geht also in der rhetorischen Praxis darum, daß man als die Persönlichkeit gilt, die eingesetzt oder angerufen werden kann, um den eigenen Ansichten mehr Gewicht zu verleihen. Es ist also der Charakter des Redners, der ihm Glaubwürdigkeit verleiht.

Von hier aus kommen sowohl Quintilian als auch Cicero, ohne unbedingt das Wort *Ethos* zu verwenden, dazu, daß der Redner, um überzeugen zu können, einen angeborenen edlen Charakter und eine gute Moral besitzen müsse. Dieser Gedanke hat natürlich für professionelle Redner großen Charme, sagt er doch, daß jeder erfolgreiche Redner von Natur aus eine moralisch hochstehende Person sei.

Leider spricht nichts dafür, daß das stimmt.

Es gibt glänzende Redner, die zugleich zu den besten Menschen gehörten, die die Weltgeschichte kennt: Jesus, der heilige Franziskus oder Lincoln. Doch auch Hitler, Goebbels und Mussolini bedienten sich der Rhetorik, und man glaubte ihnen. Ich würde weder Cicero noch Richard Nixon einen Gebrauchtwagen abkaufen. John F. Kennedy und Winston Churchill beförderten als Redner politische Programme, über deren Verdienste man sich heute einig ist, wenngleich wir wissen, daß ihr Privatleben einiges zu wünschen übrig ließ, was die normalen Vorstellungen von Moral anging. Es war für Bill Clinton wichtig, daß er als sexuell leidlich anständig galt. Aber es genügte auch, daß er nur so galt. Eine brillante Zusammenfassung der Ethos-Funktion der modernen Politik ist es, wenn in der britischen Fernsehserie «A House of Cards» (Kartenhaus) der korrupte Premierminister Urqhuart, gespielt von Ian Richardson, sich manchmal an das Publikum wendet und ernsthaft sagt: «Aber Sie glauben mir doch, oder?»

In der Praxis und übertragen auf moderne Verhältnisse kann der Begriff *Ethos* auch noch ein paar andere Funktionen aufweisen. So deckt er zum Beispiel jenen Bereich ab, den wir mit einem anderen antiken Wort «Autorität» zu nennen pflegen. Autorität kann ihrerseits moralisch, politisch, professionell, wissenschaftlich oder rein persönlich wirken – so wie wenn Schauspieler nur dadurch, daß sie berühmt sind, sich zu allen möglichen Fragen äußern können, um dann eine bestimmte Sorte Schokolade zu verkaufen.

In der heutigen Zeit ist es inzwischen auch möglich, diese Form des Vertrauenskapitals von dem zu trennen, was wir «Persönlichkeit» im engeren Sinne nennen würden. Diese Persönlichkeit ist unser «Image» oder die Rolle, die wir im Rahmen unserer Möglichkeiten spielen, um unsere Autorität zu vergrößern und unsere Botschaft für das Publikum appetitlicher und wirkungsvoller zu machen.

An seiner Persönlichkeit und seinem Image kann man viel arbeiten, aber Autorität von der Art, die rhetorisch wirksame Glaubwürdigkeit schenkt, ist etwas, was nur andere einem verleihen können, und das ist schwer zu beeinflussen.

Die wichtigste und reinste moderne Form der Autorität ist die Rolle des Experten. In der immer komplizierter werdenden Gesellschaft haben die Experten jene Autorität übernommen, die früher Herrscher und Priester inne hatten. Ein Experte hat im Fernsehen, am Rednerpult und in der Podiumsdiskussion immer die Oberhand, ganz gleich, worüber er spricht. Der rhetorische Einsatz besteht dann hauptsächlich darin, sich deutlich und pädagogisch genug auszudrücken. Ja, manchmal nicht einmal das. Es gibt innerhalb von Kultur, Humanwissenschaften, Psychologie und Wirtschaft Experten, von denen geradezu erwartet wird, daß sie sich unverständlich ausdrücken, und deren Status noch steigt, je weniger das Publikum begreift – vorausgesetzt, ihre Legitimation als Experten ist vertrauenswürdig.

Wenn Sie als Experte auf einem Gebiet gelten, dann glaubt man Ihnen auch auf anderen mehr.

Doch je mehr Sie ein Experte sind und je besser Sie sind, desto wichtiger ist es, bescheiden aufzutreten. Achten Sie immer darauf, wenn Sie auf irgendeiner Veranstaltung sprechen, daß der Organisator oder der Moderator Ihren Titel oder Ihr Arbeitsgebiet vorstellt, oder was Ihnen auch immer die Expertenrolle verleiht. Wenn Sie es im äußersten Notfall doch einmal selbst tun müssen, dann muß das unter Ausübung größter Bescheidenheit geschehen, *Humiliatio*. Dabei muß es nicht so wirken, als seien Sie traurig, weil Sie sind, wer Sie sind. Es kommt auf die Selbstironie an. Das Publikum freut sich, wenn man merkt, daß Sie sich des Problems wenigstens bewußt sind: «Ich heiße Hans Müller und bin Dozent in theoretischer Physik. Als ich noch einer anständigen Arbeit nachging, habe ich in der Grundschule unterrichtet. Deshalb ist es richtig nett für mich, hierher zurückzukommen und mit Ihnen einen Studientag zu machen.»

Da der Expertenstatus die beste Autorität verleiht, sollte er auch in Bereichen erprobt werden, die mit Ihrem Spezialgebiet gar nichts zu tun haben.

Sollen Sie vor einer Versammlung von Hausbesitzern auftreten, die gegen den Lärm agitieren, der von der Autobahn kommt? Denken Sie nach! Sicher sind Sie doch auf irgendeinem Gebiet Experte. Sprechen Sie von dem, was Sie sind, zeigen Sie gern etwas Selbstironie darüber als *Humiliatio* und machen Sie dann aus Ihrer Expertenrolle heraus weiter.

Der Lehrer kann mit einem Exkurs über den Effekt der übermäßigen Geräusche auf das Lernvermögen der Kinder und ihre psychische Entwicklung Eindruck machen. Der Arzt sollte anatomische Aspekte dazugeben, der Anwalt juristische. Der Globetrotter kann darüber reden, wie man solche Probleme in Hongkong und Los Angeles löst. Der Fahrschullehrer oder der Mechaniker tragen dazu bei, was sie darüber wissen, wie die Leute Auto fahren, der Wirtschaftsberater rechnet aus, wie wenig es die Gemeinde kosten würde, etwas dagegen zu tun, der Bauarbeiter, was er über den Bau von Straßen und Lärmwänden weiß. Und so weiter.

So wendet man *Ethos* in antikem Sinne an, aber mit modernen Mitteln. Die Fernsehwerbung ist in starkem Maße auf Experten angewiesen. Die Mutter des «kleinen Johannes» ist nicht nur Mutter, sondern auch Kinderkrankenschwester. Wer, wenn nicht sie, weiß, welche Windel man nehmen muß, um keine schlechte Laune zu kriegen. Daß der Zahnarzt uns eine bestimmte Zahnpasta empfiehlt, ist nichts Neues. Da ist es schon eher erstaunlich, daß uns Friseure erklären, daß wir ein Schuppenshampoo benutzen sollen, wo doch man inzwischen herausgefunden hat, daß Schuppen auf einem Pilz beruhen, den man anders bekämpfen muß. Hundezüchter verkaufen uns ein unnatürliches Hundefutter für unsere Lieblinge, schlechte

Schauspieler, als Chefinnen verkleidet, bringen uns die Rolle des Haarbalsams für unsere Karriere nah. Und so weiter. Für gewöhnlich ist es völlig sinnlos, solche Werbung zu diskutieren, wenn man nicht eine gegen sie wirksame neue Gesetzgebung plant. Wir kriegen die Rhetorik, die wir verdienen. Die Werbung, die es gibt, ist die, die funktioniert.

Experten sind in Debatten ungeheuer schwer zu torpedieren, wie wacklig ihre Kompetenz auch immer ist. Sind Sie erst einmal in einem Fernsehprogramm dabei gewesen, wo eine gewisse Frage oft genug behandelt wurde, dann gelten Sie als Debatteur zu diesem Thema und besitzen eine gewisse Fachkompetenz. Alle Menschen, die in den Fernsehnachrichten als «Forscher» oder auf lokalen Treffen zum Thema Fernwärme und dergleichen agieren, tragen natürlich ihren unmöglichen, nicht-existenten Titel, weil sie weder ein Examen abgelegt noch sich als Doktoranden eingeschrieben haben. Aber Sie müssen eine höhere Kompetenz im selben Fach besitzen, damit es nicht billig oder eifersüchtig wirkt, wenn Sie die Kompetenz des anderen in Frage stellen.

Wenn man Professor ist, dann kann man gut einen Dutzenddoktor anzweifeln. Aber das ist man nur selten in den Zusammenhängen, in denen man es wirklich gebrauchen könnte.

Und doch sollte man nie mißtrauisch wirken.

Sie sollten in solchen Fällen nicht versuchen, als eine Art Gegenexperte aufzutreten. Hingegen sollten Sie den richtig Unwissenden spielen. Wie das Kind in «Des Kaisers neue Kleider». Stellen Sie sachliche, scheinbar naive Fragen. Bedenken Sie, daß es oft genügt, ungeachtet der schockierten Blicke der Umgebung den Redefluß des Experten zu stoppen, um die kritiklose Stimmung zu durchbrechen.

Das ist Sabotage, die auf lange Sicht wirkt. Auf kurze Sicht schlägt die Pose des Experten (für was auch immer) alle anderen Formen der Autorität.

Es gibt auch eine Berufsautorität. Die kann inzwischen von ganz unterschiedlicher Art sein. Zum einen sind manche in ihrer Eigenschaft als Doktor oder Automechaniker sowieso Experte. Doch darüber hinaus tragen manche Berufe, zum Beispiel der des Arztes, des Profisportlers und des Journalisten eine besondere Autorität in sich. Diese ist manchmal sehr schwach und verletzlich, es geht auf und ab mit ihr. Die früher verachteten Zeitungsleute sind inzwischen Medienpromis geworden, während Ärzte abgesunken sind. Man muß auch bedenken, daß niemals eine Partei – auch nicht in der Zeit, als der Status des Weißkittels noch hoch war – einen Arzt zum Vorsitzenden gewählt hat.

Eine unterhaltsame Art, die Autorität eines Berufes zu messen, ist, sich vorzustellen, daß die Berufsbezeichnung in einer Schlagzeile auftauchen würde, wenn man ein Verbrechen begangen hätte: «Arzt wegen sexuellem Übergriff im Gefängnis» ist wohl immer noch eine gute Meldung wert. Doch Klempner oder Elektriker geht wohl kaum an so exponierter Stellung. So kann man damit rechnen, daß ein Beruf immer noch eine gewisse Autorität ausstrahlt, und das selbst in Bereichen, in denen es eigentlich überhaupt keine Rolle spielt. Doch das schützt einen nicht davor, sich richtig dumm zu benehmen.

Das Vertrauenskapital, das man erlangen kann, indem man sich als Bauer, Bayer oder mittelständischer Unternehmer präsentiert, gehört allerdings zum Bereich des Image.

Die Autorität der Machthaber verändert sich. Die Anführer einer Massenveranstaltung gewinnen zwar ihre Autorität eben aus dieser Führungsposition, gleichgültig, ob sie der Papst oder ein Diktator sind. Im übrigen verringert sich aber die Autorität jedes Bonzen, je mehr Leute im Saal sind. Die Leute können einen Fabrikanten oder Gemeindeobersten vor einer größeren Versammlung immer in Frage stellen, doch sind sie ausnahmslos sehr beeindruckt, wenn sie ihm in einer kleineren Gesellschaft begegnen. So liegt viel Wahrheit in der klassischen Maxime, daß der Witz eines reichen Mannes immer wirkt.

Promis anderer Art haben eine sehr schwankende Autorität, je nachdem, worüber sie sich äußern und was sie sagen. Doch abgesehen davon, ob man ihnen glaubt, hört man ihnen wenigstens immer zu.

Und das ist ja schon mal ein guter Anfang.

## 41. Image und Charisma

Das englisch-lateinische Wort *Image* bedeutet ganz einfach «Bild». Es ist das Bild, das wir von einer öffentlichen Person gewonnen haben; dabei geht es um die Rolle, die jemand bei einem öffentlichen Auftritt spielt, die Erwartungen, die man bereits hegt oder die man um seine Person erzeugen will. Aber natürlich gibt es hier eine Beziehung zum Begriff des *Ethos*.

Während, wie schon erwähnt, Paradeuniformen und Ausstaffierungen im Zeitalter des Fernsehens verschwunden sind, hat die ausgefeilte Persönlichkeit mit ihren dazugehörigen leicht erkennbaren Attributen zunehmend an Bedeutung gewonnen, zunächst vor der Kamera und im Film, dann im Fernsehen. Winston Churchill mit seiner Zigarre, dem Siegeszeichen, seinem brummelnden Oberschicht-Englisch, seiner Melone und den Trinkgewohnheiten erscheint hier als eine viel modernere Figur als der uniformierte Asket Hitler und sein Hofstaat von lamettabehängten Preußen.

Das Image muß nicht so tief gehen, es muß nur passen und populär sein. Dem Doktor der Rechtswissenschaft und Großfabrikanten Gunnar Hedlung gelang es in den 80er Jahren als Leiter des Bauernverbandes für die konservative Zentrumspartei, mit seinem aufdringlichen Dialekt und seinen volkstümlichen Wortgebilden, den Wählern und anderen weiszumachen, er sei ein raffinierter kleiner Bauernjunge aus dem Wald.

Raffiniert stimmte.

Die Sache mit den Wortgebilden wurde dann von seinem Nachfolger übernommen, der natürlich auch Dialekt sprach.

Bei ihm kamen Pfeife, kariertes Hemd, Schirmmütze, Blaumann und ganz authentische Schafe auf der Weide hinzu.

Am souveränsten war in den letzten Jahren natürlich Mona Sahlin. In die Machtkreise der Sozialdemokratie hineingeboren, im Milieu der Gewerkschaftsvertreter groß geworden und mit der Parteiarbeit als der einzigen Lebenserfahrung und einem Posten im innersten Kreis um den Premierminister als Ausgangsplattform, als man sie zum ersten Mal vor einer breiteren Öffentlichkeit wahrnahm, schaffte sie es dennoch, für die ganze Sozialdemokratie und einen Gutteil des übrigen Volkes, «unsere Mona» zu sein.

Ihre Kleidung und ihre Frisur ließen sie wie eine Supermarktverkäuferin wirken, und im Laufe der Jahre und einer zunehmenden Medienwirkung sprach sie einen immer übertriebeneren Stockholmer Dialekt, den es in ihrem Heimatort wohl kaum gab – wenn es ihn überhaupt woanders gab als in alten Filmen über Bier.

Mit einer rhetorischen Geschicklichkeit, die in den obersten Parteikreisen niemand je besaß, wiederholte sie die Botschaften aus dem innersten Zirkel, als würden sie ihr direkt aus dem Herzen sprechen. «Es ist bitter, Steuern bezahlen zu müssen!», gehört zu den geglücktesten Formulierungen der Linken in den schwedischen politischen Debatten der vergangenen Jahrzehnte.

Dieses Image hielt auch, ja es wurde richtig wertvoll, als die Partei, und damit auch sie, ihr Fähnchen wendeten und einen ordentlichen Schritt nach rechts machten. «Unsere Mona» wurde die Garantin dafür, daß es sich immer noch um dieselbe Sozialdemokratie handelte. Ihr glaubte man, wenn andere kein Vertrauen mehr fanden. Und gleichzeitig wurde sie bei den bürgerlichen Wählern und Medien ungeheuer populär. Eine Sozialdemokratin, die wirklich nach Unterschicht klang und gleichzeitig genau das dachte, was die Oberschicht wollte.

So gesehen ist es natürlich ungerecht, daß ich aus pädagogischen Gründen bisher immer die mißglückte Verteidigungsrede von Mona Sahlin als ein Beispiel für einen rhetorischen Mißgriff gebracht habe. Bis dahin hatte sie fast alles richtig gemacht.

Doch gleichzeitig weist der Untergang von Sahlin auf das Problem hin, das im Zusammenhang mit *Ethos* und *Image* auftreten kann. Es ist kein Problem, rechte Ansichten als Linksradikaler verkleidet zu präsentieren. Das ist sogar sehr wirkungsvoll. Doch ein Image, wie es auch immer aussieht, muß konsequent gezüchtet werden. Es ist ein zartes Pflänzchen. In einer Rolle, die nicht tief in der Persönlichkeit verwurzelt ist, also in unserem wirklichen *Ethos*, drohen wir unentwegt zu scheitern. Weder Mona Sahlin, noch ihre Helfershelfer in den hauptsächlich bürgerlichen Massenmedien scheinen begriffen zu haben, was ihr das Rückgrat brach.

Wer mit einem ganz bestimmten Image eine rhetorische Karriere betrieben hat, wird von jedem Schaden ruiniert werden, den das Image nimmt. Das läßt den Absturz von Mona Sahlin so seltsam in seiner Konsequenz wirken, wenn man bedenkt, wie milde es andere und viel größere Rüpel und Schlamper erwischt. Was für so viele Gemeindeheinis erlaubt ist, war «unserer Mona» verboten. Das scheint ungerecht, das ist es aber nicht. Hätte sie nicht das Bild von «unserer Mona» gepflegt, dann wäre sie nie über eben dieses Bild gestürzt.

Die geschickt gespielte Volkstümlichkeit kam in Konflikt mit der wirtschaftlichen Sorglosigkeit. Kein «einfacher» hart arbeitender Mensch könnte sich leisten, so schlecht über seine eigenen Finanzen Bescheid zu wissen, nicht einmal, wenn es um Windeln oder Toblerone geht. Alle anderen als die so sehr Privilegierten, die weit von den Alltagssorgen des Volkes entfernt leben, wissen, was passiert, wenn man sich auch nur ein bißchen aus der Kasse leiht. Die richtigen Mitglieder des Lumpenproletariats, die vielleicht das mit der Kreditkarte auch so gemacht hätten wie «unsere Mona», kamen wohl kaum so billig weg wie sie. Und für die strebsame Arbeiterklasse, für deren *Ethos*-Vorstellung ja das Bild von «unserer Mona» erfunden worden war, war ein solches Verhalten völlig undenkbar. Die Leute, die fanden, daß es ganz schön hart ist, Steuern zu zahlen, fanden auch, daß man immer in jeder Hinsicht seine Schulden zu zahlen habe.

Als Mona Sahlin dann später nach der schwachen Verteidigungsrede eine Auszeit nahm und in das Luxusferienparadies Mauritius im Indischen Ozean reiste, war ihr Schicksal besiegelt.

Das war, als hätte Nixon gleich nach der Rede Checkers an eine Tierversuchsanstalt verkauft.

Die Parteivorsitzenden in England, die von Sexskandalen ruiniert werden, in denen zu wühlen in der schwedischen Presse als unsportlich angesehen würde, sind auch nicht unschuldig an ihrem Schicksal. Sie haben als ideale «echte Männer» in einer Öffentlichkeit posiert, die ideale echte Männer mag. Oft haben sie sogar in Worten, in ihrer Rhetorik auf die *commonplaces* wie Familienwerte, die den britischen Wählern wichtig sind, hingewiesen. Wenn dieses Image Risse bekommt, ist die gesamte politische Person betroffen. Es ist schwer, sich vorzustellen, daß jemand Lord Randolph Churchill – den Vater des späteren Premiers – mit solchen Anschuldigungen hätte absägen können. All dies hätte ihm nur als Werbung gedient, weil Unmoral von Anfang an Teil seines Images war.

Das ist so, wie daß man die Schuld nicht einfach jemand anders zuschieben darf. Wir verabscheuen Heuchler. Vielleicht muß man manchmal heuchlerisch sein. Aber dann muß man auch das Risiko tragen.

Wenn Sie in den Medien oder nur in der eigenen Umgebung einen persönlichen Stil gepflegt haben, um Aufmerksamkeit zu erregen, Vertrauen zu gewinnen oder gemocht zu werden, dann sind Sie gezwungen, sich fürderhin daran zu halten. Man kann manchmal sehen, wie Popstars umgestylt werden, doch für Debatteure gibt es diese Möglichkeit nicht. Sie können eine Ansicht wechseln, aber kein Image. Ein weicherer Carl Bildt oder Franz Josef Strauß hätte vielleicht größere Sympathien gewonnen, wenn er in einer soften Tonlage bereits begonnen hätte. Aber wenn man während der Fahrt den Stil ändert, dann ist das Risiko groß, daß man in der neuen Rolle falsch wirkt und gleichzeitig auch noch die Anhänger verliert, die an die alte glaubten.

Die schreckliche Hardrockband in der Norrlands-Bier-Werbung würde wahrscheinlich ihr altes Publikum verlieren, wenn ihre heimliche Leidenschaft für Softrock bekannt würde. Daß sie dabei helfen, Norrlands-Bier zu verkaufen, steht auf einem anderen Blatt.

Ein Begriff, der in den 60er Jahren in der Rhetorik gebräuchlich wurde, ist *Charisma*. Wir sprechen von «charismatischen» Rednern und Führern. Das Wort ist griechisch und entstammt der Theologie, wo es mit «Gnadengabe» übersetzt wird, und für besondere magische Gaben steht, welche die Mitglieder der ersten christlichen Gruppen durch den heiligen Geist erhielten: das Reden in fremden Sprachen, die Fähigkeit zu heilen und Prophezeiungen zu machen.

Man hat dann von charismatischen Erweckern und charismatischen Predigern gesprochen, um dann auch gewöhnlichen Rednern und Politikern ähnliche Fähigkeiten zuzusprechen. Bei einem Redner meint man die magische Ausstrahlung und die Fähigkeit, andere zu verzaubern und zu beherrschen, die einige Menschen zu besitzen scheinen. Eigentlich hat das Wort «Charme», das Gesang oder Zauberspruch bedeutet, früher diese Bedeutung gehabt, ehe es blaß und abgenutzt zu wirken begann.

*Charisma* ist etwas, was nicht einfach im Gebrauch von *Worten* liegt. Ein richtiger sakraler Wortführer, wie der derzeitige Papst Johannes Paul II. hat eine fast magische *Ausstrahlung* und Macht über die Volksmassen, wenn er direkt zu ihnen spricht. Seinem bedeutend eloquenteren Vorgänger Paul VI., den ich auch in Aktion gesehen habe, fehlte dieses *Charisma* völlig. So etwas hängt auch davon ab, welches die Erwartungen sind, die die Phantasie der Massen in Bewegung versetzen. Fidel Castros erstaunlicher Werdegang und seine einzigartige Rolle als Kämpfer gegen die USA verleiht ihm in Lateinamerika eine Ausstrahlung, die anderswo nur schwer zu begreifen ist. *Charisma* ist in seiner ureigentlichen Bedeutung ein Phänomen, das sich im Weg über das Medium Fernsehen aufzulösen scheint. Es verlangt, um wirksam zu werden, einen direkten Kontakt zwischen Redner und Publikum in größeren oder kleineren Veranstaltungen.

Das hat nichts mit Moral zu tun.

Eher im Gegenteil.

Hitler muß als typisches Beispiel eines Charismatikers angesehen werden. Er beherrschte nicht nur die gut geplanten Massenveranstaltungen mit unübertroffener Bravour. Auch sein Charme im direkten Gespräch ist bezeugt. Generäle, die sich rasend vor Wut über unbegreifliche Befehle und voller Verachtung für den verrückten kleinen Emporkömmling, der dabei war, sie alle ins Verderben zu stürzen, ins Hauptquartier begaben, kehrten voller Nachsicht und besänftigt zu den Ihren an die Front zurück und hatten nun die «Größe und die feinsinnige Planung» des Führers endlich erfaßt.

Wirkliches *Charisma* ist eine Art *Ethos*, das man nicht kaufen kann. Doch man kann es aufbauen und pflegen. Im Fernsehen und den anderen Medien sind wir inzwischen auf eine eher ordinäre Autorität und bedauerlicherweise auf ein gewöhnlicheres Image angewiesen.

## 42. Machen Kleider Leute?

Zu unserem Image und dem Ausdruck unsere *Ethos* gehören natürlich auch Kleider und Accessoires. Wenn auch Galauniformen, Kronen und Federboas mit dem Fernsehen verschwunden sind, so ist es doch gleichzeitig bis in die kleinsten

Details wichtig geworden, was man anzieht, da man jetzt alles aus der Nähe sieht. Doch auch in anderen öffentlichen Zusammenhängen ist das von größter Bedeutung. Das Wortspiel, «Kleider machen Leute» verbirgt, daß es meist Männer sind, die über dieses Thema nachdenken sollten. Frauen wissen von sich aus oder durch Erziehung, was sie anziehen müssen. Bei öffentlichen Veranstaltungen sind es fast immer Männer, die falsch gekleidet sind.

Grundsätzlich sollte man sich immer ordentlich kleiden.

Aber es kommt stets drauf an, worüber man redet und auf was für einer Veranstaltung man auftritt.

Wenn niemand etwas von Ihnen weiß, dann wird man Ihnen mehr Glauben schenken, wenn Sie Anzug und Schlips tragen, als wenn Sie in Jeans und Wollpullover kommen. Es ist eine Katastrophe in Sachen Glaubwürdigkeit, wenn man in Jeans und Pullover zu einer Veranstaltung geht, bei der alle anderen Anzug und Schlips tragen. Doch interessanterweise ist es überhaupt kein Problem, wenn man in Anzug und Schlips zu einer Gruppe Menschen kommt, die Jeans und Pullover anhaben.

Sie machen sich lächerlich, wenn Sie zu Hippies reden und versuchen, sich wie einer zu verkleiden, aber es ist kein Fehler, Schlips und Anzug anzuziehen, um sich anzupassen, wenn man zu Unternehmern spricht. Ein durchschnittlicher Rotaryclub hört gern einem gut angezogenen Sozialisten zu und lacht sogar zustimmend über kleine Witze zum Thema Ausbeutung und Oberschicht – vielleicht ohne richtig zu verstehen, was gesagt wurde, aber man lacht dennoch. Auf der Pädagogischen Hochschule glaubt man Ihnen ebenso wenn Sie Anzug und Schlips tragen, wie wenn Sie sich in dem Gammel-Look eingefunden haben, der dort sonst obligatorisch ist.

Es gibt auch einen Grund, warum Anwälte, Nachrichtensprecher, Autoverkäufer, Bankleute und Missionare bei den Mormonen sich nach ganz strikten Vorschriften und sehr ordentlich kleiden. Das sind einfach Gruppen, für die es lebensnotwendig ist, daß man ihnen vertraut. Und die Ordnung wird immer wichtiger, je größer die Wahrscheinlichkeit ist, daß Sie mit Zweifeln konfrontiert werden. Je weniger man «unter den Füßen» hat, desto mehr muß man auf dem Leib haben.

Mir persönlich fällt es sehr schwer, Verständnis für Herren zu zeigen, die, wenn sie ein einziges Mal in ihrem Leben im Fernsehen interviewt werden, sich in Trainingsanzug oder Hawaiihemd einfinden. Haben die keine Frau im Haus, die ihnen einen Tip geben könnte, wie sie wirken? Schweden ist einzigartig in der Hinsicht, daß man hier unbekannte Machthaber auf kommunaler oder staatlicher Ebene in Pullovern mit Tropenmotiv im Studio auftauchen und ihre Meinung vertreten sieht. Im Kontakt mit Ausländern machen sich Schweden so nicht selten lächerlich. Aber hat man schon mal darüber nachgedacht, ob sich ein ausländischer Politiker oder ein Gastprofessor lächerlich macht, weil er besser angezogen ist als sein Publikum?

Die Grundregel heißt also: je ordentlicher, desto mehr Vertrauen.

Diese Regel kennt natürlich viele Ausnahmen.

Sowie man einigermaßen bekannt ist, sieht die Sache anders aus. Auch wenn Ihre Arbeit einen selbstverständlichen und hohen Status mit sich bringt. Dann kann man ordentlich punkten, indem man sich als volkstümlich und einfach darstellt.

Schon unser «längster Premierminister» Tage Erlander weckte einige Sympathie durch seine souverän schlechtsitzende Kleidung – man denke nur an die oft viel zu kurzen Anzughosen. Über Thorbjörn Fälldin und Mona Sahlin, die beide auch in puncto Kleidung ein ganz und gar volkstümliches Image pflegten, haben wir schon gesprochen.

Moderne Könige treten lieber in Sakko und Hose auf als in der Admiralsuniform. Sie könnten auch im Netzunterhemd kommen, und würden auch dadurch noch gewinnen.

Der Premierminister in Hemdsärmeln auf seiner Sommerveranda kann mit seiner Einfachheit viele Sympathien gewinnen, wenngleich er so auch ein wenig ungewöhnlich wirkt.

Generell gilt, daß volkstümliche Kleidung um so besser wirkt, je reicher Sie sind und je weiter rechts im Spektrum Sie stehen. Für einen Gewerkschaftler an der Basis oder einen sozialdemokratischen Traditionalisten bringt es eigentlich keinen Vorteil, wie ein Waldarbeiter auszusehen. Vor allem nicht, wenn er wirklich Waldarbeiter ist und alle das wissen. Und ganz folgerichtig erscheinen Gewerkschaftler und altmodische Sozialdemokraten immer recht ordentlich auf dem Rednerpult. Bauernkleidung und ländlicher Jargon sind ein typischer bürgerlicher Image-Trick. Ein Unternehmer aus Stockholm, der sich bei jeder Gelegenheit in den Südwester wirft und mit dem Schuppenmesser posiert, so daß man zumindest auf dem Festland glauben könnte, daß so die frischen Fischerjungs auf den Schären aussehen.

Eigentlich geht es nur darum, die Rolle, die sowohl Cicero als auch Nixon spielten, in eine bildhafte Form zu übertragen: der einfache Emporkömmling aus dem Volk, der allein aus Sorge um das Wohl des Volkes und die harmonische Entwicklung der Wirtschaft zum Schützer der Reichen und zum Kämpfer für die Stabilität geworden ist.

Das ähnelt der wirkungsvollen Methode, Interesse an seiner Person zu schaffen, indem man in Rede und Kleidung nicht mit der erwarteten Rolle übereinstimmt, in der man auftritt.

Als Professor in Stilistik dürfen Sie gern Slang sprechen und fluchen, doch kaum als Wortführer im Vertrauensrat der Strafgefangenen. Ein Künstler oder ein Kulturredakteur im weißgestreiften Anzug mit Weste ist eine angenehm unerwartete Erscheinung.

Im 19. Jahrhundert, dem goldenen Zeitalter der englischen Parlamentsrhetoriker, wurden die in gesellschaftlicher Hinsicht sehr traditionsbewußten konservativen Tories von dem an einen Bohèmien erinnernden Romanautor Disraeli vertreten, der mal in einem höhnisch-schnellen, mal in einem sehr bildreichen Stil sprach. Die liberalen, reformwilligen Kräfte wurden durch den steifen, stark religiösen, persönlich äußerst korrekten und als Redner eher ernsten Gladstone repräsentiert.

Ein englischer Lord, der sich in die Politik begab, konnte zum Beispiel oft eine extrem volksnahe Haltung wählen, die für Emporkömmlinge aus einfacheren Schichten schlechterdings unmöglich gewesen wäre.

Ein Star in diesem Genre war der Vater von Winston Churchill, der charakterlich etwas unausgewogene Grundsteinleger der rhetorischen und alkoholischen Traditionen der Familie, Lord Randolph Churchill. Er erfand den Begriff «Torydemokratie» (ein klassisches *Oxymoron*), fuhr mit dem Rad auf der Terrasse des Unterhauses und brachte mit seinem eigentümlichen Schuhwerk seine Gegner in der Debatte aus der Fassung. Der letzte Biograph der Familie, John Pearson, beschreibt dessen rhetorische Praxis:

*«Er schenkte Details in seiner Kleidung und dem Vortrag seiner Reden ungeheure Aufmerksamkeit und wurde bald im Parlament ein Star-Akteur, und in noch größerem Maße auf seinen Tourneen durch das Land, wo sich ein Massenpublikum an seinen schlagfertigen Repliken und groben Schmähungen delektierte. ‹Gib's ihnen, Randy›, rief das Publikum, und das tat er auch.»*

Der Kosename «Randy» hat im Unterklassenslang Englands eine – sexuell – zutiefst unanständige Doppeldeutigkeit. Eine von Randolphs bejubelten Äußerungen in einer Rede an seine Anhänger aus dem Proletariat ist berühmt geworden:

«Die Aristokratie und die Arbeiterklasse sind durch die unauflöslichen Bande gemeinsamer Unmoral miteinander verbunden.»

Doch es ist natürlich so, daß das Händchen, das der Lord im Umgang mit den Volksmassen zeigte, ebenso wie seine Redekunst nicht ganz ohne Zusammenhang zu seiner Herkunft stand. In Eton, wo er zur Schule gegangen war, bildete die klassische Rhetorik ein Hauptfach.

Noch deutlicher wird dieser Zusammenhang bei einem anderen Rechtspopulisten aus derselben Partei. Enoch Powell war Professor für klassisches Griechisch, bekannt wurde er aber als der volkstümliche Bannerträger der Ultrarechten. Berüchtigt war vor allem seine «Rivers-of-blood»-Rede 1968 gegen die Einwanderung. Doch er wurde «our Enoch» für seine armen Arbeiterwähler, die meinten, daß sein gegen Einwanderung und EU gerichteter Nationalismus ihren Interessen besser diene als der verwässerte Wohlfahrtsstaat der Labour-Partei. Sein Kosename hat einen noch volkstümlicheren Klang als «unsere Mona». Es ist ein wenig unfair, ihn als echten Rassisten zu bezeichnen, denn er stand Winston Churchill viel näher als Hitler. Als er 1998 starb, war er vielleicht der letzte Repräsentant der wirklich großen, zu drastischen Äußerungen neigenden und wirklich mitreißenden britischen Rednertradition.

Wie ein schwedischer Versuch im Genre von Randolph Churchill muß man die Lancierung der «Neuen Demokratie» durch den Aristokraten Ian Wachtmeister und seine groteske Kleidung ansehen. Doch damit so etwas das gelingt, muß man wohl durch die klassische Schule der Engländer gegangen sein.

Mehr wie eine Variante der Rhetorik des aristokratischen Rechtspopulismus steht heute der aristokratische Linkspopulismus da; er erscheint immer ordentlich gekleidet, sein auffälligster, britischer Vertreter ist Tony Benn – auch er ein glänzender Rhetoriker. Schon Ciceros Erzfeind Catilina pflegte ein solches Image. Leider wissen wir nichts über seine Kleidung.

In unseren Breiten gibt es nur wenig Vergleichbares. Doch es ist eine Tatsache, daß man einem linken Idealisten eher glauben wird, wenn er gleichzeitig reich ist.

Auch Stilbrüche können gepflegt und entwickelt werden. Doch das geht natürlich nur so lange gut, als der Stilbruch selbst nicht zur Mode oder zum Stil wird. Der Erzbischof A.N. Sundberg (1818–1900) war einmal eine Berühmtheit mit seinen Flüchen und Kraftausdrücken. Doch heute haben wir so viele Priester, die fluchen, Sport treiben und nicht an Gott glauben, daß es viel unterhaltsamer ist, mal wieder auf einen richtigen Schwarzrock zu treffen.

Doch nicht nur Kleidung und Lebensstil, sondern auch die äußere Umgebung kann eine rhetorische Funktion haben.

In einer Sendung der netten englischen Fernsehserie «Yes Prime Minister» soll die Hauptperson ihre erste große Fernsehrede nach der Ernennung halten. Man diskutiert natürlich über Körpersprache und Kleidung und über den Rahmen des Ganzen. Alles hängt davon ab, welche Art von Rede der Premierminister denn halten will. Hat er neue, dreiste Vorschläge zu bieten, dann müssen es der strenge Anzug, die altmodische Einrichtung mit den Buchregalen und die Eichenpaneele sein, mit diskreter klassischer Musik im Vorspann. Hat er keine Neuigkeiten zu bieten, sondern nur Phrasen und alte Kamellen, dann sollte die Kleidung locker sein, Stahlrohrmöbel, abstrakte Kunst und elektronische Musik.

## 43. Gibt es eine weibliche Rhetorik?

Die einfachste Antwort auf die Frage ist: Nein!

Aber vielleicht muß man das doch näher erläutern.

Es gibt nämlich ein paar Nebenaspekte, über die man nachdenken könnte.

Es gibt sehr viele Gründe, die dagegen sprechen, daß es einen geschlechtsspezifischen Aspekt gibt, den Frauen – abgesehen von der traditionellen Rhetorik – bedenken sollten. Das ist natürlich kein Problem, das den antiken Theoretikern in Sachen Rhetorik je in den Sinn kam, und zwar ganz einfach, weil Frauen damals nicht öffentlich redeten. Die Situation wird von dem Apostel Paulus recht einfach zusammengefaßt, als er in der berühmten Stelle im Ersten Brief an die Korinther bemerkt, daß die Frau in der Kirche zu schweigen habe. Wenn man etwas zu Paulus' Verteidigung sagen will, dann daß er und die Christen im Unterschied zu Aristoteles, Cicero oder Quintilian wenigstens merkten, daß es da ein Problem gab.

In der heutigen Zeit liegen die Dinge völlig anders. Frauen reden in der Praxis genauso oft öffentlich wie Männer, in einigen europäischen Ländern wahrscheinlich noch mehr, weil die starke Feminisierung des Schulwesens den Anteil weiblicher Rede vor einem Publikum zweifellos deutlich gesteigert hat.

Doch noch wichtiger ist, daß sich so gut wie alle öffentliche Kommunikation in Schulen, Massenmedien, Organisationen und Arbeitsgruppen seit langem an beide Geschlechter gleichzeitig wendet. Und in einer gemischten Versammlung funktioniert etwas, das nur für das eine Geschlecht ausformuliert ist, nicht.

Das gilt ebenso in Literatur, Musik und Kunst. Als kollektives Publikum sind wir, ob wir es wollen oder nicht, mehr gleichgestellt als in den meisten anderen Bereichen.

Ich persönlich glaube, daß es in unserer Natur liegt, gerade in solchen abstrakten intellektuellen Bereichen die Geschlechtsunterschiede nicht zu zeigen, die sonst so wichtig sind. Die Natur verhält sich vollkommen rationell, und kollektive Medien und Wissensvermittlung so geschlechtsspezifisch auffassen zu lassen, wie wir es mit elementaren biologischen Signalen tun, ist eben alles andere als das.

Es ist natürlich klar, daß es immer noch Unterschiede gibt zwischen einem rein männlichen Auditorium und einem rein weiblichen, wenn so etwas überhaupt noch vorkommt. Es macht viel mehr Spaß, zu einer Gruppe Frauen zu sprechen. Sie fassen schneller auf, was man sagen will, vor allem in Gruppen, lachen an den richtigen Stellen und sind nicht so prestigesüchtig. Männer stellen auch in solchen Zusammenhängen, in denen sie sich einmal von dem Drang nach Nützlichkeit frei machen könnten, immer Fragen. Sie sind mehr um ihr Prestige besorgt und sind empfänglicher für ein *Ethos*, das auf einer Expertenlegitimation beruht. Vielleicht aber sind all' dies kulturelle Unterschiede, die im Laufe von ein oder zwei

Generationen verschwinden werden. Aber es gibt nun einmal noch diesen Unterschied, an den sich sowohl männliche als auch weibliche Redner im selben Maße anpassen müssen.

Ein spezielleres Problem für weibliche Redner scheint ihre Glaubwürdigkeit zu sein. Es gibt Untersuchungen aus den USA, die zeigen, daß die Zuhörer das, was von einer Frau gesagt wurde, weniger glauben als das, was von einem Mann gesagt worden. Das soll sogar für weibliche Zuhörer gelten.

Dies kann freilich nur als eine Wahrheit mit einer großen Modifikationsbreite gelten. Expertenlegitimation und Autorität sind in jeder Hinsicht viel entscheidender. Gibt es jemanden, der dem männlichen Meteorologen im Fernsehen mehr glaubt als dem weiblichen? Ist es nicht ganz einfach so, daß Frauen mit Autoritätsfunktionen in früherer Zeit viel seltener waren, und daß man oft Frauen gesehen hat, die eher aufgrund ihres vorteilhaften Äußeren gezeigt wurden, während Männer sich aufgrund von Macht oder Fähigkeiten profilieren mußten? Das ist auf jeden Fall ein Muster, das in Veränderung begriffen ist.

Und wenn Frauen eine andere Funktion als nur die des dekorativen Beiwerks wahrnahmen, dann hat es auch für sie immer einen Zugang zur Öffentlichkeit gegeben. Man bedenke die Rolle, die Mildred Scheel so viele Jahre lang in der deutschen Öffentlichkeit gespielt hat und vergleiche sie einmal mit jener der meisten männlichen Machthaber. Da weiß man, was echtes *Ethos* und moralische Autorität bedeuten.

Am Ende ist es wahrscheinlich etwas ganz anderes, auf das man zielt, wenn man von einer speziell weiblichen Rhetorik spricht, denn in den letzten Jahren ist das Interesse für den unterschiedlichen Sprachgebrauch zwischen Männern und Frauen sehr gestiegen.

Das waren keine Neuigkeiten für die Männer in meiner Umgebung, aber es ist natürlich nett, daß man jetzt endlich auch öffentlich darüber reden darf. Die Bücher von Deborah Tannen zeigen, was die meisten von uns auf die harte Tour lernen mußten. Wenn es einfach so wäre, daß Männer und Frauen sich unterschiedlich ausdrücken, dann wäre es nicht so schlimm. Das Schlimmste ist, daß wir mit denselben Wörtern völlig unterschiedliche Sachen meinen und auf die Äußerungen von Partnern ganz unterschiedlich reagieren.

Auch im Privatleben haben wir ziemlich unterschiedliche Strategien, um mit Worten zu sagen, was wir wollen, und unseren Willen durchzusetzen.

Das ist etwas, das in Beziehung zur Welt der Rhetorik gesetzt werden sollte. Und natürlich stellen wir fest, daß weibliche Redner in mancher Hinsicht spontan mit uralten männlichen Mustern brechen.

Mein Lieblingsbeispiel ist Marcia Clark, die Staatsanwältin im Simpson-Prozeß, die zwar den Prozeß verlor, sich aber glänzend, trotz ganz unmöglicher Schwierigkeiten, einsetzte. In ständigem Kampf mit dem Richter und den Knüppeln, die Johnnie Cochrane und F. Lee Bailey ihr zwischen die Beine warfen, setzte sie eine kreisende Argumentationsstrategie ein, die erlaubte, immer wieder an den Punkt zurückzukehren, den sie der Jury einhämmern wollte. Sie wiederholte ihren Punkt in verschiedenen pädagogischen Formen, um den Richter dazu zu bringen, einzusehen, daß ihre technischen Argumente richtig waren, und wandte dabei eine Methode an, die die meisten von uns wahrscheinlich von zu Hause als eine typisch weibliche Form der Argumentation kennen. Hier wurde sie als wirkungsvolles Mittel zur Beeinflussung auf sehr hohem juristischem Niveau angewandt. Mrs. Clark betonte die rein gefühlsmäßigen Aspekte in dem brutalen Doppelmord stärker und brach gern in kleine effektive Seitenbemerkungen aus, was die steifer wirkenden männlichen Kollegen nicht taten. Und im Hinblick auf den Anlaß ihres Auftritts war sie definitiv passender gekleidet.

Bei genauerem Hinsehen stimmt ja genau das, was sie aufzuweisen hatte, besser als das Verhalten der männlichen Gegner mit dem überein, was die Rhetorik uns darüber lehrt, wie man ein skeptisches Publikum überzeugt und beeinflußt: Wiederholung, gefühlsmäßige Appelle und ein angenehmes Auftreten.

Wahrscheinlich ist es so, daß eine weibliche Rhetorik gar nicht mehr erfunden werden muß.

Wenn es überhaupt einen Unterschied gibt, dann ist es wahrscheinlich so, daß die scheinbar weibliche Art im privaten Bereich mehr zu reden und zu argumentieren als die Männer, der Methode gleicht, die wir alle erlernen müssen, um die größten Möglichkeiten vor einem Publikum zu haben.

## 44. Die Grenzen der Rhetorik

Und hier verläuft die Grenze zur Rhetorik.

Die großen Geschlechtsunterschiede, die uns quälen, wenn wir uns privat ausdrücken, gehören in eine andere Welt. Die Rhetorik ist etwas Kollektives und Gemeinsames. Was wir unter Männern oder unter Frauen oder zwischen Männern und Frauen sagen, folgt anderen Regeln.

Das Gespräch zwischen zwei Individuen wird ganz und gar von Gefühlen und der erwarteten Reaktion der Personen oder von Machtverhältnissen gesteuert. Bis zu sechs Personen können miteinander auf intime und schonungslos regelfreie Weise miteinander reden. Je mehr zugegen sind, desto weniger scharf sind Mißverständnisse und Schlagabtausch.

Die Rhetorik hingegen ist kollektiv, allgemeinmenschlich und relativ ritterlich. Zumindest gegenüber den Anwesenden.

Eine andere Grenze der Rhetorik verläuft zum gedruckten Wort. Diese ist nicht ganz so klar gezogen. So lange Literatur hauptsächlich durch Vorlesen konsumiert wurde, war die Rhetorik ein wichtiges Schulfach, und Gedichte und Fachprosatexte wurden nach dem klassischen rhetorischen Muster angefertigt.

Doch mit dem Siegeszug des stillen Lesens im 19. Jahrhundert, starb die Rhetorik innerhalb der Elitekultur aus.

Man kann von einer «Rhetorik des Erzählens» sprechen oder von der «künstlerischen Rhetorik der Sachprosa», doch das nur in übertragener Weise. Dennoch ist die Verwandtschaft zwischen den Tricks der Erzähltechnik oder der Essayistik und den Überredungs- und Unterhaltungstricks, auf die wir in der klassischen modernen Rhetorik gestoßen sind, offenkundig. Eine echte Trennung entsteht erst durch die reine Sachprosa im wissenschaftlichen, juristischen und administrativen Zusammenhang.

Die Rhetorik will unsere Gefühle beeinflussen. Manchmal geschieht das mit Hilfe ausgewählter Fakten, manchmal einfach in dem pädagogischen Bestreben, daß wir wichtige Fakten erinnern. Doch das Ziel sind immer noch die Gefühle.

Die beschriebenen Tricks, die als echter Betrug angesehen werden müssen, sind paradoxerweise diejenigen, die auf die Vernunft und nicht auf die Gefühle zielen. Objektive Wahrheiten sind für eine rhetorische Behandlung natürlich ungeeignet. Wir dürfen gern versuchen, unser Publikum dazu zu bringen, unangenehme Fakten zu übersehen. Aber wir dürfen nicht lügen, was die Fakten angeht. Lügen ist keine Rhetorik. Und außerdem ist es riskant zu lügen.

Rhetorik ist etwas, das man annehmen oder das man verwerfen kann. Die funktionierende Rhetorik nehmen wir an, doch nur innerhalb anständiger Grenzen. Man kann, wie wir gesehen haben, mit der Rhetorik nicht machen, was man will.

Zum Glück.

Doch man kann sehr viel machen, Gutes wie Böses.

Genau wie die Politik ist die Rhetorik die Kunst des Möglichen. Es ist die Kunstform des Zusammentreffens, der geordneten Gesellschaft, der gemeinsamen Interessen, der Öffentlichkeit und in unseren Zeiten die der Massenmedien. Sie kann von Finanzfürsten, Betrügern und Diktatoren mißbraucht werden. Doch ist sie so weit ein Kind der Demokratie, daß wir immer Nein zu ihrer Botschaft sagen können. Wenn die Gewalt groß genug ist, braucht man keine Rhetorik mehr. Die totale Macht muß nicht argumentieren.

Je mehr Obere und Meinungsbildner Rhetorik studieren, desto geschickter werden sie darin, uns zu beeinflussen.

Je mehr wir selbst Rhetorik studieren, desto besser werden wir darin, der Beeinflussung zu widerstehen. Oder darin, unsere eigenen Interessen auf ihre treffen zu lassen, woraufhin die rhetorischen Anstrengungen der anderen wieder gesteigert werden müssen.

Auf diese Weise müßten die allgemeine Geschicklichkeit und das intellektuelle Niveau allmählich steigen, und so stellt man sich vor, ist es auch im alten Athen geschehen.

Und es wird auch viel unterhaltsamer werden.

Wer sagt denn, daß eine Mediengesellschaft nur dumm machen muß?

***

Nun ist das hier lediglich ein geschriebener Text, und ich glaube nicht, daß einer von uns ihn je laut vorlesen wird. Ansonsten wäre das hier natürlich der richtige Moment, in eine ausreichend hochgestimmte und ermahnende *Peroratio* auszubrechen.

Lassen Sie uns statt dessen ein letztes Mal zu unserem alten Freund Quintilian zurückkehren, der in einer ganz überwiegend mündlichen Kultur lebte und sich deshalb nicht einmal an dieser Stelle, den letzten Zeilen seines gewaltigen tausendseitigen Werkes, verleugnet, sondern seinen rhetorischen Prinzipien und Ausformungen treu formuliert (frei übersetzt):

*«Laßt uns mit unserer ganzen Seele nach dieser edlen Redekunst streben, die das Beste ist, was die unsterblichen Götter den Menschen gegeben haben, und ohne die Schweigen herrschen würde, so daß wir sowohl des Lichts der Künste in der*

*Gegenwart als auch unserer ehrenvollen Plätze in den Geschichtsbüchern der Zukunft verlustig gehen würden. Laßt uns auf immer versuchen, in diese höchsten Höhen vorzudringen, so daß wir, selbst wenn nicht alle von uns den höchsten Gipfel erreichen können, doch das Vergnügen haben werden, auf alle herabsehen zu können, die weit unten geblieben sind!»*

Und das ist wirklich wahr.

# Literaturverzeichnis

Die im Text vorkommenden Zitate stammen, sofern sie ausfindig gemacht werden konnten, aus den unten aufgeführten Bänden.


Churchill, Winston – Der Zweite Weltkrieg. Alfred Scherz Verlag, Bern 1954. S. 281

Cicero, M. Tullius – Pro M. Caelio oratio / Rede für M. Caelius. Aus dem Lateinischen von Marion Giebel. Reclam Verlag, Stuttgart 1994. S. 5/S. 37

Ders. – Oratio pro T. Annio Milone/Rede für Milo. Aus dem Lateinischen von Marion Giebel. Reclam Verlag, Stuttgart 1972. S. 103

Ders. – In Catilinam orationes quattuor/Vier Reden gegen Catilina. Aus dem Lateinischen von Dietrich Klose. Reclam Verlag, Stuttgart 1972. S. 17/S. 23

Manchester, William – Winston Churchill. Allein gegen Hitler. Aus dem Englischen von Hans-Jürgen Baron von Koskull. Bertelsmann Verlag, Gütersloh 1990. S. 909

Shakespeare, William – Hamlet, Prinz von Dänemark. Übertragung von August Wilhelm Schlegel. Insel Verlag, Frankfurt 1980. S. 85.

Sorensen, Theodore C. – Kennedy. Aus dem Amerikanischen von Dieter Kiehl und Peter Schweitzer. Piper Verlag, München 1966. S. 247


Als Lektürehinweise zu Lysios und Quintilian sind zu empfehlen:


Lysias – Drei ausgewählte Reden. Aus dem Griechischen von Georg Wöhrle. Reclam Verlag, Stuttgart 1995.

Quintilian, M. Fabius – Ausbildung des Redners. Zwölf Bücher. 2 Bde. Aus dem Lateinischen von Helmut Rahn. WBG Darmstadt, Darmstadt [2]1995.

# Register der Personen und rhetorischen Begriffe